統計的経済分析・経済計算の方法と課題

岩崎俊夫

八朔社

はしがき

　20世紀から21世紀にかけて，社会科学の存在基盤は大きく揺らいでいる。経済学しかり，統計学も例外でない。その背景には国際的にみれば旧ソ連解体がもたらした東西冷戦構造の終結があり，国内的にみれば50年体制の閉幕，90年代初頭におけるバブル経済崩壊後の長期的，構造的不況がある。この間，情報技術（IT）革命は進行し，インターネットが進化し，コンピュータの急速な普及が見られた。世紀の境目にあたる現代がこのように劇的変化をとげれば，社会科学のあり方は問われ，その内容と形式は変わらざるをえない。科学と学問の世界では，現在その模索が続いている。

　話を統計学の分野に限定すると，この分野の研究と教育の環境は前世紀の最後の10年間に大きく変わった。それは，誰もが指摘することであるが，ひとことで言えばコンピュータそのものとソフトの進化，発展により，統計あるいは広くデータを活用した経済分析が誰でも手軽にできるようになったことである。数量的認識を支援する計算技術的基盤の強化は社会科学，経済学の発展にとってのぞましいことであるが，反対に数量的，統計手法の無批判的適用，経済計算結果の安易な受容は，戒められなければならない。重要なのは分析当事者が種々の統計分析，経済計算の方法と課題とを明確におさえ，分析のプロセスの綿密な検討，計算結果の慎重な解釈に意識的でなければならないということである。

　本書はこのような時代状況，学界の動向，教育環境の変化を考慮し，かつ新しい理論体系の構築は，社会統計学の遺産を肯定的に継承し，その延長上に次代に続く契機を確認する作業のなかでなされなければならないとの構想のもとに編まれた。社会統計学の現状を見ると，一方では数理統計学の体系的受容とでもいうべき懸念される動向があり，他方ではモラル・サイエンスである経済学に基礎をもたない統計学が横行している。これらの動向と一線を画し，社会統計学の進むべき道を確認する著者の学問的営為の産物が本書である。

　『統計的経済分析・経済計算の方法と課題』と題する本書のテーマは，経

済統計，統計指標を用いた経済分析，計画策定，政策立案のための統計計算，経済計算を方法論的に検討することである。経済統計の全般にわたって体系的に，あますところなくこの課題にとりくむことは個人の力では到底かなわない。なぜならひとくちに経済統計といっても，この分野の統計は多種多様であり，論点は多岐にわたるからである。そこで本書では考察の対象を，産業連関分析の意義と限界，また産業連関分析をも含む数理的計画法の方法論，さらには国民経済計算体系（SNA）の方法論的基礎といった諸点に限定した。

本書を編集するにあたり，とりあげる統計とその考察の範囲は以上のように限られるが，個別具体的な経済統計，経済計算について論じながらも，その問題意識は可能な限りひろく定めた。

先行研究との関連で言及するならば，本書が方法論的研究を課題とするといっても，課題にとりくむ姿勢は従来展開されてきた哲学的なそれではなく，①経済学の理論，現実の経済の法則にてらして問題の考察にあたったこと，また②広く数理的方法に含められる産業連関分析など，あるいは種々の統計的方法，統計指標などが現実の何をどのように分析したものなのかをディテールに立ち入って検討したことの二点を特色とする。

以上の特徴をもつ本書は，以下の編別，章別構成をとる。

第1編「産業連関分析の基本性格とその応用」では産業連関分析の基本性格を理論的，方法論的側面から，また前提となる産業連関表の構成にもとづいて論じ，進んで産業連関分析的将来予測の要である投入係数の推定問題に言及した。第1章「産業連関分析の現在とその展開」では産業連関分析の手法の基本的性格が示される。ここではさらにわが国の産業連関表の拡充，その今日的展開が明らかにされ，いわゆる通常いわれる産業連関分析とは異なるその記述的利用の方向が示される。第2章「投入係数の予測」では産業連関分析の要である投入係数の予測の形式性がRAS方式を例として検討される。第3章「産業連関表にもとづく剰余価値率計算の問題点」は産業連関分析をマルクス経済学へ適用した例として，これを剰余価値率の計算に利用した泉方式を取り上げ，その理論的な検討を行なう。

第2編「経済計画と政策モデル」では経済計画化あるいは経済政策の策定

に産業連関分析が，あるいはこの分析手法を含む数理的計画法とがどのように経済理論と結びつき問題となるのかについて考察した。すなわち第4章「日本の経済計画と産業連関モデル－方法変更の一こま－」では日本の経済計画への産業連関分析の適用の変遷の中でその位置づけが変わってきていること，またさかんに「モデルの整合性」が強調されるがその中味が形式的なものであることが示される。第5章「民主的計画化のマクロ計量モデル」では経済民主主義の立場からマクロ計量モデルを利用したいわゆる「民主的計画モデル」の方法と理論とに疑義が示される。第6章「数理科学的経済分析と計画法の方法論的特質」では，上記の数理的計画論との関係で，かつて旧ソ連の経済学界でひとつの潮流をなした「数理派」の経済分析と計画化の方法論が批判的に検討される。

　第3編「国民経済計算の方法と課題」ではマクロ統計を総括する位置にあるSNAの基本性格を示し，かつ1993年の改訂問題とその背景にあったひとつの要因である女性労働統計指標の国際的展開について，その動向を紹介，検討した。第7章「国民経済計算体系（93年）の基本性格」では国民経済計算体系（SNA）の改訂問題とからめて，その背景にある公理論的接近法，サテライト勘定重視の方向が紹介される。第8章「国民経済計算体系と女性労働」ではこの93年ＳＮＡで女性の経済活動をいかに把握するかという問題が，おりからのジェンダー統計推進，拡充の国際的展開を背景に，どのように取り上げられ，論じられたかが明らかにされる。

　本書の全体を通じて明らかにされるのは，①国民経済計算体系のひとつの構成要素である連関表とそれに立脚した連関分析には方法論上の問題点があり，それは政策立案や計画化における位置づけの変化のなかで具体的に指摘されるべきであること，②国民経済計算体系の「整合性」が公理論的方法で構成され，社会会計的接近がベースにあること，③経済計算技術の進化あるいはジェンダー統計の国際的展開にみられる統計体系，統計指標の大きな変化の波を受けて，統計的経済分析，経済計算は今一度方法論的に再検討されるべき時期に来ていること，である。

　本書はわたしがこれまで個々別々に発表してきた論文を可能な限り統一的に再編，整理したものである。経済統計の諸問題を網羅的に論じることは，

上述のように，個人の力では限界があることにくわえ，わたしの研究上の関心も時とともに変化し，かつて集中的にとりくんだ問題をその後も同じ姿勢と力の配分で追跡しているわけではない。したがって，わたしは本書でとりあげたいくつかの論点について，叙述の仕方と分量とに精粗があること，また今後バージョン・アップをはからなければならない部分があることを十分に自覚している。それらについては今後の課題としたい。しかし，本書が全体で明らかにしたことは，時代とともに表現の仕方が異なろうとも変わることなく普遍的に指摘できることがらである。

本書の目的は経済統計，経済計算の方法と課題に関する方法論的研究への関心の喚起であり，経済統計を用いた経済分析の方法論体系構築にむけた問題提起である。本書が経済統計学分野の今後の研究に些かなりとも貢献できれば幸である。

わたしがこのような研究をまとめることができたのは，ひとえに学生時代，大学院生時代に北海道大学経済学部で受けた故是永純弘先生の学恩によるところが大きい。先生には大学院生時代にわたしの研究テーマ設定に助言いただいて以来，一貫して経済学，統計学の領域でのわたしの研究に理解を示され，また厳しくご指導いただいた。この場を借りてお礼申しあげたい。しかし，先生は，1999年7月に急逝され，本書を手にとって見ていただくことができなくなってしまった。かえすがえすも悔やまれることである。

最後に，出版事情が厳しいおり，本書の出版の機会を与えていただいた八朔社の片倉和夫氏に厚くお礼申しあげたい。氏の快諾がなければ，わたしの研究成果のまとめはおぼつかなかったと思われる。重ねてここに感謝する次第である。

2002年12月

立教大学の研究室にて　岩　崎　俊　夫

目　次

はしがき　1

第Ⅰ編　産業連関分析の基本性格とその応用

第1章　産業連関分析の現在とその展開 …………13
　はじめに ………13
　Ⅰ　産業連関分析利用の前提条件 ………14
　　1　産業連関分析の構成と前提 ………14
　　　(1) 産業連関分析の問題点　14
　　　(2) 産業連関分析の原理と諸仮定　16
　　　(3) 仮想現実の産業連関分析　19
　　2　産業連関分析の展開の特徴 ………21
　　　(1) 産業連関分析の定着と相対化　21
　　　(2) ケインズ型産業連関分析の位置　23
　Ⅱ　産業連関表利用の特徴と問題点 ………26
　　1　産業連関表の作成と利用 ………26
　　　(1) 産業連関表の作成　26
　　　(2) 産業連関表の利用方法　29
　　2　産業連関表の拡充と記述的利用 ………31
　　　(1) 産業連関表の拡充　31
　　　(2) 記述的利用例（スカイライン分析）　36
　Ⅲ　産業連関分析の評価基準：方法と視座 ………42
　　1　質的産業連関分析の意義と限界 ………42

　　　　(1)　質的産業連関分析の内容　42
　　　　(2)　方法論的検証の曖昧さ　44
　　2　産業連関分析の評価と「客観の視座」…………………47
　　　　(1)　統計数理の社会的事象化　47
　　　　(2)　「客観の視座」による問題提起　48

　おわりに ……………………………………………………50

第2章　投入係数の予測 ………………………………………53

　はじめに ……………………………………………………53

　Ⅰ　RAS方式による投入係数の修正（その数学的要点）……54

　Ⅱ　RAS方式による予想の特徴と性格 …………………60

　Ⅲ　RAS方式における技術変化の理解 …………………64

　おわりに ……………………………………………………69

第3章　産業連関表にもとづく剰余価値率計算の問題点
　　　　──泉方式の検討── ………………………………73

　はじめに ……………………………………………………73

　Ⅰ　剰余価値率計算の泉方式 ……………………………75
　　1　泉方式の意義と問題点 ……………………………75
　　2　近似計算の意味するもの …………………………80

　Ⅱ　社会的必要労働量と価値量規定 ……………………84
　　1　社会的必要労働量の計測可能性 …………………84
　　2　社会的必要労働と異種労働の還元 ………………88

　おわりに ……………………………………………………92

目次 7

第II編　経済計画と政策モデル

第4章　日本の経済計画と産業連関モデル
　　　　――方法変更の一こま―― ……………………99

　はじめに ……………………………………………99

　I　中期マクロモデルと産業連関モデル ……………101
　　1　産業連関モデルの役割 ……………………101
　　2　産業連関モデルの評価 ……………………106

　II　多部門モデルにおける整合性 ……………………111
　　1　多部門モデルとSNA ………………………111
　　2　モデルの整合性に関わる問題点 ……………117

　おわりに ……………………………………………126

第5章　民主的計画化のマクロ計量モデル ……………130

　はじめに ……………………………………………130

　I　モデルそのものの「整合性」 ……………………131
　　1　なぜ計量モデルが必要とされるのか ………131
　　2　計量モデル評価の問題点 …………………135
　　3　計量モデル重視の統計認識論の帰結 ………139

　II　民主的改革とモデルとの「整合性」 ……………143
　　1　民主的改革の3段階と計量モデル分析 ……143
　　2　インフレーション理解の問題点 ……………146
　　3　資本主義的不均衡理解の問題点 ……………150

　おわりに ……………………………………………154

第6章　数理科学的経済分析と計画法の方法論的特質 …158

　はじめに ……………………………………………158

Ⅰ　数理科学的方法重視の客観的基礎 ………………………159
　　　1　数理科学的方法の地位と役割 ………………………159
　　　2　国民経済の構造変化と情報理論的接近法 …………161
　　Ⅱ　部門連関バランス論の「精密性」……………………………163
　　　1　数学的論理形式の過大評価 ………………………163
　　　2　部門連関バランス論の問題点 ………………………165
　　Ⅲ　最適計画法の「科学性」「客観性」………………………170
　　　1　カントロヴィッチの最適計画法 …………………………170
　　　2　客観的必然的評価概念の検討 ………………………174
　　Ⅳ　最適経済機能システム論の「システム的接近法」………177
　　　1　社会主義経済論へのシステム的接近法の導入 …………177
　　　2　最適経済機能システム論の方法論的難点 ……………181
　　おわりに …………………………………………………………184

第Ⅲ編　国民経済計算体系の方法と課題

第7章　国民経済計算体系(93年)の基本性格 ……………197

　はじめに …………………………………………………………197
　　Ⅰ　SNAの原理と構造 ………………………………………198
　　　1　勘定体系としてのSNA ……………………………198
　　　2　93SNAの特徴 ………………………………………201
　　Ⅱ　経済循環とSNA ……………………………………………207
　　　1　経済統計の特徴 ………………………………………207
　　　2　SNA編成の理論と方法 ………………………………209
　　おわりに …………………………………………………………214

　　　　　　　　　　　　　　　　　　　　　　目　次　9

第8章　国民経済計算体系と女性労働 …………………………216

　はじめに …………………………………………………………216
　Ⅰ　問題の所在 …………………………………………………216
　Ⅱ　SNA改訂と女性労働統計改善との関わり ………………219
　Ⅲ　SNAと経済活動 ……………………………………………223
　Ⅳ　93SNAの生産境界（家計における諸活動との関連で）……226
　おわりに …………………………………………………………229

あとがき　232

主要参考文献・資料一覧　234

事項・人名索引　244

　　　　　　　　　　　　　　　　　　　　装幀：髙須賀優

第Ⅰ編　産業連関分析の基本性格とその応用

第1章　産業連関分析の現在とその展開

はじめに

　本章の課題は，経済分析の主要な道具に数えられる産業連関分析を方法論の視点から検討し，同時に連関表の利用の指針を検討することである。この課題は今日，連関表を利用した経済分析いわゆる連関分析の隆盛を前にしてどのような意味をもつのであろうか。かつてこの分析手法に対して指摘された方法論的難点は，既に解消されたのであろうか。連関分析の基本性格を批判的に吟味したその内容に誤解があったのだろうか。あるいはまた，連関表データの蓄積が進み，種々の連関表の作成と分析とが進行している現在，この課題の設定はどのような意義があるのだろうか。わたしは本章でこうした疑問に応えたい。

　連関分析に固有の原理的な問題点については，先行研究がある。わたしはその延長で新しい連関分析の展開の現状に評価を与える。この評価は連関分析の現状に目配りしつつ，かつ従来の原理的検討を踏まえてなされなければならない。連関分析の方法論的検討の意義を以上の観点から整理しようというのが，ここでのわたしの課題意識である。

　第1節では，連関分析の方法論批判の意義を確認し，連関分析の基本構造と問題点の整理についてまとめた。内容的には連関分析がある種の仮想現実のもとで成立する分析方法であること，連関表の多様な記述的分析方法が進展している中でその意義が相対化されていることを強調した。また，ここでは従来のケインズ型連関分析をある特定の社会経済的背景のもとで妥当する方法であるとする見解の紹介を行なった。

　第2節の論点は，次の3点である。それらは，①連関表は現在どのようなものがどのように作成されているかその現状について，②連関表の利用はど

のような方法で展開され，またされるべきなのか，③連関表の記述的利用にはどのようなものがあるのかの3点である。③については数かぎりなくある利用例のなかからスカイライン分析をとりあげた。

第3節では連関分析の評価基準について論じた。あわせて連関表を利用した質的連関分析の意義と限界とを検討した。質的連関分析をとくに引いたのは，その展開が本章で方法論批判の見地から取りあげたケインズ型連関分析との対極でなされているからである。ケインズ型連関分析を絶対化せず，過大に評価しないという点で，質的連関分析を推奨する論者とわたしとの間には共通項がある。しかし，評価の視点は異なる。ここではその点を明確にした。

I　産業連関分析利用の前提条件

1　産業連関分析の構成と前提

(1)　**産業連関分析の問題点**　経済分析の有力な方法のひとつと考えられている連関分析は，産業連関表の利用を前提としている。この統計表は，財とサービスとの取引を産業部門相互の連関としてとらえ，これを各種の基礎統計や推計にもとづいて統計表現した特殊な総合加工統計である。表1-1は，わが国の90年の産業連関表（13部門，生産価格表示）である。連関分析は，連関表に依拠して推測や予測に適用される。その分析の基本は連関表から導出される連立方程式体系（需給バランス式に立脚）のもとで所与の最終需要にみあう部門別均衡産出量を逐次近似の数理でもとめる波及効果分析である。ここから進んで部門別の雇用誘発係数などがあれば部門別の雇用量などを推定することができる。産業連関表の予測，推測への活用は，連関分析がわが国に紹介され，ケインズ型の有効需要政策の推進という時代の要請がつよく，連関分析の数理的解析力への信頼があつかった時期に広く普及した。それは計量経済モデルが経済計画策定のトゥールとして初めて採用された中期経済計画（64-68年）以降，一般的になった。産業連関モデルは，この計画策定においてマクロモデルの連動モデルとして使われた。

分析の基本的枠組みは，後述のように複数の需給バランス式からなる連立方程式の体系とその解法からなる。方程式の体系は固定的，安定的な投入係数を使用し，部門別均衡産出量をもとめるために逆行列係数が利用される。両者は，産業連関表の基本表からもとめられる。連関分析はこの均衡産出分析から均衡価格分析へ移る。さらにここから進んで逆行列係数を応用して影響力係数と感応度係数とがもとめられる。

影響力係数は逆行列係数表の(a)ある部門の係数の列和を(b)列和の総計の平均値で除してもとめられる。この係数は，ある特定の列部門の最終需要1単位の増加が他部門全体の産出量におよぼす影響の程度を示す。中間投入率の高い部門の影響力係数は，大きくなる。また，感応度係数は逆行列係数表で(a)ある部門の係数の行和を(b)行和の総計の平均値で除してもとめられる。この係数は，各部門に需要が1単位あったときにどの行部門が強い影響を受けるかを示す。他部門に対して原料やサービスを提供している部門ほどこの係数の値は大きくなるのが一般的である。

わたしは，これまで一連の連関分析研究でこの分析手法の基本性格に対し批判的論点を提示した[1]。結論的部分のみを示すと以下のとおりである。連関分析は分析がよってたつ諸仮定，その数理的処理の部分で非現実的な面をもつ。この意味で連関分析は，一種の仮想現実のもとに成り立つ分析方法である。連関表の推測，予測を目的とした利用に現実的有効性を期待するのは，根拠がない。他方，連関表には記述的利用という方法もある。経済循環の実証的分析がそれである。しかし，実際に作成される連関表は，連関分析への応用を第一前提としている。連関分析への応用が前提となっているために，現行の連関表は制約をかかえている。したがって，連関表を現実経済の実証分析に利用していくには，その信頼性，正確性を検討することが不可欠である。連関表の記述的利用の方法に可能性を追求するとすれば，その試みは統計の信頼性，正確性の批判的検討とともに進められなければならない。

わたしは連関分析の過大評価に疑問をもち，多くの先行研究に学んで，経済理論的また統計方法論的見地から数理的解析中心の連関分析の限界を指摘した[2]。結論は，今でも大きく変わるものではない。この結論は経済理論的，統計方法論的見地からこの分析手法の原理的部分を考察した結果として示さ

16　第Ⅰ編　産業連関分析の基本性格とその応用

表1-1　1995年生産者価格表(13部門)

		中間需要											
		1 農林水産業	2 鉱業	3 製造業	4 建設	5 電力・ガス・水道	6 商業	7 金融・保険	8 不動産	9 運輸	10 通信・放送	11 公務	12 サービス
中間投入	1 農林水産業	23,019	15	123,278	1,623	0	84	0	1	19	0	15	10,671
	2 鉱業	0	48	77,121	10,702	18,908	0	0	0	1	0	7	54
	3 製造業	29,194	1,236	1,413,704	274,589	14,814	35,826	11,150	1,570	50,867	3,157	20,907	252,910
	4 建設	501	134	13,246	3,485	6,728	5,001	1,015	21,185	4,139	276	3,320	9,283
	5 電力・ガス・水道	638	610	63,156	6,061	5,393	9,842	1,291	1,975	7,344	1,333	5,805	35,098
	6 商業	5,433	255	155,680	47,114	2,593	9,239	1,057	592	14,071	453	2,596	52,371
	7 金融・保険	5,979	945	45,169	11,670	5,518	34,347	26,947	33,480	28,455	1,257	536	33,831
	8 不動産	46	211	12,742	3,171	1,766	39,648	7,745	4,669	7,626	948	416	25,953
	9 運輸	7,314	5,423	85,716	36,627	4,896	42,920	4,744	1,248	46,284	2,384	7,110	30,426
	10 通信・放送	123	74	7,583	3,578	897	16,020	5,322	248	2,437	4,352	2,483	31,755
	11 公務	0	0	0	0	0	0	0	0	0	0	0	0
	12 サービス	2,087	835	206,729	66,469	22,561	52,708	32,217	9,171	54,967	15,013	15,768	125,105
	13 分類不明	620	324	20,247	15,590	1,740	3,703	1,400	6,589	2,295	441	276	12,030
	内生部門計	74,954	10,109	2,224,370	480,681	85,815	249,337	92,887	80,726	218,505	29,613	59,239	619,487
粗付加価値	家計外消費支出	1,537	1,000	63,940	16,800	4,392	22,155	10,020	2,704	8,686	2,827	4,110	36,050
	雇用者所得	16,180	4,466	525,709	236,458	41,455	400,738	131,265	27,498	136,571	43,711	135,781	620,832
	営業余剰	61,836	3,146	292,911	113,900	30,565	96,278	55,708	233,671	28,228	9,365	0	163,389
	資本減耗引当	19,616	2,322	156,631	33,935	44,817	36,658	18,155	124,089	34,952	21,009	4,454	123,948
	間接税(除関税・消費税)	5,617	738	120,426	11,713	9,857	24,623	20,200	34,243	8,446	3,255	511	40,475
	(控除)補助金	-1,786	-218	-4,841	-1,498	-1,762	-5,645	-15,721	-1,770	-9,583	-34	0	-3,445
	粗付加価値部門計	102,999	11,454	1,154,776	411,309	129,324	574,807	219,628	420,435	207,299	80,133	144,856	981,249
	国内生産額	177,953	21,563	3,379,146	891,989	215,139	824,144	312,515	501,161	425,804	109,746	204,095	1,600,736
	[参考] 国内総生産	101,462	10,455	1,090,836	394,509	124,932	552,651	209,608	417,731	198,613	77,307	140,746	945,199
	国内純生産(要素費用)	78,015	7,613	818,620	350,358	72,020	497,016	186,974	261,169	164,799	53,076	135,781	784,221

出所）　総務省統計局のホームページ(http://www.stat.go.jp)。

れたものである。したがって，連関分析が外面的な意匠をいろいろ工夫しても，分析手法の原理的な構成が変わらなければ，批判の論点はそれらにも基本的にあてはまる。わたしのかつての批判の論点は，依然として現在も変わらない。事項では論点を絞ってわたしの見解を整理しておきたい。

(2)　**産業連関分析の原理と諸仮定**　近年，連関分析はなお主要な経済分析のひとつと目され，その汎用性はきわめて高いと考えられている。[3] 連関分析

第1章　産業連関分析の現在とその展開　17

産業連関表（日本）

（単位：億円）

13分類不明	内生部門計	家計外消費支出	民間消費支出	一般政府消費支出	国内総固定資本形成	在庫純増	輸出	最終需要計	需要合計	[控除]輸入計	国内生産額	[参考]国内総支出
133	158,858	1,155	44,056	0	2,825	205	478	48,720	207,578	-29,625	177,953	17,940
52	106,892	0	3	0	-95	-305	148	-249	106,643	-85,079	21,564	-85,328
15,512	2,125,437	32,878	623,580	0	431,876	24,582	391,817	1,504,734	3,630,171	-251,025	3,379,146	1,220,831
86	68,398	0	0	0	823,592	0	0	823,592	891,989	0	891,989	823,592
1,761	140,307	41	61,109	13,478	0	0	243	74,872	215,178	-39	215,139	74,792
2,637	294,092	18,452	388,426	0	104,250	1,418	20,781	533,326	827,418	-3,274	824,144	511,599
1,692	229,824	2	85,929	0	0	0	4,314	90,246	320,070	-7,554	312,515	82,689
1,017	105,959	0	395,239	0	0	0	41	395,280	501,238	-77	501,161	395,202
1,699	276,790	3,358	124,700	-697	7,104	302	38,986	173,754	450,544	-24,740	425,804	145,656
473	75,345	1,078	33,476	0	0	0	391	34,944	110,289	-543	109,746	33,324
2,832	2,832	0	4,856	196,407	0	0	0	201,263	204,095	0	204,095	201,263
6,935	610,566	118,518	707,479	173,832	17,717	0	9,222	1,026,768	1,637,333	-36,597	1,600,736	871,653
0	65,255	0	258	0	0	0	12,396	12,654	77,909	-19,780	58,129	-7,126
34,829	4,260,553	175,482	2,469,111	383,021	1,387,270	26,202	478,818	4,919,903	9,180,455	-458,333	8,722,122	4,286,078

1,262	175,482
2,165	2,322,830
11,910	1,110,907
7,613	628,199
353	280,457
-4	-46,306
23,300	4,461,570
58,129	8,722,122
22,038	4,286,087
14,076	3,423,737

　の事例は，後述のように経済計画策定で実験的試みがある他，ワールドカップ開催にともなう波及効果分析（横浜市），観光施設運営が地元経済に及ぼす波及効果分析（北海道），関西国際空港建設が県経済に及ぼす影響の測定（徳島県）など枚挙にいとまがない。これらの連関分析は分析目的に応じて使われる連関表が異なり，手法に部分的な変更，付加，装飾が加えられるけれども，基本的な数理的手続きは共通である。その共通とされる数理的手続

きとは何なのだろうか。わたしの見解を前面に出しながらこの手続きを整理しておきたい。

連関表，連関分析に固有の問題点として従来指摘されてきたのは，以下の諸点である。まず連関分析では投入係数の安定性，不変性が仮定される。問題点として指摘されるのは，この点に集中している。産業連関分析の一般的手続きは，次のようである。

$$AX+F-M = X \qquad (1\text{-}1)$$
$$F-M = [I-A]X \qquad (1\text{-}2)$$
$$X = [I-A]^{-1}(F-M) \qquad (1\text{-}3)$$

A は投入係数行列，X は部門別産出量行列，F は最終需要行列，M は輸入行列，I は単位行列である。（1-1）式は需給バランス式であり，左辺は需要の構成と大きさを右辺は供給のそれをあらわす。両者は一致，すなわち均衡している。需要と供給の市場均衡は，連関分析の出発点の式に表現されている。（1-1）式は具体的には連立方程式体系であり，A, F, M は既知数，X は未知数である。以下，当該問題は未知数 X をもとめる連立方程式の解法問題である。（1-2）式は（1-1）式を要約したものである。（1-3）式で $[I-A]^{-1}$ はレオンチェフ逆行列と呼ばれる。この式で任意の $(F-M)$ の値に対して，それに対応する未知数 X が決まる。換言すれば連関分析では最終需要が与えられると，それにみあう部門別産出量が一義的に決まる。

種々の連関分析はそのいずれも，以上の標準モデルの変形である。たとえば（1-3）式で最終需要を ΔF とするとそれに対する国内生産額への波及効果は，

$$\Delta X = [I-A]^{-1}\Delta F \qquad (1\text{-}3')$$

として与えられるが，競争輸入型では国内最終需要 ΔF^d に対応する国内生産額をもとめる次式は標準型の変形である。

$$X = [I-(I-M)A]^{-1}(I-M)F^d \qquad (1\text{-}4)$$
$$\Delta X = [I-(I-M)A]^{-1}(I-M)\Delta F^d \qquad (1\text{-}4')$$

ここで M は輸入係数を主対角にもつ行列 $(I-M)$ は国内自給率行列，F^d は国内財最終需要行列である。

また，各国内需要（中間需要と最終需要）を国内財と輸入財とに区別する非競争型連関分析モデルでは，国内財への最終需要の増分がもたらす国内生産額の増分は投入係数行列と最終需要行列を国内財のそれと輸入財のそれとでカテゴリー区分された非競争輸入型連関表を使って，非競争輸入型逆行列を $[I-A^d]^{-1}$ を計算し，国内生産高を次式で算出すればもとまる。これも標準型の変形である。

$$X = [I-A^d]^{-1}(F^d+E) \qquad (1\text{-}5)$$
$$\Delta X = [I-A^d]^{-1}\Delta F^d \qquad (1\text{-}5')$$

A^d は国内財投入係数行列，E は輸出行列である。他にも均衡価格モデルの連関分析，地域内・地域間連関分析など連関分析の応用領域は広いが，そこで使われる手法はみな標準型の変形である。応用連関分析では，分析対象に応じてこの標準型連関分析をいかに変形するかが主題といえよう。

連関分析は数学的には連立方程式モデルによって構成されるから，その数理は単純である。連立方程式モデルのなかの未知数は，通常，行列計算で解かれる。周知のように，連立方程式のこの解法によれば，未知数の解はモデルを構成する方程式の数が多くても逆行列係数を利用すれば容易にもとめられる。この数学的手続きでもとめられる解は，内容的には所与の最終需要が各産業部門の生産物の生産に直接的に，あるいは間接的に引き起こす追加需要の全体である。この値は，行列計算によらなくとも，所与の需要が誘発する供給の大きさを逐次計算すれば，近似値としてもとまる。むしろこの方法によって解をもとめたほうが，当該の計算に固有の含意は明瞭である。しかし，実際の連関分析には何百もの産業が登場するのであり，これに対応して連立方程式は何百本もある。これらから未知数をもとめることは，逐次近似の繰り返し計算では不可能である。通常の連立方程式の手計算にたよるのも難しい。行列計算によるのは，計算の簡便化のためである。

(3) **仮想現実の産業連関分析**　概略，以上の構成をとる連関分析は，この分析を成り立たせるために複数の諸仮定をおく。これらの諸仮定のために，連関分析は現実経済の分析に適用されるさい一定の困難をともなう。問題に

なるのは，投入係数が固定的，安定的，かつ不変であるという仮定，そして均衡産出量が直接，間接の需要の波及にともなって決まるという仮定である。前者の仮定は，収穫不変の仮定，アクティビティ・ベースの部門分類原則，生産諸要素間の非代替性の仮定と結びつき，連関分析の現実性が問題とされる場合にはそれらの現実妥当性が問われざるをえない。後者の仮定は波及のプロセスを一定の数理におきかえる点で連関分析に虚構性をもちこむ。

　結論を先取りするならば，これらの諸仮定あるいは原則は，現状分析への連関分析の適用を非現実的なものとする。すなわち，これらの諸仮定によって初めて成り立つ連関分析は，まさにそのことによって諸産業の投入構造の現実的変化を分析装置にとりこめないリスクを抱え込むのである。まず収穫不変の仮定について述べると，パラメータである投入係数が固定的で不変であるということは，ある部門の生産量と個々の原材料投入量とが一次同次の線形関係にあると想定することに他ならない。この条件は，現実経済の分析手法としての連関分析を硬直的にする。なぜなら現実には産業部門レベルでみても，企業や事業所レベルでみても，産出量と原材料投入量との関係は弾力的であり，原材料の代替は経済状況に応じて頻繁に行なわれるのが普通であるからである。

　部門分類は，アクティビティ・ベースを原則とする。アクティビティ・ベースの原則とは，同一生産技術で生産された同一商品はどの業種で生産されても同一部門の生産物とみなし，異なった生産技術で生産された商品はそれぞれ別の部門で生産された生産物とする部門分類原則である。同一の産業部門が数種の生産物を産出すると，投入係数は複数個になる。連関表作成過程でこのようなことがでてきた場合には，それぞれの生産物は別々の部門に振り分けられる。なぜなら産業連関分析では，ある特定の部門の投入係数が複数個あっては成り立たないからである。しかし，現実にはある産業部門が複数の生産物を生産するということは，頻繁にみられる。連関分析が依拠せざるをえない原則と現実との乖離の根拠のひとつは，この点にある。

　生産諸要素間の非代替性の仮定は，生産諸要素間に相互代替性を認めない仮定である。これも産業連関分析が投入係数の固定性の仮定をとることに由来する原則である。分析の技術的制約からきたこの原則も現実的でない。な

ぜなら，現実の生産過程で生産諸要素はある一定の比率で結合するが，この結合比率は弾力的であるからである。ある生産要素が多少減少したとしても，他の生産要素によって埋め合わされ，同一の生産水準が継続して維持される。これは現実的現象である。この現象は生産諸要素間の相互代替可能な関係と呼ばれる。通常の連関分析は，これを許さない。

最後に問題としなければならないのは，均衡産出量が消費，投資などの最終需要の生産過程への波及によって決まるという仮定についてである。この仮定は，実際に生産物を生産している企業が需要に応じて生産するということに他ならないが，現実にはこのようなことは稀である。通常の企業行動は，需要があっても在庫をはいて対応するとか，需要があっても資材不足で対応に遅れがでるというのが常態である。過剰在庫がある場合には生産への波及は中断されるのであり，資材不足の場合には資材価格の上昇により生産規模は縮小する。連関分析の均衡産出決定のメカニズムは，こうした客観的経済の動きからみると数理の形式性を優先した非現実的な分析と言わざるをえない。連関分析は波及効果分析の一種であるが，現実の波及のメカニズムは連関分析が想定するそれとは全くかけ離れたものであるということを銘記するべきである。

2 産業連関分析の展開の特徴

(1) **産業連関分析の定着と相対化**　今日の連関分析の展開は，次の特徴をもつ。第1に連関分析は計算技術的操作の容易さのゆえに歓迎され，広く利用されている。連関分析の経済分析手法としての有効性は，この数理技術的な展開の「既成事実化」によって確認されているといっても過言でない。第2に連関分析の内容は多様化している。伝統的ケインズ型連関分析の他に，連関表の多面的な活用と分析，連関表に固有の大量の情報にもとづく産業構造の分析が進んでいる。この背景には，後述のように，急速に進む各種産業連関表の作成とくに地域産業連関表と国際産業連関表の作成がある。第3に連関分析の多様化を示すものであるが，ケインズ型連関分析と異質であるとの自覚にたちながら，独自の展開をおりこんだ質的連関分析がある。質的連関分析は連関表の中間財のフローに焦点を絞り，産業部門間の構造的依存関

係を記述する方法として推奨されている。以下では第1番目と第2番目の特徴について詳述し，第3番目の特徴については第3節で取り上げる。

　連関分析の今日的特徴の第1に指摘した点についてわたしが疑問をもつのは，分析方法の現実適合性という視点から見て，前節で指摘した難点をもつ数理的連関分析が現在もなお，経済分析の重要な分析手法となっているのはなぜなのかという点である。限界が明らかであれば，この手法はお蔵入りになっても不思議ではない。しかし，事態は全くそのようにはなっていない。連関分析は，テキストのなかでは経済分析の主要な方法のひとつに数えられている。問題はそうしたことが方法論的な反省，検討をともなわないで進行していることにある。連関表，連関分析に固有の難点は今日ほとんど顧みられない。そのことに拘泥しては分析が前に進まないという自己規制がかかっているのであろうか。

　こうした認識は，分析道具の飛躍的発展に支えられている。すなわち，連関表を利用した多様な連関分析はパソコンで手軽に計算可能になった。産業連関分析はもとより，連関表に含まれる豊富な情報量を自在に引き出し，活用するにはコンピュータがなくては不可能である。それはかつて大型コンピュータに頼らなければならなかったが，事情は今日様変わりした。誰でもインターネットを利用して最新の連関表をダウンロードすることが可能である。適当なソフトさえあれば電子媒体に格納されたデータを手許で操作加工，解析し，連関表のデータ構造を検証することもできる。さらに，連関分析の実際も簡単に仮想体験できるようになった。連関分析がこのように手軽な経済分析道具になったので，教育サイドにあるものはそれを積極的に活用することが今日の統計学の課題と考えるのは当然かも知れない。コンピュータに依拠したデータ処理，データ解析優先の統計学では，分析者の意識的努力がなくては，問題関心は処理や解析の技術的な検討にこそ向いても，理論的，方法論的検討への興味にまで及ばないのではなかろうか。

　わたしは事態についてこのような了解をもちながらも，他面では連関分析の意義と役割とが相対化され，連関分析の限界が客観的に定まってきたという実感ももつ。それは，連関分析の特徴の第2点に掲げたことと関わる。すなわち，連関表利用の多様化，とくにその記述的利用の方法は，従来の連関

分析に対する批判の論点を間接的に裏付けることになるのではなかろうか。数理解析的な連関分析はそれとしてあるが，重要になっているのは連関表の多面的な活用であり，現実の産業構造の統計的記述である，そういう実証的研究が増えている。連関表を使った分析といえば数理的連関分析であるという一時の画一的な認識は影をひそめ，それに代わって連関表の多面的な利用方法の展開がみられる。こうした現状は，一方では計画や予測の統計計算の実際で数理的連関分析が期待された現実的効果を示し得なかったことの反動である。仮想現実の計算を積み重ねることへのあきたらなさもあるであろう。他方，それは連関表を使った分析の多様な展開がかつて考えられていた以上に大きいことを多くの人に知らしめた結果である。そこには利用可能な情報が豊富に存在し，分析当事者はその判断と能力によって経済循環，産業構造を仔細に特徴づける情報を縦横に引き出すことができる。こうして数理的連関分析は，相対化されることになった。これは連関分析の理論的，方法論的限界の必然的帰結に他ならない。

　産業連関表の利用という論点との関わりで，わたしの考え方をまとめておきたい。まず連関表に対しては，これを財とサービスの産業部門間取引表として特徴づけ，その範囲で産業間の結びつき，依存関係を記述した表ととらえる。連関表の利用の一形態である連関分析は現実分析の手段としての難点をもち，分析によって与えられるシナリオは一種の仮想現実である。こうした見解の根拠は，数理形式を確保するために設けられた仮定や原則にある。分析の前提である仮定および原則が非現実的であるため，連関分析の予測力は現実的でない。他方，連関表にはそれを記述的に利用する方法がある。時と場所と条件さえ限定すれば，経済循環，産業構造を特徴づける貴重な情報がそこからえられる。この方法の延長上に国際間の比較もありうる。いうまでもなく，記述的利用の方法は，統計データベースとしての連関表の信頼性，正確性の向上を条件とする。信頼性，正確性確保という観点からの，連関表の批判的改善が日程にのぼるゆえんである。

(2)　**ケインズ型産業連関分析の位置**　　連関表を利用した分析がいわゆる連関分析に限定されないこと，伝統的連関分析といわれるものが実はケインズ型連関分析であり，それはある特定の歴史的社会的事情を背景とする連関表

利用のひとつの形にすぎないことを言明する見解がある。[4]この見解は連関表利用の経済分析を従来型連関分析と同一視してとらえる考え方に対する疑義である。わたしとは視点は異なるものの，学ぶところがある。以下でこの見解に耳を傾けてみたい。ただし，この見解はもともと質的連関分析の紹介に付随して論じられたので，後者の内容が不明なままこの議論だけを単独に取り上げてもわかりにくいところがある。そこで以下で，質的連関分析が問題になってきた経緯を簡単に説明する。質的連関分析そのものの内容は，後述する。

この見解は産業連関分析がいわゆるケインズ型のそれに限られないこと，レオンチェフ産業連関分析もその型については変遷があること，おしなべて産業連関表の作成と産業連関分析の展開についての評価はそれらの背景にある歴史的社会的事情との関係のなかでなされるべきとし，この観点から周知の数理的産業連関分析の歴史的限界と自ら推奨する80年代以降のドイツにおける質的連関分析法の得失とを論じている。注目すべきことは，逆行列係数を使って最終需要が各産業の生産に及ぼす波及効果を計測する周知の連関分析が戦中・戦後の有効需要政策と経済計画の展開という政治的経済的要請のなかから登場したという指摘，また連関分析の基本型の形式も内容も後者に規定されたとする指摘である。産業連関表とそれを用いた連関分析の基本型とがケインズ的総需要管理政策とのかかわりという特殊歴史的事情のもとで方向づけられ，したがって現行連関表と分析手法も歴史的制約から自由でないというこの主張は，わたしの問題関心にそうものである。従来型の連関表と連関分析の評価がケインズ的有効需要政策との密接不可分な関係でとらえられるならば，先進資本主義国における70年代以降のマクロ的総需要管理政策の行き詰まりは当然従来型の連関分析の意義と役割の後退に帰結する。構造記述的な質的分析法はそれと入れ替わるように登場する。背景にあるのは，総需要管理政策から総合的産業構造転換政策への移行である。

質的分析法の登場をうながしたこの間の事情は，次のように要約される，「ケインズ型の基本分析では，最終需要と産業各部門との機能的な関係に，分析の基礎が置かれているために，産業部門間のフローの流れを反映する中間中間材取引行列は，投入係数行列からレオンチェフ逆行列を計算するため

第1章　産業連関分析の現在とその展開　25

の『与件的な構造』と見なされ,それ以上分析が進められないブラック・ボックスとなっている。経済過程の構造変化は,投入係数を変動させ,産業部門間の関係を大きく変化させるから,産業構造とその変動過程そのものを把握しようとする構造記述的な方法が,経済構造問題の深刻化と産業構造の転換方向を具体的に模索する実践的な要請に応じて注目を受けるようになる。それが,『いわゆる質的な産業連関分析』の方法」であると。[5]

　この主張の下敷きは,ドイツの産業連関論の展開である。すなわちドイツでは連関表は50年代,60年代にドイツ経済研究所,ライン・ヴェストファーレン経済研究所で推計,作成されていたがほとんど活用されなかった。60年代後半から連邦統計局がそれを形式的に作成したが,重要視されず,かつ公表されることもなかった。しかし,79年にOECDが『積極的な調整政策－先進国における産業構造調整への提言－』を公にし,また連邦政府自身が経済構造分析重視の姿勢を示すと,産業構造の情報,統計指標の必要性が前面にでてくるようになり,連関分析の研究が広範になされるようになった。ドイツでは伝統的連関分析に懐疑的であり,連関表の作成そのものにも消極的であった。しかし,80年あたりをさかいに状況は変化し,質的分析法という非ケインズ型の連関分析,すなわち構造記述的な連関表の利用と分析とが脚光をうける。言うまでもなく,この転換は連邦政府の構造政策重視の政策方針にそったものである。このドイツの連関分析の展開方向は,産業連関分析のあるべき将来像である。もっとも上記の見解で連関分析評価のこのものさしをこの質的分析法にもそのままあてはめれば,質的分析法そのものも特殊歴史的存在であり,かつ社会歴史的に規定されたものということになるのであるが。

　以上の主張は,最終需要を所与とし,レオンチェフ逆行列を用いて産業部門の生産量へのその波及効果を測定するケインズ型のモデル計算を連関分析と同一視する風潮のなかで新鮮に聞こえる。とくにW.レオンチェフ（W. Leontief）自身が種々の連関表と分析を構想し,連関分析そのものが多義的に考えていたことを再確認した点,またドイツの連関分析の研究状況を歴史的にたどりケインズ型連関分析が長くこの国に根づかなかったことに注目した点,しかし総合的産業構造転換政策とともに連関表を使った構造記述的質

的分析法が脚光を浴びてくることを示した点は重要である。このような主張は，連関分析が時代の状況と無関係でなく，むしろ時代の要請に応える分析用具であることを意識している点で評価に値する。

II　産業連関表利用の特徴と問題点

1　産業連関表の作成と利用

(1) **産業連関表の作成**　産業連関表の作成は，どのような現状にあるのだろうか。連関表作成の現状について一定の認識をもつことは，連関表の利用の方法，連関分析の展開がどのような局面にあるのかを知るための手がかりとなる。連関表の利用方法は，狭義の連関分析に限定されない。連関表の質的量的充実は通常の連関分析と異なる分析の可能性を与え，そのことによって伝統的連関分析の意義を相対化する側面をもつ。しかし，伝統的連関分析は連関表を利用した分析手法であるから，後者の作成は自ずから連関分析のひらかれた可能性と結びつく面をもつ。

わが国の産業連関表作成の現状は，もっぱら全国表だけが作成されていた数十年前と比較すると多様である（図1-1）。連関表が作成されている分野は，大きく区分すると①全国版産業連関表，②地域産業連関表，③国際産業連関表，④個別経済分析用の産業連関表に整理できる。①では5年ごとに作成される基本表の他に，数年間の産業連関表を時系列的に扱う目的で編集された「接続産業連関表」「延長産業連関表」がある。②は都道府県，政令指定都市などの地域表からなる。③に分類されるのは先進資本主義国，EU諸国，アジア諸国との多国間分析を作成目的とする国際産業連関表である。④では環境問題分析用産業連関表がその代表格である。

産業連関表は，総務省および関連省庁が5年に一度の間隔で作成，公表する。最も新しい産業連関表は95年表である。産業連関表作成のこのタイム・スケジュールは55年以降固まっている。現在，産業連関表は，西暦年の末尾が0と5の年に作成されていることになる。作成に当たるのは，現総務庁の他，経済企画庁，大蔵省，文部省，厚生省，農林水産省，通商産業省，建設

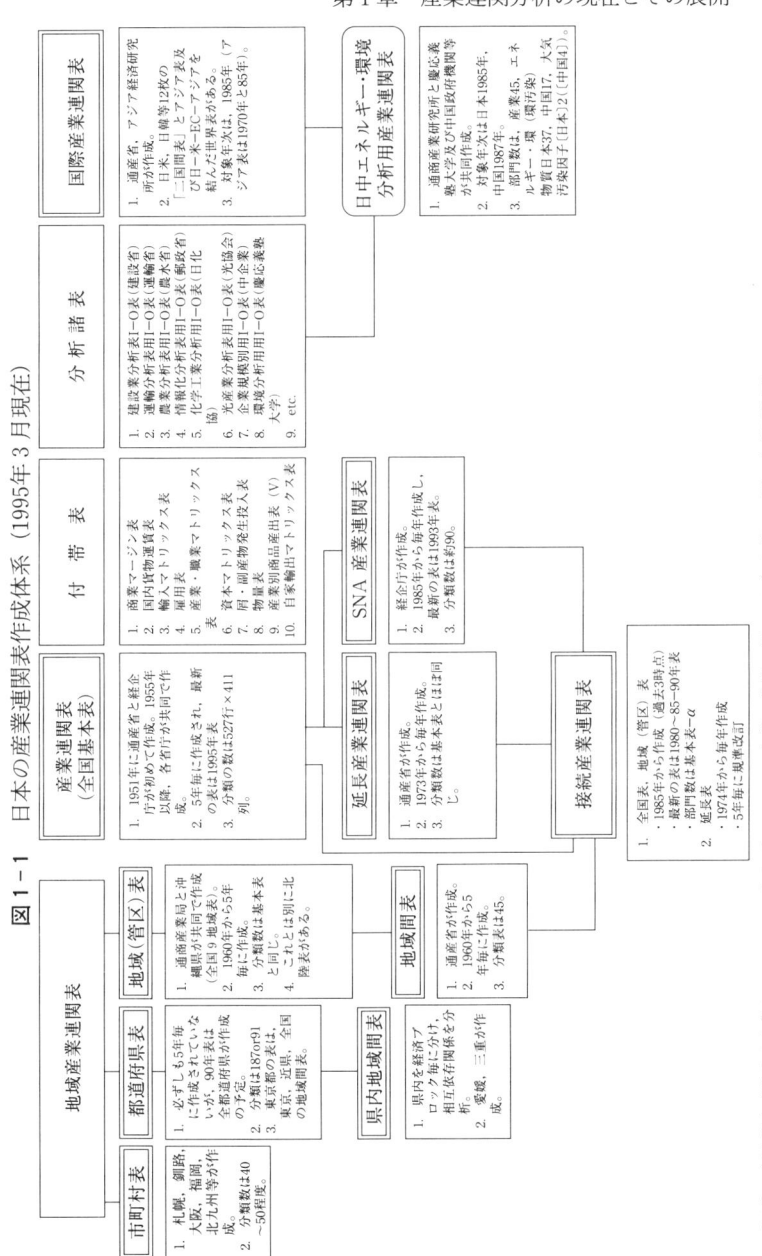

第1章　産業連関分析の現在とその展開　27

図1-1　日本の産業連関表作成体系（1995年3月現在）

地域産業連関表

- **市町村表**
  1. 札幌、釧路、大阪、福岡、北九州等が作成。分類数は40～50程度。
- **都道府県表**
  1. 必ずしも5年毎に作成されていないが、90年表は全都道府県が作成の予定。
  2. 分類は187か191。東京都の表は、
  3. 分類は、近畿、全国の地域間表。
- **地域（管区）表**
  1. 通商産業局と沖縄県が共同で作成（全国9地域表）。
  2. 1960年から5年毎に作成。
  3. 分類数は基本表と同じ。
  4. これとは別に北陸表がある。
- **県内地域間表**
  1. 県内を経済ブロック毎に分け、相互依存関係を分析。
  2. 愛媛、三重が作成。
- **地域間表**
  1. 通産省が作成。
  2. 1973年から5年毎に作成。
  3. 分類数は1993年まで基本表とほぼ同じ。
- **接続産業連関表**
  - 全国表、地域（管）表
    ・1985年から作成（過去3時点）
    ・最新の表は1980～85～90年表
    ・部門数は基本表＋α
  - 延長表
    ・1974年から毎年作成
    ・5年毎に概念改正

産業連関表（全国基本表）
1. 1951年に通産省と経企庁が初めて作成。1955年以降、各省庁が共同で作成。
2. 5年毎に作成され、最新の表は1995年である。
3. 分類の数は527行×411列。

延長産業連関表
1. 通産省が作成。
2. 1973年から毎年作成。
3. 分類数は1993年まで基本表とほぼ同じ。

SNA産業連関表
1. 経済企画庁が作成。
2. 1985年から毎年作成し、最新の表は1993年表。
3. 分類数は約90。

付帯表
1. 商業マージン表
2. 国内貨物運賃表
3. 輸入マトリックス表
4. 雇用表
5. 産業・職業マトリックス表
6. 資本マトリックス表
7. 屑・副産物発生投入表（V表）
8. 物量表
9. 産業別商品産出表
10. 自家輸出マトリックス表

分析諸表
1. 建設業分析表用I-O表（建設省）
2. 運輸分析表用I-O表（運輸省）
3. 農業分析表用I-O表（農水省）
4. 情報化分析表用I-O表（郵政省）
5. 化学工業分析表用I-O表（日化協）
6. 光産業分析表用I-O表（光協会）
7. 企業規模別I-O表（中企庁）
8. 環境分析用I-O表（慶応義塾大学）
9. etc.

国際産業連関表
1. 通産省、アジア経済研究所が作成。日韓等12ヶ国の「二国間表」とアジア及び日一米一ECーアジアを結んだ世界表がある。
2. 対象年次は日本1985年、アジア表は1970年と85年。

日中エネルギー・環境分析用産業連関表
1. 通商産業研究所が中国政府機関等及び慶応大学が共同作成。
2. 対象年次は日本1985年、中国1987年。
3. 部門数は、産業45、エネルギー・環境（廃汚染）物質日本37、中国17、大気汚染因子（日本）2（中国4）。

出所　木池孝之「Q&A」イノベーション&I-Oテクニーク」第6巻第1号、1995年6月、55頁、を若干修正。

省などである。公表される基本取引表は部門が基本分類，統合小分類，統合中分類，統合大分類に従って構成されるものであり，それぞれが投入係数表，逆行列係数表をもつ。これらは，生産誘発額などの波及効果分析のために用意されている。

連関表には生産者価格評価表示と購入者価格評価表示とがある。波及効果分析には生産者価格評価表示の表が優先的に利用される。連関表にはいくつかの付帯表がある。商業マージン表，運輸マージン表，輸入表，固定資本マトリックス，雇用表・雇用マトリックス，物量表，屑・副産物発生および投入表，自家輸送マトリックスである。また，時系列分析を可能にする「接続産業連関表」「延長産業連関表」は，5年ごとにまとめられる上記の基本取引表をもとに作成される。

これらとは別にSNA基準の産業連関表も作成されている。経済企画庁（現在は内閣府経済社会総合研究所）『国民経済計算年報』に載るU表，V表がそれである。両者は生産活動と商品との関係を表示する表で，U表（経済活動別財貨およびサービス投入表）では列にそってどの経済活動部門がどのような商品を生産に投入したか，行にそってどの商品がどのような経済活動にまわったかを知ることができる。V表（経済活動別財貨およびサービス産出表）では列にそってそれぞれの商品がどのような生産活動から生産されたかを，また行にそってそれぞれの経済活動がどのような商品を生産したかを知ることができる。SNA準拠の連関表は現行産業連関表が前提している仮定，すなわち連関分析への応用という制約条件から連関表に課せられる仮定，すなわちひとつの経済活動にひとつの商品を対応させるという仮定をはずすこと，すなわち表の作成目的を経済活動の実態の反映に絞って作成されている。

連関表を利用して何らかの実証的分析をする場合，とくにその記述的利用の場合には，さしあたり現行連関表に依拠せざるをえない。しかし，現行連関表は既述のように連関分析の必要性からくる種々の制約がある。また，指摘されたこと以外にも現実には存在しない部門（仮設部門：事務用品，自家用旅客自動車輸送，自家用貨物自動車輸送，鉄屑など）の設定があったり，連関表に充塡される個々のデータの精粗にばらつきがあったり，統計の信頼

性，正確性にかかわる様々な問題がある。表そのものの批判的検討は，不可避である。

(2) **産業連関表の利用方法**　この項では連関表の利用方法を展望する。その利用方法は，推計的利用と記述的利用の2とおりに区分できる。この2区分は，統計利用の二つの方法に対応する。ひとつは統計の記述的利用である。記述的利用は所与の統計データから平均，比率を計算することでその特徴をひきだしたり，何らかの手法でデータのもつ統計的構造を浮き彫りにする方法である。これに対し推計的利用は所与の統計データから，それが統計の部分集団である場合には全体集団の特徴を推し量ったり，推測や予測を行なうという方法である。統計的推測，推計には確率的手法が絡むものと一般に認識されているが，こと連関分析に関していえばこの点は問題とされない。しかし，連関分析による部門別均衡産出量の決定や予測は，広義の推計という形の統計利用である。

　統計利用のこの2つの方法は，産業連関表に限定すると具体的にどのようなものとなるであろうか。連関表の推計的利用は，連関分析の伝統的な利用の種々の経済問題への適用といったものをさす。推計的利用は簡単にいえば，所与の最終需要の各産業部門への直接，間接の波及効果を逐次近似のプロセスを表現する数理形式で測定し，部門別均衡産出量をもとめるというものである。こうした利用の仕方には，二方法ある。ひとつは連関分析を経済の予測や計画の策定に利用する場合である。経済計画へのその適用，すなわちマクロ計量モデルと連動させた連関モデルで産業部門ごとの均衡産出量を推計するというのがこれである。もうひとつは，ある特定の政策の経済効果を測定するために連関分析を適用するという手法である。例として財政支出の波及効果の測定や環境汚染問題など個別経済問題への連関分析の適用がある。

　推計的利用方法は以上のように複数あるが，その代表格は日本の経済計画の策定に連関分析が利用された例である。産業連関モデルは，計量経済学的手法にもとづく中期マクロモデルと連結されるというかたちで，65年の中期経済計画（64-68年）に初めて採用された。[7] 連関モデルのここでの役割は，通常の静学的オープン・レオンチェフモデルの数理に依拠し，計量経済モデルとしての中期マクロモデルによって与えられる主要マクロ経済諸量を部門

別にブレイクダウンすることにあった。この方式は，中期経済計画以降の経済計画，すなわち経済社会発展計画（67－71年），新経済社会発展計画（70－75年），経済社会基本計画（73－77年）に受け継がれる。しかし，マクロ計量モデルを主とし連関モデルを従とするモデルの連結の在り方は，計画策定当事者の予定どおり機能せず，経済計画はどれもこれも期間を全うすることなくお蔵入りの憂き目をみる。その大きな理由は，両モデルの不整合性である。その結果，この両モデルに代わって登場したのが連関モデルをそのうちにビルト・インし，産業別の一般的相互依存関係を直截にとらえる多部門モデルである。多部門モデルではマクロ・モデルと連関モデルの主従関係といったようなものはなく，マクロ的経済諸量は最初から産業別に分割され，マクロ変数と部門変数とはモデルのなかで一元的に自己完結している。注目されるのは産業連関モデルの位置であるが，消費ブロックではそれが中心的環となり，投資ブロックでは全体の連関の起点となっている。この多部門モデルは77年に昭和50年代前期経済計画（76－80年）の策定と関わって第5次計量委員会が初めて公にし，以後引き続く経済計画に採用された。

　連関表の記述的利用にも，その方法は2通りある。ひとつは，(1)産業連関表の基本表，投入係数表，逆行列係数表から経済循環そのものの特徴あるいはその内部での各産業部門の役割に関する情報を引き出そうとするものであり，もうひとつは，(2)産業連関表を組み替え，加工し，社会的再生産の構造を把握する試みである。前者は，さらに細かく区分することができる。①産業連関表から各種比率を計算し，それによって産業構造，貿易構造を時系列的に特徴づけるというもの（エネルギー費，研究開発費等に関する投入係数を使った動向分析など），②逆行列係数にもとづいて各種係数（影響力係数，感応度係数など）をもとめ，それによって各産業部門の経済循環における役割を測定するものである。産業連関表をもとに各産業の生産に及ぼす国内需要，輸出，輸入の直接的，間接的効果を測定し，産業構造の変化をとらえるスカイライン分析はこの種の利用形態のひとつである。逆行列係数から導出される係数を使った現状分析は，それらの係数が数理的操作によるものであることを考慮すると投入係数を使った分析と同列におけない。客観的現実からの距離は，無視できない。しかし，ここではそれが予測や計画に使われる

のではなく実証分析に利用されるということで，影響力係数や感応度係数を活用した分析もまたスカイライン分析も推計的利用ではなく記述的利用の範疇に入れた。

後者の組み替え，加工の利用方法としては，産業連関表をマルクス再生産表式に組み替え，社会的再生産における生産手段生産部門と消費財生産部門との関係を実証的に分析する試みが代表的である。[9]

連関表の記述的利用は，特定の分析の枠組みに拘束されない。それだけに利用される分野は，多様である。記述的利用方法である組み替え利用の例としては，産業連関表の内生部門に焦点をしぼり，そこに表象される中間財のフローから産業間の関係を構造記述的に浮き彫りにする質的連関分析も含まれる。連関表のこうした利用は，伝統的連関分析が前提とする投入係数の不変性に拘泥せず，むしろその現実の変化そのものを把握し，分析するという問題意識のもとにある。この方向での研究は，昨今の産業連関研究の関心が技術革新の生産コストにおよぼす影響の分析，投入係数の変化の推移をたどる分析まで多岐におよぶ。

2 産業連関表の拡充と記述的利用

(1) **産業連関表の拡充**　連関表は地域産業連関表と国際産業連関表の作成を中心に拡充され，発展している。まず地域産業連関表についてみると，通商産業省は統計調査部と各通商産業局，沖縄開発庁および沖縄県と共同して，60年以来5年ごとに全国を9地域に分け，それぞれの地域の連関表を作成している。さらに同省は95年にこれらの地域の連関表を連結した地域間連関表を作成した。これとは別にわが国の地域産業連関表の作成と公表の現状は，総務庁「平成2年（1990年）都道府県等産業連関表の作成状況調査」によると表1-2のとおりである。この調査によると，90年には全ての都道府県で連関表が作成された。市表が作成されているのは，札幌市，大阪市，横浜市，北九州市，福岡市などである。神戸市は歴史が古く，65年を除き，55年表から5年おきの作成をまもっている。

地域産業連関表の作成にともなって，これを利用した連関分析は増えている。通常の連関分析の手法を使って，政策（漁業規制の実施）の効果各種建

32　第Ⅰ編　産業連関分析の基本性格とその応用

表1-2　地域産業

	1953年表	1955年表	1960年表	1965年表	1970年表	1975年表	1980年表	1985年表	1990年表
北 海 道			31×31	57×57	57×57	59×59	61×61	61×61	63×63
青 森 県			25×25	(66年)25×25	56×56	61×61	72×72	84×84	90×90
岩 手 県					57×57	59×59	59×59	84×84	91×91
宮 城 県		25×25	36×36	130×130	37×37	61×61	72×72	84×84	94×94
秋 田 県					157×157	168×168	164×164	185×185	189×189
山 形 県		54×54		51×51	51×51	51×51	68×68	84×84	91×91
福 島 県			36×36	35×35	35×35	35×35	35×35	84×84	91×91
茨 城 県							72×72	80×80	87×87
栃 木 県					65×62				187×187
群 馬 県									91×91
埼 玉 県						167×167	164×164	183×183	91×91
千 葉 県							164×164	183×183	187×187
東 京 都								544×544	539×423
神奈川県							164×164	183×183	187×187
新 潟 県			48×48	47×47	57×57	58×58	68×68	80×80	91×91
富 山 県			53×53	53×53		61×61	72×72	84×84	90×90
石 川 県						62×62	165×165	84×84	90×90
福 井 県			39×39			70×70	79×79	91×91	97×97
山 梨 県			156×156				164×164	183×183	187×187
長 野 県	23×23		23×23				161×161	181×181	88×88
岐 阜 県						(77年)167×167	166×166	184×184	187×187
静 岡 県			31×31	38×38	43×43	52×52	57×57	183×183	188×188
愛 知 県	20×20					166×166	167×167	185×185	186×186
三 重 県						50×50	164×164	183×183	187×187
滋 賀 県			50×50	50×50		61×61			91×91
京 都 府			156×156	156×156	157×157		167×167	185×185	194×194
大 阪 府		82×82	465×354	42×42	44×44	166×166	40×40	29×29	91×91
兵 庫 県		38×38	80×80			212×212	211×211	183×183	94×94
奈 良 県			43×43	(63年)43×43				84×84	91×91
和歌山県			24×24			61×61	72×72	84×84	91×91

第1章　産業連関分析の現在とその展開　33

連関表作成の推移

	1953年表	1955年表	1960年表	1965年表	1970年表	1975年表	1980年表	1985年表	1990年表
鳥取県			48×43	46×23			68×68		91×91
島根県			56×56	56×56	60×60	61×61	72×72	84×84	91×91
岡山県	(51年)20×20						70×70	85×85	187×187
広島県			50×50		60×60	152×152		86×86	93×93
山口県		54×54	56×56	56×56			72×72	87×87	91×91
徳島県			126×151				164×164	183×183	187×187
香川県					56×56	61×61	72×72	84×84	527×411
愛媛県				(63年)144×144		138×138	165×165	184×184	189×189
高知県			22×22			64×64	64×64	84×84	187×187
福岡県					40×40	40×40	72×72	84×84	90×90
佐賀県						168×168	164×164	183×183	91×91
長崎県					161×161	169×169	165×165	184×184	89×89
熊本県		23×23	45×45	123×123	132×132	149×149	167×167	84×84	91×91
大分県			17×17	56×56	57×57	61×61	72×72	84×84	91×91
宮崎県				(63年)23×23		145×145	163×163	83×83	91×91
鹿児島県						90×90	95×95	84×84	91×91
沖縄県						63×63	63×63	64×64	64×64
札幌市							31×31	32×32	61×61
千葉市									32×32
横浜市					36×36	36×36	32×32	32×32	
大阪市			31×31	32×32					91×91
神戸市		23×23	20×20		25×25	27×27	29×29	31×31	32×32
広島市					36×36	36×36	81×81	33×33	
北九州市					43×43	43×43	84×84	91×91	
福岡市							31×31	183×183	188×188
旭川市							30×30	30×30	
釧路市					53×53		52×52	52×52	50×50

注）　1．数字は，公表部門数（行×列）である。
　　　2．北海道については，北海道開発局等との共同作業で作成されている。
出所）落合純「地域産業連関表の作成状況」『イノベーション&I-Oテクニーク』第7巻第2号，1997年1月，37頁。

表1-3 1985年日・米・EC・アジア国際産業連関表の構造図

		中間需要				域内最終需要				その他世界への輸出 1…5	生産額
		日本の生産活動 1…38	米国の生産活動 1…38	ECの生産活動 1…38	アジアの生産活動 1…38	日本 1…8	米国 1…8	EC 1…8	アジア 1…8		
中間投入	日本の生産品 1:38		交易部分(日→米)	交易部分(日→E)	交易部分(日→ア)		交易部分(日→米)	交易部分(日→E)	交易部分(日→ア)		
	米国の生産品 1:38	交易部分(米→日)		交易部分(米→E)	交易部分(米→ア)	交易部分(米→日)		交易部分(米→E)	交易部分(米→ア)		
	ECの生産品 1:38	交易部分(E→日)	交易部分(E→米)		交易部分(E→ア)	交易部分(E→日)	交易部分(E→米)		交易部分(E→ア)		
	アジアの生産品 1:38	交易部分(ア→日)	交易部分(ア→米)	交易部分(ア→E)		交易部分(ア→日)	交易部分(ア→米)	交易部分(ア→E)			
国際運賃											
その他世界からの輸入 1:38											
関税等											
付加価値 1:10											
生産額											

出所) 通商産業大臣官房調査統計部編『1985年日・米・EC・アジア国際産業連関表』1988年8月, 1頁。

設投資(関西国際空港,福岡ドーム,サッカースタジアムなど),イベント(ワールドカップ開催,世界リゾート博,国際商品見本市など)が地域経済に及ぼす影響の予測,推計がなされている。同時に地域産業連関表が可能にしたのは,移輸入,移輸出をつうじた地域相互の依存関係の分析,県内地域間交易の分析,地域経済の成長要因分析などである。通商産業省のホームページは90年地域間産業連関表をもとにして,地域の域際収支,ある地域にお

ける生産活動のうち他地域の生産活動によって誘発される活動の割合，ある地域の需要が他地域の生産活動を誘発する割合などの情報提供を行なっている。

　国際産業連関表の作成も最近の動向として目につく。この動きはいうまでもなく，経済の国際化にともなう複数国の取引関係の分析，産業構造の比較分析の必要性に応えるものである。注目されるのは，通商産業省が93年5月に完成させた「85年日・米・EC・アジア国際産業連関表（世界表）」（表1-3）である。これは内容的にも技術的にも同省が1986年から開始した二国間産業連関表，すなわち「1985年日米国際産業連関表」（89年），「1985年日仏国際産業連関表」「1985年日英国際産業連関表」「1985年日独国際産業連関表」（以上92年）の作成の延長にある。アジア経済研究所は，定期的にアジアI-O表プロジェクトをくみ，その成果を公表している。2国間I-O表，「日本・フィリピン2国間産業連関表」，「日本・インドネシア2国間産業連関表」，「日本・マレーシア2国間産業連関表」，「1975年／1985年多国間国際産業連関表」（表1-4）などがその例である。

　これらの国際産業連関表は，ある国々の産業部門の生産活動とその生産水準とが他の国々の産業部門とどのようにどの程度相互に結びついているのか，あるいは他国の国民経済における最終需要の大きさがその国の産業活動にいかなる影響をおよぼすのか，その逆の関係はどうなるのかを定量的に測定する道具になるものと期待されている。

　問題を特定した連関表としては，環境問題解明を目的とした連関表の作成が精力的に取り組まれている。通産省は71年「公害分析用産業連関表（68年）」を作成した。対象地域は，関東臨海地域（東京，千葉，神奈川，埼玉）に限定されていた。続いて，同省は76年に今度は全国規模での「公害分析用産業連関表（73年）」（表1-5）を公表した。最近では慶應義塾大学産業研究所が環境分析用産業連関表を開発し，分析結果を公表している。通産省通商産業研究所，中国国家統計局・環境保護局，慶應義塾大学産業研究所の共同研究プロジェクトの成果，「日中共通分類・エネルギー大気汚染物質分析用産業連関」の作成も注目される。また環境庁『環境白書（平成6年版）』には連関分析を使った分析結果が載っている。

表1-4　アジア太平洋地域

	インドネシア	マレーシア	フィリピン	シンガポール	タイ	中国	台湾	韓国	日本	アメリカ
インドネシア	52,721	102	113	961	47	292	362	746	9,369	4,095
マレーシア	43	20,620	232	1,767	471	145	378	1,046	3,679	1,572
フィリピン	18	90	21,661	88	31	73	82	91	837	1,102
シンガポール	569	1,457	42	13,936	481	116	211	196	1,333	1,633
タイ	39	255	30	158	30,106	199	83	130	834	706
中国	173	172	226	1,640	156	319,404	0	0	5,316	1,589
台湾	205	188	97	371	173	492	67,603	305	1,980	5,522
韓国	160	179	114	176	129	0	107	94,001	2,646	3,613
日本	1,813	1,757	286	1,582	1,106	6,028	3,546	5,117	1,313,103	22,540
アメリカ	1,138	821	690	1,323	459	2,266	3,160	4,551	18,405	3,196,351
国際運賃保険料	982	800	993	554	1,109	3,540	1,778	2,990	7,268	7,527
その他世界	4,214	4,702	1,672	7,081	3,200	13,434	10,378	12,172	81,643	148,903
内生部門小計	62,075	31,143	26,156	29,638	37,467	345,989	87,687	121,344	1,446,414	3,395,153
付加価値合計	87,841	30,096	30,214	17,188	36,453	291,740	58,815	90,630	1,325,765	3,948,943
生産額	149,916	61,238	56,369	46,825	73,920	637,730	146,502	211,974	2,772,179	7,344,096

　環境汚染分析用産業連関モデルの嚆矢は，1970年東京で開催された「国際公害シンポジウム」（国際社会科学評議会）で提案されたW.レオンチェフのモデルである。従来の標準型の産業連関モデルと比べたこのモデルの特徴は，各産業部門が産み出す環境汚染の要素の表示があること，また汚染物除去部門が設定されていることなどにある（表1-6，表1-7）。レオンチェフ・モデルは汚染の範囲を家計の許容量でとらえていること，汚染除去費用が汚染の原因をつくったものと無関係に想定されていること，環境汚染といわれるものの範囲が狭く，消費活動と結びついた汚染が分析の対象外におかれていること，さらに汚染が許容量として認識され社会的費用の問題として処理されようとしていることなど，いくつかの問題点がある。[10]

　(2)　**記述的利用例（スカイライン分析）**　記述的利用の具体例は多数あり，それらを一括して紹介するのは無理である。ここではこの方法の利用方法のひとつであるスカイライン分析に焦点を絞って紹介する。スカイライン分析とは一国経済の対外依存度，あるいは国内自給率を産業別に測定し，経済発展の程度を各産業の最終需要に対する国内生産と輸入代替の関係から分析する方法である。分析結果は，スカイライン・チャートという図にあらわされ

の国際産業連関表(1985年) (単位：100万ドル)

	最	終	需	要					輸出	生産額
インドネシア	マレーシア	フィリピン	シンガポール	タ イ	中 国	台 湾	韓 国	日 本	アメリカ		
76,388	28	47	81	8	11	31	−156	123	415	4,131	149,916
7	24,746	89	315	28	18	18	−31	59	630	5,408	61,238
3	110	27,399	10	22	14	18	8	278	882	3,553	56,369
212	301	16	12,719	140	68	47	23	135	2,439	10,753	46,825
7	142	11	99	33,496	40	56	3	145	691	6,690	73,920
62	59	57	136	44	286,315	0	0	865	2,186	19,331	637,730
72	109	24	179	86	281	44,638	98	1,190	10,350	12,540	146,502
39	69	61	94	36	0	75	86,653	1,300	6,198	16,326	211,974
669	573	122	1,100	1,076	8,033	1,550	2,114	1,259,748	44,891	95,422	2,772,179
461	779	183	965	433	2,251	1,208	1,450	5,714	3,882,857	218,629	7,344,096
302	541	426	581	871	5,372	963	731	1,913	13,348	−	−
3,342	1,111	1,163	1,666	1,707	9,293	2,523	1,848	12,630	134,769	−	−
81,563	28,567	29,599	17,946	37,947	311,697	51,127	92,741	1,284,098	4,099,658	−	11,500,748

資料) IDE, *Asian International Input-Output Table 1985*, SDS series, No. 65, Tokyo, 1992.
出所) 文大宇・武田晋一「国際産業連関表分析によるアジア太平洋地域の経済関係」『イノベーション＆I-Oテクニーク』第5巻第3号，1994年9月，39頁。

る。チャートの作成手順は，次のとおりである。

　ある国の最終需要は，各産業の国内需要に直接，間接に必要な生産量 *XF*，輸出に直接間接に必要な生産量 *XE*，輸入に依存したために国内で生産されなかった量 *XM* からなる。まず，ある国の国内で産業別の最終需要（輸出入を除く）を完全に自給することを想定した直接・間接の総生産額を計算する。次に，実際の輸出額を国内で生産した場合の直接・間接の総生産額をもとめる。続いて，実際の輸入額を国内で生産した場合の生産額をもとめる。式であらわすと，以下のようになる。

$$XF = [I-A]^{-1}F \qquad (2-1)$$
$$XE = [I-A]^{-1}E \qquad (2-2)$$
$$XM = [I-A]^{-1}M \qquad (2-3)$$

　国内生産を X とすると，$X+M = AX+F+M$ であるから，

$$X = [I-A]^{-1}(F+E-M) \qquad (2-4)$$

38　第Ⅰ編　産業連関分析の基本性格とその応用

表1-5　通産省の「昭和48年産業公害分析用産業連関表」（2部門統合表）

(単位：10億円，千t)

需要部門＼供給部門	製造業						非製造業					
	純生産活動	公害除去活動				合計	純生産活動	公害除去活動				合計
		硫黄酸化物	水質汚濁	産業廃棄物	計			硫黄酸化物	水質汚濁	産業廃棄物	計	
製造業	49,617	9.5	38.5	38.3	86.3	49,703	25,466	1.8	7.6	0.9	10.3	25,476
非製造業	28,359	3.3	29.1	65.4	97.8	28,457	27,222	1.0	7.7	4.0	12.7	27,235
中間投入計	74,976	12.8	67.7	103.6	184.1	78,160	52,688	2.9	15.3	4.9	23.1	52,711
粗付加価値	39,042	5.3	92.4	114.1	211.8	39,254	81,506	2.6	35.4	1.3	39.3	81,545
総生産	117,018	18.1	160.1	217.7	395.9	177,414	134,194	5.5	50.7	6.2	62.4	134,256
公害因子	発生量	除去量				排出量	発生量	除去量				排出量
硫黄酸化物	2,847	224	0	0	224	2,623	2,276	102	0	0	102	2,174
水質汚濁	6,146	0	1,032	0	1,032	5,114	1,693	0	684	0	684	1,009
浮遊物質	8,320	0	2,493	0	2,493	5,826	7,346	0	2,399	0	2,399	4,947
産業廃棄物	375	0	0	375	375	0	7	0	0	7	7	0

需要部門＼供給部門	消費支出	国内総固定資本形成						在庫純増	輸出	輸入	総生産
		純生産活動	公害除去活動				合計				
			硫黄酸化物	水質汚濁	産業廃棄物	計					
製造業	23,044	12,582	31.3	210.4	55.4	297.1	13,159	2,130	9,427	-5,246	117,414
非製造業	51,445	31,399	6.0	125.7	28.2	160.0	31,559	593	2,323	-7,355	134,256
合計	74,489	43,981	37.3	336.2	83.6	457.1	44,718	2,723	11,750	-12,601	251,670

注）　1.　22部門を2部門に統合したものである。
　　　2.　金属屑を製造工業製品に含めている。
資料）　通産省調査統計部統計解析課『昭和48年産業公害分析用産業連関表作成および分析結果報告書』1976年。
出所）　早見均・木地孝之「日中環境問題の産業連関分析(1)」『イノベーション＆I-Oテクニーク』第5巻第2号，1994年6月，13頁。

$$X = XF + XE - XM \qquad (2\text{-}5)$$

両辺を XF で除すと次式が得られる。

$$S = 100 + SE - SM \qquad (2\text{-}6)$$

第1章　産業連関分析の現在とその展開　39

表1-6　汚染分析用産業連関モデル（その1）

投入 および 汚染の産出 \ 産出部門	農業	製造業	汚染除去	家計	合計
農業 （ブッシェル）	26.12 (52.24ドル)	23.37 (46.74ドル)	0	55 (110.00ドル)	104.50 (208.99ドル)
製造業 （ヤード）	14.63 (73.15ドル)	7.01 (35.05ドル)	6.79 (33.94ドル)	30 (150.00ドル)	58.43 (292.13ドル)
汚染 （グラム）	52.25	11.68	−33.93*	30 (101.8ドル)	
労働 （人時）	83.60 (83.60ドル)	210.34 (210.34ドル)	67.86 (67.86ドル)	0	361.80 (361.80ドル)
合計	208.99ドル	292.13ドル	101.80ドル	361.80ドル	

注）　*33.93グラムの汚染除去に，101.80ドルが支払われる。
　　　単価は，農産物価格2ドル，製造業生産物5ドル，汚染除去費用3ドル，賃金1ドル。合計が合わないのは，概数でまるめているため。
出所）　W. Leontief, Environmental Repercussions and the Economic Structure: An Input-Output Approach, *Review of Economic Statistics*, No. 52, 1970, p. 268.

$$S = (X/XF) \times 100 \qquad (2-7)$$
$$SE = (XE/XF) \times 100 \qquad (2-8)$$
$$SM = (XM/XF) \times 100 \qquad (2-9)$$

　ここで S は自給率，SE は輸出比率，SE は輸入比率である。チャートでは各産業部門別の棒グラフがもとめられた計算結果にもとづいて示される。産業ごとのグラフで横軸は生産規模，縦軸は自給率である。
　この視覚的な図は，スカイライン・チャートと呼ばれる。命名の理由は，チャートに描かれた図が林立するビルの形と相似するからである。自給率が100％の水準の産業がそろっている国では，このチャートは凹凸がなく自給率100％の水準にそろうが，発展途上国ではチャートの凹凸が起伏にとむ。図1-2はスカイライン・チャートの一例で，85年の日本経済のそれである。部門コードと対照して理解していただきたい。

表1-7　汚染分析用産業連関モデル（その2）

	農業 小麦	農業 汚染除去	農業 合計	製造業 布	製造業 汚染除去	製造業 合計	汚染除去	家計	合計
農業 (ブッシェル)	26.12 (84.47 ドル)	0	26.12 (84.47 ドル)	23.37 (75.58 ドル)	0	23.37 (75.58 ドル)	0	55 (177.87 ドル)	105.50 (337.92 ドル)
製造業 (ヤード)	14.63 (86.66 ドル)	5.23 (30.98 ドル)	19.86 (117.63 ドル)	7.01 (41.52 ドル)	1.17 (6.93 ドル)	8.18 (48.45 ドル)	0.39 (2.33 ドル)	30 (177.69 ドル)	58.43 (346.07 ドル)
汚染 (グラム)	52.25	−26.13	26.12	11.69	−5.85	5.84	−1.97	30 (6.26 ドル)	
労働 (人時)	83.60 (83.60 ドル)	52.26 (52.26 ドル)	135.86 (135.86 ドル)	210.34 (210.34 ドル)	11.70 (11.70 ドル)	222.04 (222.04 ドル)	3.93 (3.93 ドル)	0	361.80 (361.80 ドル)
合計	254.72 ドル	83.24 ドル	337.96 ドル	327.44 ドル	18.63 ドル	346.07 ドル	6.26 ドル	361.80 ドル	

注)　＊1.97グラムの汚染除去に，6.26ドルが支払われる。
　　　単価は，農産物価格3.23ドル，製造業生産物5.92ドル，汚染除去費用3.19ドル。合計が合わないのは，概数でまるめているため。
出所)　W. Leontief, *op. cit*., p. 270.

　アジア経済研究所が作成した75年と85年を対象の国際産業連関表を利用し，スカイライン分析によりアジア太平洋地域の生産構造を分析した例がある[11]。それによると，この間アメリカは輸入・輸出依存度が比較的高くなく，スカイライン構造は起伏が少ない。日本は全体としての自給率は高いが，「金属」「機械」「輸送機器」などの重工業部門で輸出依存度が大きく，輸入依存度が小さい。これらに対し，タイ，韓国の産業構造は発展途上国に典型的な起伏にとむスカイライン構造になっている。

　80年から90年にかけて日本経済の変化が産業構造と貿易構造にどのような変化をもたらしたのか，この点を80年，85年，90年，92年の連関表の比較からスカイライン分析を使って実証分析した例がある[12]。これは，記述的利用の具体例である。同論文の分析結果は2段階に分かれ，前段では主として貿易構造の変化が検証されている。そこでは85年のプラザ合意を境に輸出主導型

第1章　産業連関分析の現在とその展開　41

図1-2　1985年における日本経済のスカイライン・チャート

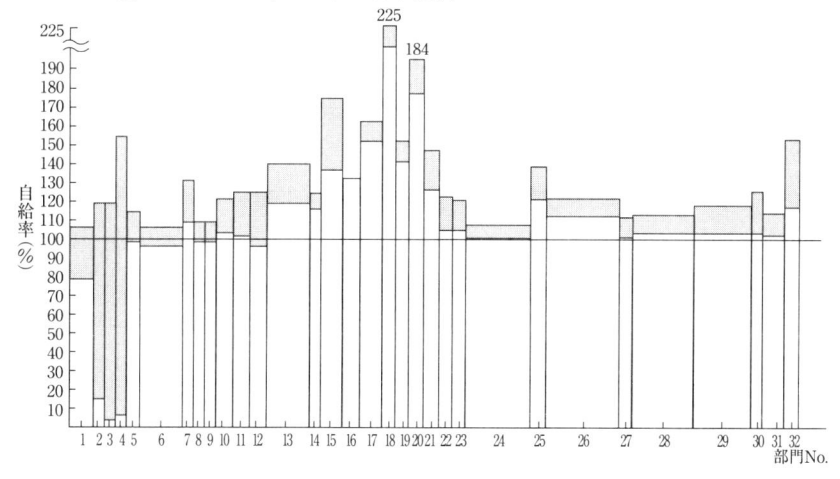

部門コード一覧表

No.	部　門　名	No.	部　門　名
1	農業	17	機械工業
2	石炭採掘・選別業	18	輸送用機械
3	石油，天然ガス	19	電機器器具製造
4	金属鉱採掘・選別業	20	電子，通信設備製造
5	非金属鉱採掘・選別業	21	計量・計測器
6	食料品	22	機械修理業
7	繊維工業	23	その他製造業
8	縫製品・皮革製品業	24	建設業
9	木材加工・家具製造	25	運輸・通信
10	製紙，文教用品製造	26	商業
11	電力・熱供給	27	飲食業
12	石油加工・石炭製品	28	公共事業・住民サービス
13	化学工業	29	文教・衛生・科学研究
14	建材，非金属製品	30	金融・保険
15	金属精錬，圧延加工	31	行政機関
16	金属製品	32	その他

注）　縦棒の長さは総生産，白抜き部分は自給率，網かけ部分は輸入を示す。
出所）　勝鑑「中国経済の構造改革」『イノベーション＆Ｉ-Ｏテクニーク』第6巻第2号，1995年10月，28頁。

の産業構造から内需主導型のそれに変わったこと，85年以前の輸出構成のリーディング・セクターであったのは「民生用電気機械」「自動車」「精密機械」であったこと，85年以降はどの産業も輸出比率を低下させたこと，80年代後半から90年代初めにかけては輸入比率が増大したこと，そして輸出構成比の指標で見ると80年代前半には「自動車」「電子・通信機器」が，後半には「電子・通信機器」が輸出シェアを拡大したこと，さらに輸入構成比の指標で見ると80年代前半には素材型産業で，加工型産業中心にシェアの拡大があったことなどが指摘されている。後段ではスカイライン分析によって各産業の直接，間接の自給率，および全産業ベースの総合自給率が計算されている。それによると80-85年にかけてほとんどの産業部門で自給率は上昇した。逆に80年代後半から90年代前半に向けてそれは低下した。自給率の低下は「自動車」で顕著であり，関連産業へのその影響は大きかった。自動車産業部門のみのスカイライン分析の試算結果は，その自給率の低下が「プラスチック製品」「ゴム製品」「鉄鋼」「非鉄金属」「その他の電気機械」に与えた影響が大きかったことを示した。

　連関表の記述的利用の興味深い例は，この他にも多数ある。ケインズ型連関分析との評価との関わりで前節で言及した質的連関分析も，そうした例のひとつである。その紹介をここで行なってもよいが，先の連関分析評価の問題とあわせて論じるほうが自然なので節を独立させてそれを紹介することにしたい。

III 産業連関分析の評価基準：方法と視座

1　質的産業連関分析の意義と限界

(1)　**質的産業連関分析の内容**　　既に述べたことであるが，わたしは質的連関分析を提唱する論者の主張に次の点で関心をもつ。すなわち質的連関分析は従来型の連関分析と異なる分析方法として提起されたのであるが，その内容はどのようなものなのか，またその分析手法が提起されたことの対極で従来型の連関分析がどのように評価されるのか，こういったことが関心をひく。

第1章　産業連関分析の現在とその展開　43

そこでまず，この質的連関分析の内容を具体的にみておこう。[13]

　質的連関分析は，要約して言えば，産業連関表の内生部門に着目し，そこに形成される中間財のフローに依拠した産業相互の関係を抽出する構造記述的な方法である。換言すれば，それは産業部門間関係の量的性格の捨象によって成立する質的構造を，すなわち産業部門間の重要な関係に表象される質的構造を分析する方法である。産業部門間の量的関係として成立する連関表の個々の中間財取引は一定の閾値を基準として重要な関係と重要でない関係との2つにふるいわけられる。この結果をもとに質的構造は最終的に重要でない関係を無視，捨象することで浮き彫りにされる。質的構造は具体的には連関表の中間取引行列から変換，導出される以下の4タイプの行列で表現される。(1)直接的配分経路行列，(2)配分経路行列，(3)距離行列，(4)依存関係行列。直接配分行列は第i部門から第j部門への供給経路の有無が1，0の数字で行列表記される。ただし，供給経路の有無は設定される閾値が基準となり，上述のように閾値にみたない，規模の小さな取引は0と表記され，重要でない関係と評価される。配分経路行列は2つの産業間における供給経路の長さを示し，距離行列は産業間における波及プロセスの最短距離の表現である。この距離行列にもとづいて依存行列が定義され，後者から産業間の相互依存関係が①双方向的依存関係型，②一方的依存関係型，③擬制的関係型，④完全孤立型に区分される。(図1-3)

　産業連関構造は，連関表の中間財取引のデータを以上のように集約してまとめられる。これは，「凝縮化された投入産出構造」と呼ばれる。そこでは諸産業部門のそれぞれは循環過程のなかで果たす役割に応じて核となる産業グループ（＝双方向的な依存関係のグループ）を媒介に，川上型（産出型）の産業部門と川下型（投入型）の産業部門，これらと関わりのない孤立型の産業部門とに区分される。得られるデータは総体としての産業部門の直接的，間接的な依存関係を確保するための情報である。閾値は分析目的により変更可能である。閾値の変更により，異なる「凝縮化された投入産出構造」が表出する。閾値を高くとると，核となる産業部門グループから川上型，川下型，孤立型の産業部門が分離する。

　基本構造表は，凝縮化された産業連関構造にもとづいて作成される。国民

44　第Ⅰ編　産業連関分析の基本性格とその応用

図1-3　凝縮化された産業連関構造

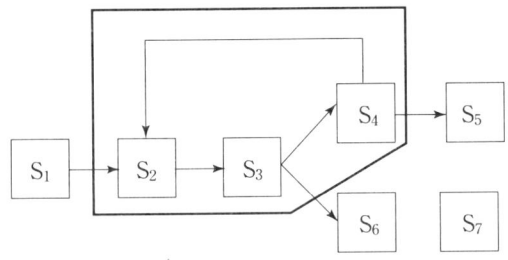

① 双方向的な存在関係：S_2, S_3, S_4（太線で囲んだ部分）（核を構成）
② 一方的な依存関係：S_1と①，S_6と①，S_5と①
③ 疑似的な関係：S_6とS_5
④ 完全孤立型の産業部門：S_7　S_i：第i部門

出所）朝倉啓一郎「日独の産業連関システム——経済構造表の作成と分析——」川口雅正・濱砂敬郎編『現代経済システムの諸問題』九州大学出版会，1997年，194頁。

経済過程の構造，すなわち供給構造の複雑さ，部門間の循環関係，部門間の複合状況，基幹に位置する部門と周辺に位置する部門との関係などがそこに示される。図1-4は，質的連関分析をへて抽出された90年の日本経済の基本構造表である。核になる産業部門（実線で囲まれた部分），川上型の部門，川下型の部門，独立型の部門をそこから読みとることが可能である。

　質的分析法に対しては，次の指摘がある。第1は閾値の設定から数量的情報が質的なそれに変換されることで中間財取引行列に固有の豊富な情報が制約されるという点である。第2に閾値の値によって直接的配分経路行列，供給系列における産業部門間の位置関係，「凝縮化された投入産出構造」の組み合わせが変わり，分析結果の相対化がおこる。

　産業連関表による質的分析方法は，ケインズ型連関分析とは全く異なる。それが目的としているものは波及過程を数理的に解析するモデル分析の方向ではなく，産業間の客観的循環構造を浮き彫りにする記述統計的方法である。このことは，以上の要約から明らかであろう。

　(2)　**方法論的検証の曖昧さ**　　質的連関分析の支持者がケインズ型連関分

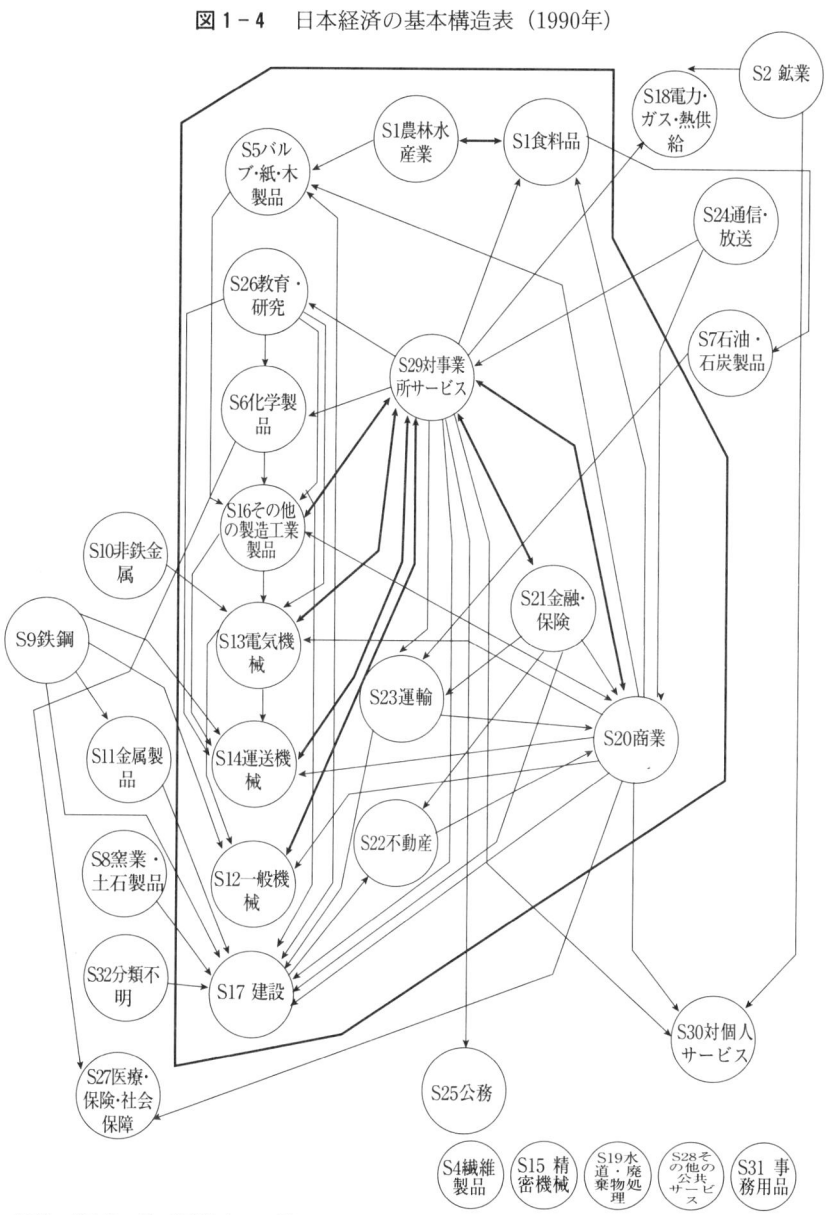

第 1 章　産業連関分析の現在とその展開　45

図 1-4　日本経済の基本構造表（1990年）

出所）朝倉敬一郎，前掲論文，199頁。

析の意義と役割とを社会歴史的背景から相対的に評価し，かつそれに質的連関分析という全く異なる連関表の利用の仕方をした点は，非常に意義がある。しかし，以下の点が明確でない。それは，連関分析の理論的，方法論的有用性についての言及がないことである。あるいは，不問に付されているというべきなのであろうか。連関分析はその数理手続とそれを支える形式上の諸仮定のゆえに経済分析としての有用性，現実性を喪失していることはこれまでつとに指摘されてきたことであるが，質的連関分析を支持する論者はこの点に同意しているのであろうか，あるいは異論があるのであろうか。そもそもこうした問題の設定自体に意味を認めないのであろうか。これらの疑問に真正面から応える叙述は，既発表の論稿の中には残念ながらみつからない。

　ある経済分析について，その歴史的，社会的背景に焦点を絞ってその意義と実践とを定める場合，陥りやすいのはそれらを方法論的に考察する視点が曖昧模糊となることである。そこであたえられているのは，あたかも現実的なものは合理的なもの，合理的なものは現実的なものという認識である。このケースもそうである。推測すると従来型の数理的連関分析は総需要管理のケインズ政策が妥当する時には有効に機能したかのように主張しているようであり，そうした政策の後退とともにその有効性は失なわれたと考えているかのようである。ケインズ型連関分析の歴史的必然性については，それで了解はつく。しかし，従来型連関分析に固有の数学的方法がその背景にある経済過程の計画化や予測にどの程度，有効であったかどうかを方法論的に検証する必要はないのであろうか。あるいは連関表に立脚する質的分析法は現実経済の構造分析にどの程度有効なのか，その意義と限界をどのように方法論的におさえるべきなのか，といったことは検討されないのであろうか。

　論者の連関分析評価は，個々の連関分析のひとつひとつを統計研究の実践ととらえ，この行為そのものを客観的評価対象とすることで得られる。連関分析利用者の目的意識は，個々の社会・経済観，世界観によって支えられる。評価の過程で重視されるのは，連関表作成者および連関分析の利用者の目的意識であり，その方法であり，成果として与えられる分析結果である。考察の対象になるのは，連関分析がどのような社会・経済観，世界観から統計が作成されたり，利用されたりするか，そうした価値観にもとづく社会的関係

行為としての統計実践がどのような成果を生み出すのかである。不満が残るのは，評価なり考察にあたって，これらの社会・経済観，世界観そのものがついに批判的に問題とされることがない点である。

2　産業連関分析の評価と「客観の視座」

(1) **統計数理の社会的事象化**　連関分析のこのような評価の仕方は，個々の連関分析が経済分析の手法として有効な方法なのか，科学的な方法なのかを問わないことに帰結するのではなかろうか。なぜなら評価の対象は所与の客観的実践としての連関分析であり，問題とされるのはその特殊歴史的社会的特徴づけに限定されるからである。

統計実践に対するこうした評価基準には，下敷きがある。大屋祐雪の統計理論の方法的基礎にある「客観の視座」である。この理論では「客観の視座」は，主体・実践の視座と対置される。主体・実践の視座とは「対象への働きかけ，あるいはその方法や手段を，自分が持たなければならない理論ないしは技術と意識して，その改善，発達，あるいはそれらに役立つ新しい理論や技術の開発を志向する主体的なものの見方，考え方」[14]のことである。大屋の言明によれば社会統計学と数理統計学は，いずれも統計的方法を研究対象とする。この場合，それがよってたつ視座は，主体・実践の視座である。もっとも社会統計学は統計的方法として統計調査法と統計解析法とを問題とし，数理統計学は数理的統計方法を研究するのであるけれども。これに対して客観の視座にたつ統計学では研究対象は「社会構成体での統計実践，すなわちある主体が，ある目的のために，ある種の統計（的）方法を用いて，必要な統計実践を行うその社会的行為そのもの」[15]である。

「客観の視座」が意味するものを確認する場合，統計調査論のそれと統計利用論のそれとを区別する必要がある。なぜなら調査論と利用論とでは，論理の次元が異なるからである。先に取り上げた質的連関分析を支持する論者の連関分析評価の問題点は，まさに統計利用をめぐる「客観の視座」にかかわる議論である。統計利用に関しても「統計の利用は，特定の世界観による特定目的のための利用であって，一般的な統計利用などというものはない」として，「統計利用の［いろいろな－引用者］姿（利用目的，利用形態，利

用方法）もわれわれの立場からすれば，当然に考察の対象とならざるをえない」とされ，その中心課題は「統計利用を社会構成体成員の特殊な社会認識過程としてとらえ，その技術的論理構造と歴史的社会的性格を明らかにすること[16]」であるとされる。

連関分析の有効性に関する議論との関連では，「統計利用の政府的様式」としての「統計数理の社会的事象化（すなわち数理の統計実践への適用）」，とくに統計の経済計画や予測への適用の可否の問題が重要である。この問題については「事象の論理と数理技術の対応をどうみるか」と論点が絞られて，「統計数理がさまざまな統計実践なかんずく政府レベルの統計調査や経済計画に不可欠な数理技術として採り入れられている現状に対して，数理の社会現象への適用には限界がある，あるいは数理形式主義に陥る危険が多い，と論難する[17]」だけでは統計学はその役割をはたしたことにはならないと指摘されている。問題は数理の社会事象化がどういう場合に成立するかであるが，問題になるのは2つのケースである。ひとつは社会現象の存在，構造，動向あるいは傾向ないしは法則が理論的に，経験的に把握されていて，なんらかの問題意識かそれらの数量的表現がもとめられる場合である。もうひとつはある特定の社会現象について理論的，経験的な把握が不十分である，あるいは不確かなときに社会現象の存在，構造，動向あるいは傾向について数量的表現ないし数理的技術の適用がもとめられる場合である。そのうえで，経済の数量分析や計量モデルの作成のほとんどが後者である，と述べられている。「事象の理論的解明部分と統計に対して，無理なく数理技術を対応させることができるならば，そのような数理技術の適用には異論の余地はない[18]」。この論理にしたがえば，現象の理論的，経験的な把握が不十分であるか不確かであるにもかかわらず，その構造や傾向を数量的に表現しなければならないときに連関分析が適用されればいつでもそれは有効な方法になると言っているのと同じなのだが，これは理のとおらない結論と言えないだろうか。

(2)　「客観の視座」による問題提起　　統計学を「客観的視座」にもとづいて構成することの問題点については，近昭夫の明確な指摘がある。「統計調査論では，『反映・模写論』においては統計の信頼性，正確性が問題にされない以上，それは現行の諸統計」の無批判的な是認に結びつきはしないかと

第 1 章　産業連関分析の現在とその展開　　49

いうこと。また統計利用論では，統計利用事実を客観視するということが適用方法の科学性に関する諸問題を度外視することになりはしないかということ－これら二つのことがらが，わたくしが『反映・模写論』について最も危惧するところである」と。とくに統計利用論の次元の疑問点としては「……諸々の統計がまずあって，それを『反映＝模写』することが統計利用論の課題であるとされている……。」「……諸々の『統計利用の姿』を所与のものとして受けとる，というやり方を敷衍していくと，遂には，数理統計学であれ計量経済学であれ，あるいはその他のどんな方法であれ，それが政府や企業等によって何らかの形で利用されてさえいれば，科学的であるかどうかを問わず，そのことが一つの事実として認められ，『反映＝模写』の対象にされるということにならざるをえないのではなかろうか」という指摘がある。正鵠を射た見解である。

　とはいえ，耳を傾けるべき問題提起はある。論点を絞れば，方法論批判の立場にたつ論者は連関分析の現状の展開をどのように合理的に説明するのかである。この問題は統計学の試金石である。それというのも，方法論批判の立場から連関分析に固有の理論的，方法論的難点が繰り返し主張され，それが正当な主張であっても，現実には経済分析としての連関分析が無効になったわけではなく，それは依然として積極的な展開をみせているからである。「客観の視座」の側から方法論批判の立場に対して示された疑問は，まさにこの点にある。すなわち，政府統計の作成，統計を用いた経済分析と経済計画は行政の一貫として制度化されているのであるから，これらの統計作成と統計解析の社会的行為を客観的視座から研究対象とするのは社会統計学の任務であるというわけである。当該の問題にこれをあてはめるならば，連関表の作成，連関分析の展開とその利用は今日官庁および官庁エコノミスト，あるいは民間の研究者のひとつの制度化された社会的実践的行為である，そうした社会的行為には時代の要請がある，社会科学としての統計学は，それらを特殊な社会現象あるいは社会的な過程として研究対象にすべきである，この統計学は連関表の作成，連関分析の展開とその利用を統計的社会関係と不可分のものととらえ，そうした統計的実践の歴史的社会的性格とその理論的，技術的構造とを解明する課題をもつ，方法論批判の立場にたつ統計学者はこ

うした点を積極的に課題としてこなかった，と。

議論は連関分析の評価の問題からやや飛躍した社会科学方法論としての統計学の問題全般に移ってしまった。しかし，振り返ってみれば連関分析の方法的問題の検討は，それだけで自己完結しえない。統計学の方法の問題がそこには介在しているし，そこから発せられ検討されなければならない統計学の課題と方法，統計データの処理に関する理論と方法の問題がある。問題は，そこまで煮詰まってきたようである。

おわりに

本章の結論は，次のとおりである。
(1) 産業連関表は政府が継続的，系統的に作成し，データの蓄積は膨大である。連関表作成，公表の広がりは，全国表だけでなく通産省などの国際産業連関表，各自治の地域産業連関表，個別経済問題，とくに環境問題分析用産業連関表にも及んでいる。
(2) 連関表の推計的利用である標準的連関分析は，こうした連関表の作成を背後に定着している。さまざまな連関分析が種々の経済問題領域で実施されている。パソコンの急速な普及がこれを支えている。
(3) しかし，連関分析の方法論的反省はほとんどみられない。経済理論的な検討もないまま統計計算が積み上げられている。しかし，連関表の推計的利用方法の延長にある新型の連関分析はいろいろな意匠を凝らすが，標準型の連関分析に固有の方法的難点を解消していない。むしろ，それらを引き継いでいると考えるべきである。
(4) 連関表の記述的利用の方法も，多面的に展開されている。データの宝庫である連関表からは部門別生産額，付加価値などを知ることができる他，各種係数（影響力係数，感応度係数）を導出して実証分析へ寄与できる。生産・貿易構造の国際比較分析に利用されるスカイライン分析も記述的利用の一種である。
(5) ドイツで展開された質的連関分析（産業部門間の関係の量的側面を捨

象し，質的構造，産業部門間の質的構造のみに着目する分析方法）も注目に値する。その支持者は一方で伝統的ケインズ型連関分析を特殊歴史的な分析方法と位置づけ，他方で独自の質的連関分析を提示する。伝統的ケインズ型連関分析を絶対視することなく，この方法を相対化してとらえる。

(6) わが国の質的連関分析の支持者によるケインズ型連関分析の位置づけは評価に値するが，この分析手法の方法への言及，検討がない。この点に不満が残る。

(7) 質的連関分析の支持者によるこうした評価が出てくる理由は，大屋統計学の「客観の視座」が下敷きにあるからである。社会統計学の方法論的立場が十分課題としてとらええなかった諸問題の指摘は傾聴に値する。しかし，統計数理の社会事象化にかかわる論理には疑問がある。

注
（1） 岩崎俊夫「産業連関論的経済分析の有効性について」『経済学研究』（北海道大学）29巻3号，1979年，など。
（2） 芳賀寛『経済分析と統計利用——産業連関表および所得分布論とその適用をめぐって——』梓出版社，1995年，第1章，参照。
（3） 土居英二・浅利一郎・中野親徳編著『はじめよう地域産業連関分析』日本評論社，1996年。
（4） 濱砂敬郎「統計利用論の基本視角」大屋祐雪編『現代統計学の諸問題』産業統計研究社，1990年。
（5） 濱砂敬郎，ウェルナー・ノイバウアー「経済構造の変化とドイツの産業連関計算」九州大学国際経済構造研究会『経済・経営構造の国際比較試論』九州大学出版会，1995年，203ページ。
（6） 落合純「地域産業連関表の作成状況」『イノベーション&I-Oテクニーク』環太平洋産業連関分析学会，7巻2号，1997年1月。
（7） 経済企画庁編『中期経済計画』1965年。
（8） 経済審議会計量委員会編『経済計画のための多部門モデル——計量委員会第5次報告——』1977年。
（9） この他に産業連関表を使って剰余価値率を計算した試みもある。泉弘志『剰余価値率の実証研究——労働価値計算による日本・アメリカ・韓国経済の分析——』法律文化社，1992年。
（10） W. W. Leontief, "Environmental Repercussions and the Economic

Structure : An Input-Output Approach," *Review of Economic Statistics*, No. 52, 1970.
(11)　文大宇・武田晋一「国際産業連関表分析によるアジア太平洋地域の経済関係」『イノベーション&I-Oテクニーク』環太平洋産業連関分析学会，5巻3号，1994年9月。
(12)　野村信廣・服部隆夫「日本産業の貿易・生産構造の変化（1980年～1992年）」『産業連関』環太平洋産業連関分析学会，第6巻3号，1996年1月。
(13)　以下を叙述するにあたっては，朝倉啓一郎「日独の産業連関システム——経済構造表の作成と分析——」川口雅正・濱砂敬郎編『現代経済システムの諸問題』九州大学出版会，1997年，を参照した。
(14)　大屋祐雪「社会科学のなかの統計学」『経済学研究』（九州大学）第54巻第4・5合併号，1988年12月，34ページ。
(15)　大屋，前掲書，35ページ。
(16)　大屋，前掲書，41ページ。
(17)　大屋，前掲書，42ページ。
(18)　大屋，前掲書，43ページ。
(19)　近昭夫「いわゆる『統計学＝反映・模写論』への疑問」『統計学』26号，1973年5月，87ページ。
(20)　近，前掲書，86－87ページ。

第2章 投入係数の予測

はじめに

　産業連関分析の応用は，おおきくわけて2つの分野で行なわれる。第1は，経済の実証的分析という分野で，この分野には①直接投入係数をそのまま利用する産業「構造」の分析，②逆行列係数を利用する経済の「機能」(波及効果)分析，③さらに物価，公害などの具体的な経済現象の計量分析，などが含まれる。第2は，経済予測(計画編成)の分野である。産業連関分析を用いた均衡産出量の経済予測は，逆行列係数とある将来時点の最終需要の大きさと構成に関するデータを公式 $X = (I-A)^{-1}Y$ で処理する計算で実行される[1]。

　わたしは，これまでに産業連関分析批判の成果をふまえながら，産業連関的経済分析の有効性を，専ら方法論的観点から批判的に検討してきた[2]。連関分析の問題点は，第1に，産業連関論的「構造」分析が投入と産出との固定的な量的依存関係に限定され，そのことによって経済現象の説明に大きな制約があたえられること，第2に，いわゆる逆行列係数をパラメータとする「機能」分析が原理的には等比級数の和をもとめる数理にもとづく計算処理となっているため抽象的であること，第3に，国民経済循環把握としてみても価値視点と使用価値視点との分断，資本を媒介とする価格分析の欠如によって平板なものとなっていること，などにあった。

　産業連関的経済分析に対するこうした方法論的批判は，この分析手法の根本的原理にかかわるものであるから，そこで指摘された諸点は，産業連関分析がどのような応用形態をとろうとも普遍的に妥当する。

　しかし，産業連関的経済分析の有効性の検討という課題は，ただ方法論的吟味だけにつきるものではない。産業連関的経済分析の批判的検討という課

題を完成させようと思えば，どうしてもその適用の具体的実例をいくつかとりあげ，直接その適用の是非を論じなければ説得的といえない。

そこで，本章は，この議論の一環として，まず産業連関分析を予測の領域へ適用するさいの手続きが現実的なものであるのかという問題を考察する。この問題を包括的に論じる場合には，分析にとって与件となる最終需要の大きさと構成の予測，物価変動の分析ならびに投入係数の修正についてそれぞれどのように行なうかという，少なくとも3つの重要な論点が成りたつ[3]。しかし，本章では課題を次の一点に絞りたい。すなわち，それは産業連関分析によって経済予測を行なうときに比較的よく使われる投入係数のRAS方式（RAS method）にもとづく修正が理にかなったものであるのか否か[4]，という点である。

投入係数の予測誤差の問題については，論じない。

I RAS方式による投入係数の修正（その数学的要点）

図2-1は，計量モデルがわが国の経済計画作成の中心にすえられた中期経済計画（64-68年）[5]の中の産業連関分析の地位と役割を示した概略図である[6]。この図から，産業連関分析の主要な役割がマクロ的な計算数値に整合する産業部門別の需要，生産，輸入，雇用ならびに資本ストックを確定し，チェックすることにあったことを知ることができる[7]。行論との関係で注目すべき点は，産業連関分析が上記の経済諸量を予測用投入係数の作成にもとづいて推定したこと，しかもこの投入係数の推定を主としてコンピュータを用いたRAS方式による投入係数の縦横修正によって行なったことである[8]。いうまでもなく，投入係数が一定不変であると仮定する産業連関的経済分析の仮定は，経済予測にこの分析手法を利用する場合の大きな制約条件である[9]。つまり，基準時点における投入係数表は，あくまでも，その時点の各産業の生産技術構造を反映しているにすぎないのであるから，時間の経過を無視してこれをそのまま t 時点の経済予測に使うのは，非現実的である。現実の資本主義経済は，産業連関的経済分析のこのような仮定とは反対に，技術の変

第 2 章　投入係数の予測　55

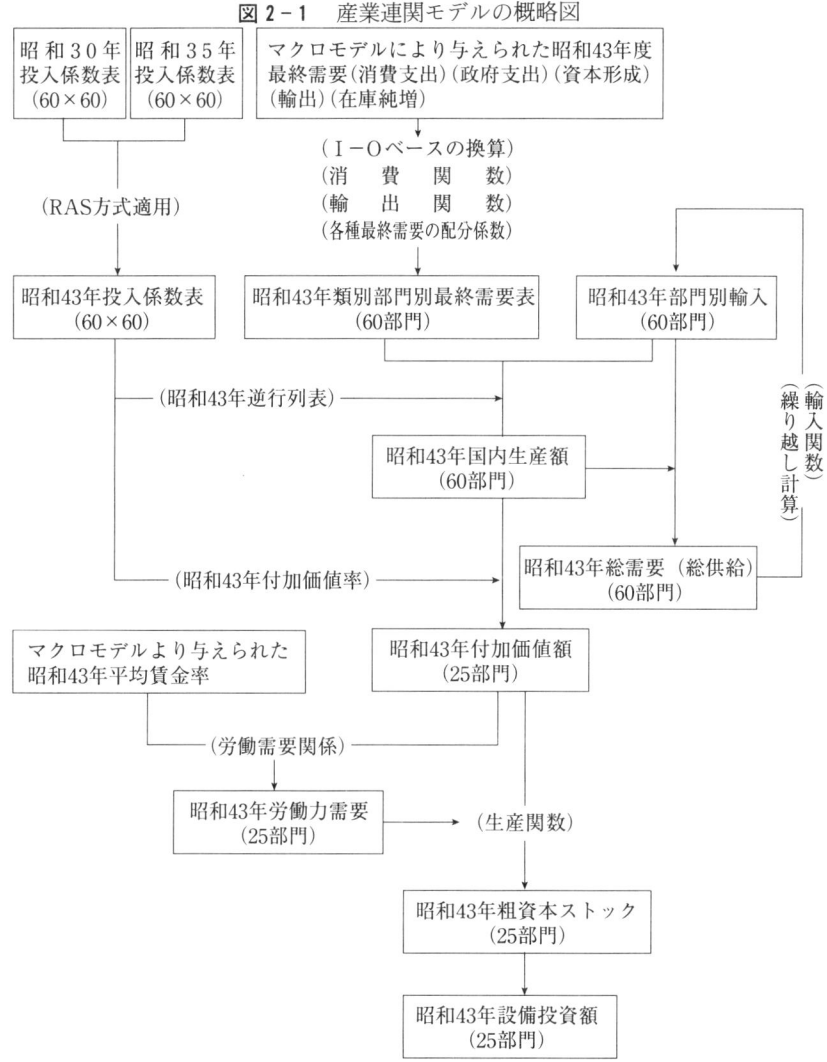

図 2-1　産業連関モデルの概略図

```
┌──────────┬──────────┐  ┌─────────────────────────┐
│昭和30年   │昭和35年   │  │マクロモデルにより与えられた昭和43年度│
│投入係数表 │投入係数表 │  │最終需要(消費支出)(政府支出)(資本形成)│
│(60×60)   │(60×60)   │  │(輸出)(在庫純増)                │
└──────────┴──────────┘  └─────────────────────────┘
           │                         │
           │                  (I-Oベースの換算)
                             (消　費　関　数)
   (RAS方式適用)              (輸　出　関　数)
                             (各種最終需要の配分係数)
           │                         │                    │
           ▼                         ▼                    ▼
    ┌──────────┐        ┌──────────────────┐      ┌──────────────┐
    │昭和43年   │        │昭和43年類別部門別最終需要表│     │昭和43年部門別輸入│
    │投入係数表 │        │(60部門)              │      │(60部門)       │
    │(60×60)   │        └──────────────────┘      └──────────────┘
    └──────────┘                   │                     │
        │                          │                     │
        │─(昭和43年逆行列表)────────▶│                     │ (輸
        │                          ▼                     │  入
        │                   ┌──────────┐                │  関
        │                   │昭和43年国内生産額│                │  数)
        │                   │(60部門)    │                │
        │                   └──────────┘                │ (繰
        │                          │                     │  り
        │                          ▼                     │  越
        │─(昭和43年付加価値率)──────▶┌──────────────┐      │  し
                            │昭和43年総需要(総供給)│◀─────│  計
                            │(60部門)          │      │  算)
                            └──────────────┘      │
                                   │
                                   ▼
┌────────────────┐       ┌──────────┐
│マクロモデルより与えられた│       │昭和43年付加価値額│
│昭和43年平均賃金率    │       │(25部門)    │
└────────────────┘       └──────────┘
         │                      │
         │─(労働需要関係)─────────▶│
                                │
         ▼                      ▼
   ┌──────────┐          (生産関数)
   │昭和43年労働力需要│                │
   │(25部門)    │                ▼
   └──────────┘         ┌──────────────┐
                       │昭和43年粗資本ストック│
                       │(25部門)        │
                       └──────────────┘
                              │
                              ▼
                       ┌──────────────┐
                       │昭和43年設備投資額  │
                       │(25部門)        │
                       └──────────────┘
```

出所)　経済企画庁編「中期経済計画」1965年

表 2-1

			中間需要計	最終需要	総産出額
1	x_{11}^0	x_{12}^0	z_1^0	F_1^0	X_1^0
2	x_{21}^0	x_{22}^0	z_2^0	F_2^0	X_2^0
中間投入計	u_1^0	u_2^0			
付加価値	L_1^0	L_2^0			
総産出額	X_1^0	X_2^0			

表 2-2

	1	2
1	a_{11}^0	a_{12}^0
2	a_{21}^0	a_{22}^0

表 2-3

	1	2
1	a_{11}^t	a_{12}^t
2	a_{21}^t	a_{22}^t

化,新技術の採用,資本の有機的構成の高度化などの諸条件を必然的に,しかもかなりはやいテンポで進めている。この点を度外視して投入係数を一定不変と仮定することは,とりもなおさず産業連関的経済分析に静態的な性格をもたらすことになる。[10] そこで,産業連関的経済分析の原理に即しながらこの事態を克服しようと思えば,基準時点の投入係数を修正し,予測時点におけるそれを推計しなければならない。この推計の手だてのひとつとして開発されたのが,これから紹介する RAS 方式である。

それでは,RAS 方式はどのようにして投入係数の修正をおこなうのであろうか。RAS 方式の適用による投入係数修正の数学的プロセスをたどってみよう。[11]

RAS 方式は,①基準時点の投入係数行列,② t 時点の産出額,③ t 時点の需要額および中間投入額の 3 つのデータを必要とする。[12] いま,基準時点の 2 部門からなる産業連関表が表 2-1 のように与えられていたとしよう。投入係数は,一般に $a_{ij} = \dfrac{x_{ij}}{X_j}$ で導出されるから,表 2-1 にもとづいて作成される投入係数表は,表 2-2 のようになる。この投入係数表は,時間の経過とともに生じる技術変化によって $[a_{ij}^0] \to [a_{ij}^0 + \Delta a_{ij}^t] = [a_{ij}^t]$ (ただし $\Delta a_{ij} \gtreqless 0$) となる。これに応じて,投入係数表も表 2-3 のように変わる。ところで,RAS 方式は,投入係数 a_{ij}^0 が a_{ij}^t へ変化する要因を 2 つの方向か

ら説明する。[13]ひとつは，基準時点の投入係数表の横行にそって生じる変化である。もうひとつは，同じ投入係数表の縦列にそって生じる変化である。RAS方式は，前者を代替効果（effect of substitution）による変化とよび，記号 r_i（代替変化修正係数）であらわす。他方，後者は加工度効果（effect of fabrication）による変化とよばれ，記号 s_j（加工度変化修正係数）で表示される。そうすると，t 時点の投入係数 a_{ij}^t は，次のように書きあらわされる。

$$a_{11}^t = r_1 a_{11}^0 s_1, \quad a_{11}^t = r_1 a_{12}^0 s_2$$
$$a_{21}^t = r_2 a_{21}^0 s_1, \quad a_{22}^t = r_2 a_{22}^0 s_2 \tag{1}$$

これを行列のかたちに表現しなおすと，

$$\begin{pmatrix} a_{11}^t & a_{12}^t \\ a_{21}^t & a_{22}^t \end{pmatrix} = \begin{pmatrix} r_1 & 0 \\ 0 & r_2 \end{pmatrix} \begin{pmatrix} a_{11}^0 & a_{12}^0 \\ a_{21}^0 & a_{22}^0 \end{pmatrix} \begin{pmatrix} s_1 & 0 \\ 0 & s_2 \end{pmatrix} \tag{1}'$$

$A^t = \hat{R} A \hat{S}$ となる。[14]

ただし，

A^t：修正後の投入係数行列
$\hat{R}$：代替変化修正係数の対角行列
A：修正前の投入係数行列
$\hat{S}$：加工度変化修正係数の対角行列

である。

RAS方式にもとづく投入係数修正の基本方程式が（1）式のように定まると，次の課題は，t 時点の暫定的に定まっている産出額と中間需要額，中間投入額の情報を利用して，r_i と s_j の値を算定する数学上の問題に帰着する。

r_i と s_j の値をもとめる方法としては，以下のような逐次近似の計算法によるのが容易であるばかりでなく，計算そのもののプロセスを定性的にたどるのに適している。この計算は，中間需要額 z_i^1 と中間投入額 u_j^1 を，基準時点の投入係数 a_{ij}^0 と t 時点の部門別産出額 x_i^t であらわすことからはじまる。

$$z_1^1 = a_{11}^0 X_1^t + a_{12}^0 X_1^t$$
$$z_2^1 = a_{21}^0 X_2^t + a_{22}^0 X_2^t \tag{2}$$

$$u_1^1 = a_{11}^0 X_1^t + a_{21}^0 X_1^t$$
$$u_1^2 = a_{12}^0 X_1^t + a_{22}^0 X_1^t \tag{3}$$

既述のように t 時点における中間需要額 z_i^t と中間投入額 u_j^t は，既知の情報である。基準時点の投入係数と t 時点の部門別産出額も既知の数値であるので（2），（3）式から z_i^1 と u_j^1 は，ある特定の計算値に定まる。しかし，計算の第1段階のこの計算値は，t 時点における中間需要額 z_i^t と中間投入額 u_j^t の値と一致しない。なぜなら，t 時点の暫定的な総生産額，中間需要額，中間投入額は，ほんらい同じ t 時点の投入係数行列に規定されるはずであるが，ここではひとまず基準時点の投入係数行列が使われるからである。通常，基準時点と t 時点の投入係数行列は異なるので，みられるような不一致が生ずる。両者がどの程度一致しないかを示したのが，次の修正係数である。

$$r_i^1 = \frac{z_i^t}{z_i^1}, \quad s_j^1 = \frac{u_j^t}{u_j^1} \tag{4}$$

この係数を用いて，投入係数の第1次修正値をえることができる。

$$a_{11}^1 = r_1^1 a_{11}^0 s_1^1, \quad a_{12}^1 = r_1^1 a_{12}^0 s_2^1$$
$$a_{21}^1 = r_2^1 a_{21}^0 s_1^1, \quad a_{22}^1 = r_2^1 a_{22}^0 s_2^1 \tag{5}$$

次に，この投入係数の第1次修正値 a_{ij}^1 をもとにして第2段階の中間需要額 z_i^2 と中間投入額 u_j^2 を算定する。

$$z_1^2 = a_{11}^1 X_1^t + a_{12}^1 X_1^t$$
$$z_2^2 = a_{21}^1 X_2^t + a_{22}^1 X_2^t \tag{2}'$$

$$u_1^2 = a_{11}^1 X_1^t + a_{21}^1 X_1^t$$
$$u_2^2 = a_{12}^1 X_2^t + a_{22}^1 X_2^t \tag{3}'$$

第1段階の修正係数と同じ計算プロセスを繰り返してえられる投入係数の第2次修正値は，次のとおりである。

$$r_i^2 = \frac{z_i^t}{z_i^2}, \quad s_j^2 = \frac{u_j^t}{u_j^2} \tag{4}'$$

$$a_{11}^2 = r_1^2 a_{11}^1 s_1^2, \quad a_{12}^2 = r_1^2 a_{12}^1 s_2^2$$
$$a_{21}^2 = r_2^2 a_{21}^1 s_1^2, \quad a_{22}^2 = r_2^2 a_{22}^1 s_2^2 \tag{5}'$$

以下，この計算を r_i^l と s_j^l の値が1に収束するまで（収束条件 $r_i^l \fallingdotseq 1$,

第2章 投入係数の予測　59

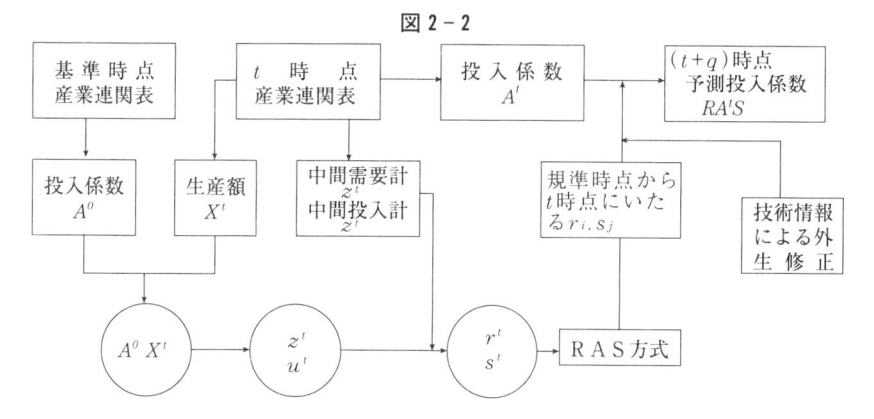

図 2-2

$s_j^l ≒ 1$）繰り返し続けると，まずこの計算の結果として代替変化修正係数と加工度変化修正係数が決まる。

$$r_j = \lim_{l} II\ r_j^l$$
$$s_j = \lim_{l} II\ s_j^l \tag{6}$$

そして，次に t 時点の投入係数修正値が近似解として確定される。

$$A^t = \lim_{l} A^l = [r^1 \cdot r^1 \cdots r^l] A [s^1 \cdot s^1 \cdots s^l] = \hat{R}A\hat{S} \tag{7}$$

　RAS方式の数学的要点は，ここまでである。[15]要約すると，RAS方式は t 時点の暫定的な部門別産出額，中間需要額，中間投入額を用いて，基準時点の投入係数行列を2方向で修正する（代替変化修正係数 r_i と加工度変化修正係数 s_j の値の推計によって）方法である。

　なお，いったん決まった r_i と s_j は，基準時点から t 時点までの m 期間における修正値であるので，これを単位期間のそれとして評価するならば，図2-2のように，任意の（$t+q$）時点の予測投入係数を導出することもできる（$0 < q < t$）。r_i と s_j を単位期間の修正係数 $r_i^* s_j^*$ とに還元して評価する方法は，定率法と定差法の2とおりが考えられる。2つの方法の差違と両者によって確定される（$t+q$）時点の予測投入係数のもとめ方をまとめて示すと，次のようになる（表2-4）。

　みられるように，RAS方式は，過去の実績データの外挿による予測とい

表 2-4　単位期間平均変化修正係数　予測投入係数
〔$(t+q)$時点，$0 < q < t$〕

定率法	$r_i^* = \sqrt[m]{r_i}$ $s_j^* = \sqrt[m]{s_j}$	$A^{t+q} = \hat{R}^{\frac{q}{m}} \hat{A}^t \hat{S}^{\frac{q}{m}}$
定差法	$r^*_i = \dfrac{1}{m} r_i$ $s^*_j = \dfrac{1}{m} s_j$	$A^{t+q} = (\dfrac{q}{m}\hat{R}) \hat{A}^t (\dfrac{q}{m}\hat{S})$

う形態である。定率法と定差法でRAS方式を補完するというやり方には，この性格がとくに明確にあらわれる。

節をあらためて，この点について論ずる。

II　RAS方式による予想の特徴と性格

投入係数の修正は，産業連関分析による予測を少しでも正確にかつ科学的にする目的で行なわれる。そこにあるのは，将来の経済諸量を予測，推定するさい，過去の投入係数を不変と仮定してそのまま予測に利用するよりも，過去から将来にわたる時間の経過を考慮にいれて投入係数を修正したほうが，産業連関分析の予測力を格段にたかめるという期待である。[16] なぜなら，ある一定の時間の経過では，原材料などのすべての投入要素の変化，同一部門内のプロダクト・ミックスの変化，相対価格の変動にともなう生産要素の代替変化，生産技術の変化の結果としての製造工程の高度化といった要因は，[17] 投入係数を修正する方向につよく作用するからである。

しかし，予測力についての上記の判断が正当なものかどうかという問題にたいしては，産業連関分析の「予測力」概念の吟味もふくめた検討が必要である。[18]

以下では，こうした問題も念頭に，前節で紹介したRAS方式の評価を行なう。考察の結果，この方法が客観的でかつ科学的だということになれば，RAS方式による投入係数修正に立脚した産業連関分析もある程度まで，有効であるということになろう。逆に，修正手続のなかに客観性を欠くところ

があるということになれば，RAS方式で投入係数の修正をはかったとしても，そのことからただちに産業連関分析の予測能力が増大すると結論するわけにはいかない。

　過去の投入係数を修正する方法は，おおきくわけて2とおりに分類される[19]。そのうちのひとつは，計量経済学的方法（ただしここでは確率論の適用は行なわれない[20]）に依拠して過去の投入係数の変化から何らかの傾向値を導き出し，これを将来時点にまで延長するという方法である[21]。第2の方法は，何らかの生産技術的情報にもとづいて直接に投入係数を修正する方法である[22]。

　RAS方式は，平均増加倍率法，フレーター法，ラグランジュ未定係数法などとともに第1のグループに属する。第2のグループの代表的なものとして，エンジニアリング・データを材料とする修正の方法がある。投入係数は，各産業部門の生産技術的構造を投入要素と産出要素との量的比率でとらえる。したがって，将来の投入係数を推定する場合には，現実に予想される技術変化の動向について，あらかじめその特徴をつかみ，それにもとづいて過去の投入係数をいわば人為的に加工する第2のグループを利用するほうが，数学的計算主導のもとに投入係数変化の傾向値を計算する第1のグループの利用よりものぞましい。

　事実，わが国でもこの第2グループに属する方法で投入係数を修正する試みは，多数みられる。たとえば，昭和26年の投入係数から昭和29年の投入係数を推定するときに，エネルギー部門でおきていた石炭から重油への転換に着目し石炭需要統計，石油製品需給統計などを用いて26年投入係数が修正されたという経験[23]，また通産省がかつて昭和42年産業構造分析のために推定した昭和42年想定産業連関表作成のさいに，昭和30年度投入係数表を技術的な情報によって加工するという方法が使われた例[24]などは，その代表的なものである。

　しかし，一般に将来の技術変化についての情報は必ずしも豊富に存在するわけではない。くわえて，このような情報にもとづいた修正を行なっても予測値と実績値との乖離は予想以上に大きいという経験的事実がある。投入係数に変化をもたらす要因をいくつかに分類し，それらの要因の大きさと割合を統計データなり技術情報などからわりだし，その結果にもとづいて個別

な修正手続をつみあげても，望ましい安定的な数値がでてくるとは限らない。さらに，投入係数の変化のなかには既存のやり方では決してとらえきれないものがある（とくにある産業部門に生じた技術変化の他の産業部門への波及効果など）。こうした事情からエンジニアリング・データは産業連関分析とは全く異質な外部的な情報であるから投入係数の修正資料として適当でない，という意見が根強くある。[25]

　こうした事実に直面したときに考えられる方向は，2とおりある。ひとつは，計算値と実績値との不一致についてその原因をつきとめ，その原因究明の結果にもとづいて修正方法の改善をはかる方向である。もうひとつは，投入係数変化の諸要因を統計データのなかからひろって直接的に修正するというやり方を放棄し，これにかわる別の方法を採用することである。産業連関表にかんする過去のデータから投入係数変化の量的規則性をみいだし，この規則性にのっとって投入係数変化の方向を確定する試みは，この第2の方向に登場してきた方法である。[26]

　投入係数修正の数学的方法のなかで比較的よく使われるRAS方式は，すでに紹介したように基準時点の投入係数行列をRとSの修正行列によって修正する方法である。この方法の特徴は将来時点の暫定的総生産額に基準時点の投入係数を乗ずることによってえられる中間需要額と中間投入額とがそれぞれ暫定的中間需要額と中間投入額とに一致するように逐次的に計算を進めていくことにある。平均増加倍率法は，RAS方式で行なわれるのと同じ計算手続を，行方向と列方向での交互修正によってではなく，それらの修正係数の単純平均値で同時的に修正していく方法である。また，ラグランジュ未定係数法は，暫定的総生産額に予測時点の投入係数を乗じたときの将来の中間需要額と中間投入額とが同じ将来時点の暫定的中間需要額と中間投入額とに一致するという条件をたて，基準時点と将来時点の投入係数の差の2乗和が最小となるような投入係数を予測時点のそれとみなす方法である。[27] こうした方法はいずれも，投入係数変化の具体的技術的要因を統計資料などにもとづいて経済学的に分析，把握し，そのうえで行なう係数の修正ではない。したがって，方法の意義（有効性）が投入係数の予測値と実績値との一致にのみもとめられるという方法である。[28]

投入係数を修正するいくつかの方法を以上のように概観し，整理して，RAS方式をあらためて評価しなおすとおよそ次のようなことを指摘できる。

RAS方式は，さきに示した投入係数を修正する2つの分類のうち，第1のグループに属する。このことは，RAS方式による投入係数修正が将来の投入係数の変化についての直接的な情報のない場合にも，過去のデータから得られた趨勢値を将来にも近似的にあてはまるものとして外挿するという将来予測のもっとも単純かつ簡便な方法にのっとっていることを教えている。RAS方式の評価では，まずこの点の確認が重要である。

次に上記の投入係数を修正する数学的方法のなかでRAS方式がとくにクローズアップされたことの意味を考えなければならない。

RAS方式が投入係数修正の比較的ポピュラーな方法として採用されるにいたった背景には，いくつかの契機が考えられる。客観的な条件としては，作成された産業連関表の数が蓄積され，中間需要額，中間投入額，総生産額などの投入係数を規定する周辺情報が容易に獲得されるようになったこと，RAS方式における収束計算の手続きが近年進歩の著しい高速電子計算機のなかに簡単にプログラムされうるようになったこと[29]，などがある。しかし，そのこと以上に，RAS方式がことさらに重視されたのは，その科学的な根拠はともかく，代替変化と加工度変化という二方向での投入係数の修正が従来の産業連関分析の基本原則であった投入係数不変の仮定とそれがもたらす諸制約を，一見合理的にとりはずすことに成功しているようにみえることである。投入係数不変という産業連関分析の仮定は，とりもなおさず生産技術構造が将来にわたって安定的とみなすことであり，まさにそのことによって実際には投入係数の変化にあらわれるはずの経済的要因を無視ないし否定する。ところが，RAS方式は，投入係数を修正するにあたって投入係数変化の趨勢値を純粋に抽象的かつ数学的方法から導出する他の方法と異なり，一方で行間修正で原材料の代替関係に表現される技術変化を，他方で列間修正で原材料の投入率の変化にあらわれる技術変化をもとめるという，投入係数修正条件としてのそれなりの体裁がもちこまれている。換言すれば，投入係数変化のあらゆる技術的要因を包括的にとりこんだ修正がここにおいてあたかも実現しているかのようにみえる。

RAS方式による投入係数の修正が，はたして現実の経済過程に生じる技術変化の正確な理解にたってなされているのかどうかについては，次節で詳しく検討する。しかし，前節の議論の延長でいえることは，RAS方式といえどもその数学的性質にそくして評価するかぎり，修正手続のなかで現実客観的な経済分析よりも数学的な計算操作を優先させている点で，他の方法と大きなかかわりはないということである。したがって，その数学的操作に何らかの経済学的な説明を事後的に与えることができたとしても，この操作そのもののなかには投入係数を変化させる資本主義的な技術変化の要因を説明する能力はない。むしろ，そういうことを一切問わないことに，この方法の固有の意義が認められている。RAS方式は，これゆえに修正方法としての大きな適用可能性をもつのであるが，まさにその長所のゆえに，かえって経済理論的分析が犠牲にされ，現実の資本蓄積と密接にむすびついた技術変化の動向を無視して，従来の傾向値を単に将来にまでひきのばす安直な予測の手だてになっている。

RAS方式が経済予測の手段として他の投入係数予測の方法よりも有効であるのか，否かという問題を，これまでの考察から結論づけるならば，その答は否定的なものにならざるをえない。厳密にいえば，どの修正方法が経済予測にもっともすぐれた武器となるかという問題自体，あまり意味のある問題設定といえないのである。

III　RAS方式における技術変化の理解

さて，RAS方式にもとづく投入係数の修正が妥当なものであるか，否かを検討するさい，次にでてくる問題は2つの係数，すなわち代替変化修正係数と加工度変化修正係数の意義と限界である。これらの係数は，どのような経済学的内容をもっているのであろうか。

RAS方式によれば，基準時点の投入係数行列はt時点の投入係数をえるために，行と列の2つの方向にそって修正をうける。[30] このうち行にそっての代替変化修正係数による投入係数の修正（行間修正）は，たとえばエネルギ

一間の代替，天然の原材料にかわる製造原材料の使用などによって産業部門 i の生産物がすべての産業部門で基準時点の r_i 倍だけ生産的に消費されるようになった，という関係を反映する。投入係数行列は，これを行にそって横によむとある一定期間に生産された部門生産物のどれだけの割合が原材料として各産業部門に販売されたのかを示す。しかし，これを列にそって縦によみかえると各産業部門の費用構成を知ることができる。後者の観点から行間修正の意味を考えると，それは各産業部門が以前よりも，$r_i > 1$ のときにはより多くの各部門生産物を原材料として利用するようになったことを，$r_i < 1$ のときにはより少なく利用するようになったことを示す。この結果，各産業部門の生産要素別に変わる投入係数は，このかぎりでは，もし部門別産出額が不変で，付加価値率も一定であるならば，生産諸要素間に代替関係が存在したことを示す。すなわち生産技術構造の変化がここでは要素代替にあらわれたと理解される。

　これにたいして投入係数行列の列についての加工度変化修正係数による投入係数の修正（列間修正）は，基準時点から t 時点までに，同一の列にそって示される各産業部門の費用構成に s_j 倍だけの変化があったという判断にもとづいておこなわれる。この係数によって，各産業部門に固有の技術変化の差異は，産業部門1の個々の投入係数では s_1 倍になり，産業部門2のそれでは s_2 倍になったと示される。ところで投入係数行列は，これを列にそって読むことによって各産業部門ごとの投入額と付加価値額との比率に関するデータをも提供する。したがって，問題となっている加工度変化とは，化学・機械部門によくみられる効率および装置工程の高度化の結果として各々の産業部門の投入額と付加価値額との比率にあらわれる技術変化である。この加工度変化は直接的には，各産業部門が労働集約的な技術を選択したのか，あるいは資本集約的な技術を選択したのかということによってひきおこされる。

　RAS方式における以上のような技術変化のとらえ方は，主として3つの理由で，納得できない。しかもこの3つの理由は，そのいずれも，RAS方式の妥当性を問うものである。

　第1に，代替変化修正係数および加工度変化修正係数は，そのいずれも，

産業部門 i または j についての代替変化と加工度変化をすべての i または j 産業部門において同一の比率で変化させるという仮定のもとに成立する。この仮定については，次のような弁明がありえよう。すなわち，代替変化は，たとえば政府が斜陽化している石炭産業の救済措置として，石油を使っている電気業やガス産業者などにある程度の石炭利用を行政指導で義務づけたり，環境汚染防止のためにカセイ・ソーダ製造で使用されていた電解（水銀）法を隔膜法に転換させるなどといった，それぞれの産業部門にとっては外生的な政策的要請からひきおこされる技術変化である。したがって，このかぎりで，代替変化は各産業部門で同一の比率で生じるのである，と。

　もちろん，産業部門のアクティビティの変化がこのような外生的な経済要因によって生じることがないとはいえない。しかし，資本主義的企業における生産要素代替の基本的原理は，相対価格の変化にともなう原材料間の代替に最も顕著である。企業は原材料市場の価格変動に機敏に対応し，そのつど生産諸要素の代替活動を行なう。さらに，実際にはこの他に企業が独自に費用を支弁して研究・技術開発を行ない，その結果としてアクティビティが変化し，生産要素代替がいわば内生的に生まれることも十分にありうる。こういった事実を考慮するならば，RAS方式の想定するように，技術変化と結びつく生産要素代替を政策的要因で説明し，要素代替をすべての産業部門で一律と仮定するのは，強引な単純化である。

　同じことは，加工度変化修正係数についてもいえる。この係数は，さきにみたように投入額と付加価値額との比率にあらわれる技術変化であり，経済学的には「資本」と「労働」との結合変化を反映するものと理解される。代替変化修正係数が技術変化の契機を外生的だととらえていたのにたいして，加工度変化修正係数は産業部門ごとに固有な内生的な技術変化を反映していると考えられている。加工度変化修正係数が同一部門の投入要素に一率に乗ぜられるということは，生産諸要素の代替を一切認めない，ということを意味する。換言すれば，内生的な技術変化によってひきおこされる生産諸要素の代替関係は，捨象される。

　たしかに，資本の有機的構成の高度化という概念のように「資本」と「労働」との結合関係を反映し，かつ「資本」ないし「労働」の集約性，労働生

産性を根拠とする加工度変化は，限定された意味での生産諸要素の代替関係を反映する代替変化よりも，技術変化の説明としては，基本的である。とはいえ，一方で生産諸要素の代替という側面を技術変化の要因のひとつとして考えようというときに，産業部門の生産活動に固有の変化がこの生産諸要素の代替にどのような影響を及ぼすかという点を反映できないというのでは，分析装置としてあきらかに欠陥がある。加工度変化修正係数をもとめるときに同一の産業部門の投入要素に同一の比率が乗ぜられるということは，非現実的な仮定であるといわざるをえないゆえんである。

　RAS方式の技術変化のとらえ方で納得のいかない第2の理由は，ここでいわれる技術変化のなかに設備，機械などの労働手段をとおしてあらわれる変化が事実上，全く捨象されていることである。代替変化修正係数にしても加工度変化修正係数にしても，それらの修正が及ぼす影響の範囲は，産業連関表の第1象限に登場する原材料，中間生産物にかぎられ，労働手段と技術変化とのかかわりは考察の外におかれている。労働手段の再生産過程内の運動の表示がないという点は経済循環の産業連関表示形式に固有の重大な欠陥のひとつである。[32]この欠陥は，ここでは技術がまず労働手段のなかに体化されるという事実を考慮しない産業連関分析のもうひとつの弱点となってあらわれる。技術は，労働手段をその物質的基盤とする。労働過程でこの労働手段（生産手段）と労働力とは結合されて現実の生産力に転化する。加工度のなかに内容とされる「資本」と「労働」との結合関係が生産過程における資本の有機的構成に根拠をもたない投入額と付加価値額との単なる比率でとらえられるかぎり，技術の経済学的意味は正しくとらえられない。

　ところで，加工度とは投入額と付加価値額との比率であり，各産業部門の総生産額における物材的形態での不変資本と可変資本（労賃）プラス剰余価値との比率である。この比率は，各産業部門の技術進歩に対応して法則的に変化するものではない。資本主義経済のもとでは，この比率は労働生産性の増大にともなう原材料の量の増加によって素材的にも，価値的にも変化するが，この変化の方向は物的支出の節約の増大，原材料生産部門での労働生産性の増大の結果としての原材料の価値の低下によってたえず相殺される。この比率はまた，原材料の価格変動，生産の専門化，コンビナート化などにも

影響をうける。いずれにしても固定資本ないし労働手段部分についての考察の全くないところで，完成生産物価値と中間生産物価値ないし付加価値との量的な相互比較だけから，技術変化の一義的な傾向を読みとることはむずかしい。

　最後に，代替変化修正係数ないし加工度変化修正係数が反映する技術変化の解釈の検討からはなれるが，別の角度からRAS方式による投入係数修正にたいして異論があるので，この点に言及しておきたい。それは価格変動要因の技術変化に及ぼす影響が修正の手続きのなかに入っていないことである。

　価格要因のこの捨象は，究極的には産業連関表が価値視点と使用価値視点との切断を前提し，しかも経済循環をとくに「もの」の流れという側面からとらえることに由来する。価値視点と使用価値視点との2分割性は，RAS方式においてたとえば次のようなところに登場する。すなわち，RAS方式による投入係数の修正は，価格の変動要因を捨象して成立する生産技術構造にかかわるものについてのみ行なわれる。このためRAS方式の適用によって将来時点の投入係数を予測するときに使われる過去の2時点，つまり基準時点とt時点の産業連関表のうち後者は，ふつうRAS方式の適用にさきだって，基準時点の固定価格へ評価換えされる。その意味は，投入係数の変化が価格変動という不純な要因に影響をうけるのを避けるために生産技術ベースに実質化することに他ならない。ここには，価格変動要因を投入係数の修正になじまないものとして最初からきりはなすRAS方式の基本的な考え方がある。

　しかし，資本主義企業における新しい機械設備の導入は，通常，その価値がそれによって代替される可変資本の価値量よりも小さいときにはじめて行なわれるという現実や生産諸要素の代替ないし労働生産性の向上も資本家的な価格計算をはなれてはありえないという事実にてらしても，価格要因の影響を全く無視しては考えられない。もっともRAS方式そのものは技術の変化の結果をどのように投入係数の変化に反映させるのかという点に着目した手法なのだから，技術変化のプロセスの分析をそれ自体として対象としない，という反論もありうるであろう。その限りでは確かにそのとおりである。しかし，それならばRAS方式そのものの基礎に投入係数の修正をもたらす技

術変化についての何らかの体系だった理論が別にあるのかというとそういうわけではなく，この点に不満が残る。

ここであえて価格変動と技術進歩との関係について指摘したのは，近代経済学の理論に共通する一面的な技術進歩の理解がRAS方式による投入係数修正の手続きのなかにも如実にあらわれていると考えられるからである。

おわりに

産業連関分析は投入係数の導出を不可欠の環とし，しかもこの投入係数は一定不変であるとの仮定にたつ。

RAS方式は，ある時点の投入係数を経済予測にもそのまま利用することが非現実的であるという判断にもとづいて，その修正を試みるために開発された手段である。冒頭にたてた課題は，このRAS方式による投入係数修正が科学的に根拠のある現実的なものかどうかということであった。

それに対する結論は以下のとおりである。

1．RAS方式の特徴は，数学的な逐次近似の繰り返し計算などを利用して投入係数を修正する方法である。この方法は基準時点の投入係数を代替変化と加工度変化という技術変化の2つの方向からある一定の収束計算によって修正する。とはいえ，その計算は基本的には過去の投入係数の傾向を将来にもそのままあてはめて外挿する予測方法である。

2．加工度変化修正係数と代替変化修正係数については，この係数の反映する現実の技術的変化の経済的意味づけが問題である。この点については，外生的技術変化と内生的技術変化の統一的把握がなされていないこと，代替変化と加工度変化のいずれも同一率であるという極端な仮定のもとに成りたっているなど，技術ないし技術変化の解釈が現象論的かつ一面的であるなどの諸点で納得がいかない。

注
（1） H. B. Chenery & P. G. Clark, *Interindustry Economics*, 1959, ch. 7, 9, 10.

（2） 岩崎俊夫「産業連関論的経済分析の有効性について」『経済学研究』（北海道大学）第29巻第3号，1979年。
（3） 経済予測における産業連関分析の正確性（精度）は，一般には投入係数の修正よりも最終需要の予測の精度にかかっていると考えられている。したがって，後者の問題を，機会をあらためてとりあげる必要がある。（福地崇生『現代の経済学6——線型経済学入門』東洋経済新報社，1964年，183-188ページ，参照）。
（4） RAS方式については，以下の文献を参照。R. Stone & J. A. C.Brown, A Long-Term Growth Model for the British Economy. ch. 10 of *Europe in Future,* ed. by R. C. Geary. 1962. R. Stone & Others, *A Programme for Growth, (2) Input-Output Relationships, 1954-1966*, 1963.
（5） 計量経済モデルをはじめて採用したこの中期経済計画に対する批判としては，次の文献を参照。
　　　吉田忠「日本の経済計画と計量経済モデル」『経済』1971年12月号（この論文は，同『統計学』同文舘，1974年，に収録されている）。
　　　なお，経済計画の計量経済モデルを批判的に理解するうえで，以下の文献も参照。岩崎允胤『現代社会科学方法論の批判』未来社，1965年，第1章，第4章。広田純・山田耕之介「計量経済学批判」『講座・近代経済学批判 III』東洋経済新報社，1957年，131-198ページ。是永純弘「計量経済学的模型分析の基本性格」『経済評論』1965年1月号。山崎顕一郎「モデルとシュミレーションの運命」『経済』1976年3月号。
（6） 経済企画庁編『中期経済計画』大蔵省印刷局，1965年，94ページ。
（7） 経済審議会統合部会・経済計画基本問題研究会編『日本の経済計画——経済計画基本問題研究委員会報告』1969年，79ページ。
（8） RAS方式はこの中期経済計画の産業連関モデルの他に経済社会発展計画，新経済社会発展計画，経済社会基本計画のそれにも用いられている。経済企画庁経済審議会計量委員会『計量委員第1次報告』1966年。同『計量委員会第4次報告』1973年，参照。また，1980年世界地域間産業連関表の作成のさいにも，投入係数の修正はRAS方式の適用によって行なわれている。Courcier, M., G. Lafay & Y. Le Go, "Integrated Multinational Model for Medium Range Economic Simulation." *Econometrica*, vol. 38, No. 4, 1970.
（9） 山田喜志夫『再生産と国民所得の理論』評論社，1968年，291-295ページ。
（10） 現代経済学の内部でも投入係数の固定性の仮定については，その安定性のテストという側面で実証的研究が行なわれ，その成果は投入係数の

第 2 章　投入係数の予測　71

予測にも積極的にとりいれられている。W. W. Leontief, *The Structure of American Economy, 1919-1939*, 1951. G. Ray & C. B. Tilanus, "Input-Output for the Netherland, 1949-1958." *Econometrica*, vol. 31, 1963. J. Cornfield, W. D. Evans & M. Hoffenberg, "Full Employment Patterns, 1950," *Monthly Labor Review*, 1947.
(11)　金子敬生『新版・産業連関の理論と適用』日本評論社，1977年，第6章。谷山良三「RAS方式について」『経済研究』（大阪市立大学）第20巻第1号，1975年，参照。
(12)　R. Stone & Others, *A Programme for Growth, (2) Input-Ontput Relationships, 1954-1966, 1963*, p. 27.
(13)　*Ibid*., p. 28.
(14)　*Ibid*., pp.28-29. RAS方式のRとSはRichard Stoneのイニシャルからとったもの。まんなかのAは投入係数行列を示す記号である。これがRASの名前の由来である。
(15)　次の文献は，RAS方式のこのプロセスを非常にわかりやすい仮設数字で説明している。金子敬生，前掲書，100ページ。
(16)　宍戸駿太郎他「経済計画と計量モデル」『講座・日本経済2』日本評論社，1965年，51ページ。
(17)　H. B. Chenery & P. G. Clark, *Interindustry Economics*, 1959. pp. 157-158.
(18)　「予測力」概念の詳細な検討は，行なわない。ただここでいわれるような予測力がどのような意味で使われているかについては，次の文献を参照。内田忠夫・栗林世・矢島昭・渡部経彦『経済予測と計量モデル』日本経済新聞社新書，1966年，第1章（「経済予測の一般的考案」）。
(19)　通商産業省産業構造研究会『日本経済の予測と計画』東洋経済新報社，1965年，211ページ。
(20)　とはいえ，投入係数の修正にも確率論的な要素をいれて考えるべきという意見もある（岡崎不二男「技術変化と投入係数修正」『近代経済学講座3』有斐閣，1968年，114ページ）。
(21)　本文中にあげるものの他にこのグループに属するものとして，ICU第IIモデルに使われた分散分析による方法がある。この方法は，投入係数変化を各産業部門の設備投資額と関連させている点で特色をもっている。詳しくは，福地崇生・市野省三「合理化投資の雇用効果」大宮五郎編『技術革新の雇用効果測定の方法論に関する研究』1961年，など参照。
(22)　電力中央研究所『わが国における将来の技術発展と産業構造』1958年，など参照。

(23) 通商産業大臣官房調査統計部編『日本経済の産業連関分析』東洋経済新報社，1965年，118－119ページ．
(24) 通商産業省産業構造研究会『日本経済の予測と計画』東洋経済新報社，1965年，214－216ページ．
(25) 今井賢一「投入係数の変化と産業連関分析」『経済研究』（一橋大学）第12巻第4号，1961年，361ページ．
(26) K. J. Arrow & M. Hoffenberg, *A Time Series Analysis of Interindustry Demands*, 1959.
(27) 平均増加倍率法，フレーター法，ラグランジュ未定係数法の説明としては，金子敬生，前掲書，104－109ページ．
(28) RAS方式の正確性を予測値と実績値との直接的対比でテストする方法は，こうした考え方にもとづいている．R. Stone & Others, *op. cit*, pp. 30-32.
(29) 渡部経彦・宍戸駿太郎「レオンチェフ・モデルの経済計画への適用」建元正弘・市村真一『日本経済の計量分析』東洋経済新報社，1970年，326ページ．
(30) 中期経済計画の産業連関モデルでは，行間修正については石炭と石油，天然繊維と化学繊維，木材製品と金属製品などの相互代替がとくに重視され，列間修正について農業，建設業など付加価値率の変化が著しかった一部の部門に限定された（宍戸駿太郎他「経済計画と計量モデル」『講座・日本の経済2』日本評論社，1965年，111ページ）．
(31) 谷山良三「RAS方式について」『経済研究』（大阪市立大学）第20巻第1号，1975年，37，50ページ．
(32) 山田喜志夫『再生産と国民所得の理論』評論社，1968年，251ページ．
(33) 社会的生産物にしめる労働対象部分の支出動態についてを考察したものに，ヴェ・エム・クドロフ，エス・エム・ニキーチン「資本主義経済発展の基本指標・社会的生産物と国民所得」ソ連科学アカデミー・世界経済国際関係研究所編『現代独占資本主義の政治経済学（上）』協同産業出版部，1972年，332－342ページ，がある．
(34) しかし，ストーンは，RAS方式の意義のひとつをその修正手続が価格変動の影響をうけないことをみとめている．R. Stone & Others, *A Programme for Growth, (2) Input-Output Relationships, 1954-1966*, 1963, p. 30.
(35) 岩崎俊夫，前掲論文，340－347ページ．
(36) 近代経済学の技術の理解に対する批判としては，次の文献参照．中村静治『技術論入門』有斐閣，1977年，193－199ページ，など．

第3章　産業連関表にもとづく剰余価値率計算の問題点
　　　――泉方式の検討――

はじめに

　産業連関表を用いて剰余価値率の統計計算を行なう試みは，1970年代後半より泉弘志によって精力的に進められた。その成果は，剰余価値論の分野で今日しばしば利用される[1]。この方法にもとづく計算結果が泉自身によって公にされてからかなりの年月が経過した。この間，当該の剰余価値率の計算方法は，一方では日本についてだけでなくアメリカ，韓国などへその適用範囲をひろげられ，剰余価値率の国際比較に利用され，他方では若干の論者との間で計算方法の理論的裏づけをめぐる経済理論上の議論がなされ，より体系的な形で示されるに至った[2]（以下，泉によるこの産業連関表を利用した剰余価値率計算を本書では泉方式と呼ぶ）。

　わたしはこれまで連関分析の方法論的検討や，この方法の具体的経済分析への適用における問題点の究明を研究課題に掲げてきた。その際，検討の直接の対象として取り上げたのは，いわゆる連関論者と官庁エコノミストによって提起された理論，方法，計算であった。マルクス経済学の立場から連関表を利用し，経済分析を行なう試みに対してはほとんど議論の俎上にのせなかった。その主たる理由は，わたしの関心がまず連関論者や官庁エコノミストによる理論的，実証的研究にあったからである。しかし，他にも理由がある。それは剰余価値率計算の泉方式が通常の連関分析と異なり，経済現象面の背後にある価値という経済学の本質的なカテゴリーの試算という独特の方法論を持つので，それを検討するには社会統計学者によって構築された従来の連関分析の批判体系に方法論的に依拠するだけでは不十分だったからである。

このような経緯はあるけれども,泉方式に対するわたしの態度をいつまでも保留したままにしておくわけにはいかない。わたしは本章で剰余価値率の泉方式を直接検討することを課題とし,その方法論の吟味を行なう。それというのも泉方式では,産業連関論あるいは産業連関分析の意義と限界の検討という,わたしが深く関心を寄せるより大きな研究課題に対して独特の仕方で,すなわち連関分析の手法をできるだけ効果的に利用するなかで追求しており,この方式を本格的に検討することはわたしの問題意識を深める上で意義のあることだからである。その際,泉方式を検討する視点は,主として,その方法がどのような経済理論で裏づけられ,その理論的枠組みの中で連関分析がどのように有効にかつ妥当な形で活用されているかを吟味することである。その上で,全体として,泉方式が連関分析の意義と限界の確定という問題にどのように寄与したかが評価される。

本章で泉方式を考察の対象に取り上げるに至ったのは,別の事情もある。先に,わたしはマルクス経済学の立場からの連関表利用に対してこれまでほとんど言及しなかったと書いた。しかし,厳密に言うとその種の言及は皆無だったのではない。別の論稿で,連関表も経済現象の一部を反映しており,そのことの理解にたってこの統計表の記述的利用の意義と可能性とに触れたとき,その文脈の一部でマルクス経済学の立場からの連関表と連関分析の例を簡単に紹介し,若干の疑問を呈したことがある。疑問は二点からなっていた。ひとつは,現在の連関表の信頼性,正確性の水準で価値,剰余価値といったもともと直接可測できない経済学の本質的カテゴリーを試算することに対する疑問である。もうひとつは社会的再生産の不均衡が常態である国家独占資本主義のもとで価値的タームの実体がどのようになっているかという理論的検討なしに理論より技術的な取り扱い方が先行した連関表の利用の仕方で現象の背後に潜む価値関係を把握しうるかという点である。これらは泉方式の検討を正面から全体的に取り上げて述べたものではなかったので,読み手によっては説明不足が感じられたようである。特に当事者の泉には納得がいかなかったようであった。当然のことながら,その後,泉からわたしの投げかけた疑問に対し,反論があった。

反論の内容は,次のとおりである。第1は,重要なのは,経済学の基礎的

諸カテゴリーの数量的認識が可能なのかどうかという次元の論議より，個々の推計が基本的傾向を読み取れるほどの正確性を備えているかどうかの検討であり，議論は推計の材料である資料と推計そのものの妥当性にそくしてなされるべき，というものである。第2は，価値という基礎的カテゴリーの意味，また価値が社会的必要労働によって決まるという命題は国家独占資本主義のもとでも変わらないのではないか，変わるというのなら価値論の基本的なところから議論すべし，というものである。

わたしは，これら方法論上の議論を進展させるためには，多少時間を要し，また迂遠に見えようとも，本質論から議論を出発させるのが至当と思う。そこで，本章では連関表をはじめとする諸統計で価値的タームの試算を行なう場合，そこにどのような理論的諸問題が存在するのかを究明することにしたい。論点は多岐にわたるが泉方式が出した問題提起にそくして整理すれば，それは2点に大別できる。第1の論点は，価値量あるいは社会的必要労働時間の測定可能性という問題である。第2の論点は，連関表（分析）を用いて生産手段に投下させた価値をも含めた生産物価値量を推計することが可能かという問題である。両者は必ずしも截然と区別できるわけではない。たとえば，社会的必要労働概念は第1の論点とも第2の論点とも関わる。しかし，ここでは第1の論点は『資本論』第1巻の価値論に相当する箇所に，第2の論点は『資本論』第3巻の市場価値論の相当する個所に関わるものと理解しておく。以上の了解のもとで本章は，第1節で泉方式の特徴点の紹介と概略的評価を，第2節で第1論点との関わりの範囲で泉理論の検討を行なう。

I　剰余価値率計算の泉方式

1　泉方式の意義と問題点

ここでは，泉方式の簡単な紹介，その意義，特徴点，さらに若干のこれまでに指摘されている問題点について触れ，そのことを通じてわたしの泉方式に対する姿勢と本章が取り扱う範囲とを明確にしたい。

連関表を用いて価値レベルの剰余価値率計算を行なうという泉方式とは，

いったいどのような方法なのであろうか。詳しくは，泉の諸論稿に直接当たってもらうのが一番よいのであるが，本章を進めて行くにあたって最低必要な限りで，以下にまとめる。価値レベルの剰余価値率の推算は，次のように定式化される。

$$物的剰余価値率 = \frac{物的財貨に対象化された新価値 - 物的財貨生産分野の労働力の再生産のために使われた物的財貨の価値}{物的財貨生産分野の労働力の再生産のために使われた物的財貨の価値}$$

「物的財貨生産分野」という概念の明確化は，マルクス経済学の伝統的考え方にしたがって剰余価値が物的生産部門の直接的生産過程から生じ，剰余価値率がそこにおける労働者の搾取度を示すという認識にもとづく。物的生産部門における直接的生産過程の労働者とは，例えばこの剰余価値率の計算に使われる60×60の産業連関表についていうと，そこに記載の60の産業部門から商業，金融・保険，不動産業，不動産賃貸料，通信，公務，公共サービス，その他のサービス，政府学術研究機関，事務用品の10部門を除く他の50の物的生産部門に従事する労働者で，なおかつこの中から管理的職業従事者，一般事務従事者，販売従事者，保安職業従事者，サービス職業従事者など直接的生産過程に関わらない労働者を差し引いた部分でである。物的生産部門に従事しているが物的財貨の生産にあずからないこれらの労働者は，「国勢調査」の中の，産業別，職業別クロス表の利用によって数え上げることができる。剰余価値が物的生産部門の直接的生産過程から生み出されること，剰余価値率がそこにおける労働者の搾取の度合を示すことなどの理解は，わたしも基本的に同感である。問題は，この物的剰余価値率を既存の経済統計資料を使ってどのように計算するか，である。

　剰余価値率の推算は上記のように定式化する泉方式の独自性は，この公式の分母と分子とに登場する価値を投下労働量で，しかもそれを労働時間単位で測定するという点にある。価値は，目でみることも，触れることもできない。その大きさを直接に測ることはまして不可能である。泉もこのことを同じように認識している。そのことの十分な認識があるからこそ，泉方式では価値量が労働時間を単位とした投下労働量で代替される。

泉方式で採用されている計算単位は，経済学の概念としての社会的必要労働時間である。この措置は商品価値が社会的必要労働量によって決まるというマルクス経済学の古典的命題に依拠して与えられる。投下労働量をこの労働時間に還元する場合，問題となるのは，後述のように，労働の質や密度に関わる労働強度の相違，単純労働と複雑労働との相違をこの還元にどのように反映させるかという点である。価値は対象化された労働の凝固物である。その大きさは投下された労働の継続時間に依存するのはもちろん，その質にも規定される。泉方式ではこの問題の重要性に配慮しながらも，当面の計算から労働の質，密度の契機を捨象し，これを別途の研究課題にゆだねる。この課題を現時点でそのように処理したとしても労働時間は新価値を近似的に反映するというのが泉の基本的な考え方である。

以上の了解のもとに，公式の分子にある物的財貨に対象化された新価値は，物的生産部門の財貨を生産する労働者の年間平均労働時間として与えられる。問題は分母と分子とに共通して現れる物的財貨生産分野の労働力の再生産のために使われた物的財貨の価値をどのようにして労働時間に還元してもとめることができるかである。この労働力価値の労働時間への還元を行なうため，泉方式は次のような迂回した方法をとって計算を進める。まず，「毎月勤労統計調査」などから物的生産部門労働者の年間賃金を推計する。次にこの賃金によって購入された財貨・サービスの価額としての大きさを連関表の家計消費支出で参照してもとめ，それにそれら財貨・サービスのそれぞれの生産に必要とされた労働量を推計する。後者の推計は，労働時間に還元された諸生産物の生産物価値の確定という作業である。この部分は，次の手続きをふんで計算される。

最初に生産物1単位（例えば1円）に直接対象化されている労働時間が計算されなければならない。この計算は，国民経済レベルでそれぞれの財貨の生産に必要な労働時間をもとめ，それをそれぞれの財貨の総算出額で除すことでもとめられる。ところが，物的生産部門別に生産される財貨に投下されている労働量にはこれらの財貨に直接投下された生きた労働の支出の他に，生産手段や原材料に投下された過去労働の支出も含まれる。両者を含めた投下労働量（労働時間）は，次の連立方程式の解である。

$$l_{ij} = (a_{1j}+a'_{1j})l_1 + (a_{2j}+a'_{2j})l_2 + \cdots + (a_{nj}+a'_{nj})l_n + L_j \,(\mathrm{j}=1, 2, ..., \mathrm{n})$$
ただし
　l_j：j 部門の商品1円に投下されている労働量
　a_{ij}：j 部門の商品1円を生産するために原材料として使われる財貨 i の価格すなわち投入係数
　a'_{ij}：j 部門の商品1円に移転されている固定資本の投入係数
　L_i：j 部門の商品1円を生産するのに必要なその産業部門の労働力

　この式において，物的生産部門別の生きた労働の支出 L_j は，連関表の雇用表に記載の従業者数に「労働力調査」や「就業構造基本調査」から得られた労働時間を乗じて推計される。a_{ij} は，投入係数表による。a'_{ij} は「国富調査」などに公表されるストック額をそれぞれの耐用年数で除したものを，さらに各部門の産出額で割った数値で代用される。それぞれの物的財貨生産部門の生産物に対象化されている労働時間は，これらの数値を先の連立方程式に代入し，計算した結果の数字である。この計算結果を再び各部門の産出額で除すと，それは物的生産部門が産出する生産物1単位当りの物的分野労働量である。後者をさきに計算でもとめておいた物的分野労働者が年間の賃金で購入できる財貨・サービスの価額に乗じ，そのうちの物的財貨生産部門の諸生産物の労働量を総和すると，物的財貨生産分野の労働力の再生産のために使われた物的財貨の価値に相当する労働時間がもとめられる。

　ところで，泉は物的財貨生産分野の労働者が享受するサービスをも労働力価値に含まれると理解し，さらにサービス価格が反映するのは労働力の再生産のために必要なサービスの提供に要する物的財貨価値とみなし，この部分をも独自の方法で労働時間に換算する。これを上記の労働力の再生産に使われた物的財貨価値に相当する労働時間に加算する。最終的にこの加算値が物的剰余価値率を計算する際の労働力の再生産費として使われる。

　物的剰余価値率は，以上のように連関表をはじめとする種々の経済統計に基づいて推計された「物的財貨に対象化された新価値」と「物的財貨生産分野の労働力の再生産のために使われた物的財貨の価値」とを先の公式に代入することでもとめられる。この連関表等を利用した価値レベルの剰余価値計

算の特徴，その意義はわたしの整理では次のとおりである。

(1) 泉方式は連関表を中心とする官庁統計を使って剰余価値率の計算を試みたものである。泉自身が述べているようにもともとは置塩信雄の理論と方法を継承したものであるが，サービス価額の処理の仕方など推計の具体的手法，官庁統計の利用法には独自の工夫がみられ，理論的にも統計計算の実際においてもこの分野における今後の研究の発展に寄与する多くの問題提起がある。

(2) この方式では連関表及び連関分析といわれるものの一部が積極的に活用されているが，その活用の仕方はいわゆる批判的利用というものに相当する。それは連関表ないし連関分析の多くの限界，制約を考慮しつつ，この統計と手法の持つ積極面，意義をも承認して，可能な限りこれを経済分析に役立てようとする考え方である。この意味で泉方式は連関表，分析の批判的利用の生きた実例である。

(3) この連関表の利用方向は，泉自身が述べているように，現状分析への連関分析の応用である。また，このこととの関連でよく問題とされる投入係数の安定性についても，この「労働計算においても，投入係数が使われているが，この場合には投入係数の安定性の前提は必ずしも必要でない。ただ，国民経済の特定の時点において特定の投入係数が存在しさえすればよい」と述べて，いわゆる通常の産業連関分析と異なることが強調される。

他方，いくつかの問題点もある。これまで何人かの論者によって指摘され，わたし自身も共有する疑問点は，行論との関わりでいえば次の7点である。第1は，その計算は真に社会的必要労働時間を反映したものなのか，単なる部門別の投入労働時間を測定したものなのか，という点である。第2は，第1の指摘と関連するが，基軸概念である社会的必要時間について，それが典拠とする『資本論』の論理次元と有機的に結びついて計算の中に生かされているのか，という点である。第3は，社会的必要労働といった経済的諸概念の計測可能性が前提とされて実際の計算が進められているが，その前提は今

一度問い直されてしかるべきではなかろうか，という点である。第4は，労働力の価値を「労働力の再生産のために使われた物的財貨の価値」としている点である。第5は，生産手段に含まれる価値の測定が泉方式の手法でよいのかどうか，逆行列係数はそこでいったい何を反映しているのか，という点である。第6は，不均衡を常態とする国家独占資本主義段階での剰余価値率計算が需給均衡を前提とした連関表の利用から可能なのか，という点である。第7は，計算の近似性がしきりと強調されるが，近似を近似たらしめている諸要素の検討が十分になされているのか，という点である。第4番目以降第6番目までの疑問点については，本章の範囲を越えるのでその詳細な議論は別の機会に委ねたい。ここで検討されるのは第1から第3番目そして第7番目の疑問点についてである。

なぜ，これらの諸点が理論的な検討を受けなければならないのであろうか。それは，端的にいえば泉方式が当初から価値レベルの統計計算として提起されたからである。それを投下労働計算という規定でとどめておけば，あまり問題はなかったのではないかと思う。その理由は，次節で詳しく述べる。泉が自ら編み出した方式を投下労働計算とせず，一歩踏み込んで価値レベルの計算として公表したために，上述のようにいろいろ疑義の鉾先がその方式に向けられた。そうである以上，泉方式に対していろいろ疑問点が出されているが，その要点は何といっても価値論の理解の如何，その計測可能性の如何にある。価値論をめぐっての議論は，泉もつとに期待しているところである。そこで，議論の展開をそこに限定する。

2 近似計算の意味するもの

この項では，泉が価値の認識可能性をどのような枠組みの中で考えているのかについて吟味する。この問題は，当人によって必ずしも体系的に述べられていないので，断片的に表明されていることから推し測ってみなければならない。しかし，吟味の中でポイントとなるのは一方で価値の測定可能性が述べられながら，他方でその計算が近似計算であると繰り返し指摘されていることである。問題の核心はこうである。

剰余価値率計算の泉方式には，この方式を支える理論的命題がある。それ

は，商品価値を決定するのは社会的必要労働量（時間）であるという命題である。泉方式がこの命題に依拠するのは，この方式が価格レベルではなく直接価値レベルの剰余価値率計算を意図しながら，実際にはそれが困難をきわめること，代替の方法としてふさわしいものと着想されたのが労働時間単位の投下労働計算だからである。価値の測定は現状では難しい，しかしできるだけそれに近い計算をしなければならない，というのが泉の基本認識である。それについては以下のように表明される。「価値は本質的なものであって，直接そのままの形で現象するものでなく，従って直接目に見えるものでもなく，また日常的に市場において価格表として与えられるようなものでもないのであるからその測定には当然困難がともなう」。しかしだからといって「私たちが価値量測定の努力をしなくてもよい理由には決してならない」，「価値量測定の問題は経済統計学の最重要課題の一つである」。このことを確認して，泉方式で価値量測定のために実際に採用した方法が労働時間を単位とする投下労働量の測定である。さらに，泉方式の剰余価値率計算が価値そのものではなく，労働時間単位の投下労働時に代替させて測定することに関して，泉自身は次のように述べる。「正確な価値量を計算するのが我々の最終目的なのではない」，剰余価値率を計算するのに「本当に知りたいのは価値量であるが，さしあたっては直接それを知ることはできなく，知ることができるのは投下労働量か価額量かである」場合，「投下労働量の資料で剰余価値率を計算すれば価額量の資料にもとづく計算より労働者の搾取の実体により接近できる」と。

　以上の考え方は，若干の補足も付して次のようにまとめられる。価値量の数量的把握は，現代資本主義の分析に必要である。価値量測定の努力は，経済統計学の課題とされなければならない。しかし，その直接的測定は困難である。現段階では正確な価値量を計算することはできなくとも，それに代わる投下労働量の計算で代替させることができる。経済統計資料が豊富になっていること，コンピュータの能力が飛躍的に発展したことが，この代替計算を可能にする。剰余価値率の計算は，この方法を採用すれば近似計算ではあるが十二分に労働者の搾取の実体に迫ることができる。

　注意を要するのは，第1に泉が価値の測定を不可能なものと決して断定し

ないことである。否，むしろ諸条件が整えば価値量は計測可能であるという主張こそ，彼のものである。しかし，このことの明確な断言はなく，その限りでははっきりしないところもあるが，価値の測定は「困難をともなう」とか，「さしあたっては直接それを知ることができ」ないという表現などからそのことを読み取れる。逆に，価値量の測定が不可能なことを匂わせる言い回しはどこにも見られない。文脈の中で感じられるのは，常に諸条件が整えば価値量の測定は可能であるし，研究が進めば限りなく価値量の真値に接近しうるという確信である。別言すれば，泉はある商品に含まれている社会的必要労働量を正確に測定することさえできるのならば，それはその商品の価値量を把握したことになると考えているようである。なぜなら商品の価値の大きさは，マルクスの命題によれば価値の内在的尺度である社会的必要労働量（時間）で決まるからである。現状ではこの社会的必要労働量（時間）もいろいろな資料上の制約で正確に計測し得ない。したがって，その代わりに投下労働量という形で具体的な計算が進められるのである。留意されるべき第2の点は，第1の点と関わるが，泉方式が価値レベルの剰余価値率計算を意図しているものの，計算の実際の手続きの中では諸制約から近似計算にならざるを得ないことが繰り返し述べられていることである。

　言うまでもなく，このような統計計算の目的は社会経済の諸現象を数量的に反映する統計で諸現象の背後に潜む経済学の本質的カテゴリーを把握することにあり，しかもそのことをそれぞれ作成目的が異なり，信頼性，正確性の度合もさまざまな諸経済統計で行なおうというのであるから，そこに種々の便宜的措置が講じられたり，制約条件がつけられたりするのは避けられない。ある程度の傾向がわかればよいとするのは，もっともな話である。とはいえ，それがどのような意味で，その程度近似的であるかについては，計算の当事者はもとより，その結果の利用者も了解が必要である。

　当該の計算が近似計算にならざるをえない理由は，泉自身によって次のように示される。理論的問題に抵触する要因としては，まず第1に価値レベルの剰余価値率計算を意図しながらも実際にはこれを投下労働量を単位に行なわなければならないこと，第2に，その際，労働強度などの質の要因の考慮が捨象されること，第3に労働力価値を直接労働力の再生産費とするのでは

第3章　産業連関表にもとづく剰余価値率計算の問題点　83

なく，賃金によって購入された，あるいはそれらの供給に必要な労働の継続的時間で測定すること，などがあげられる。これとは別に，技術的な点，すなわち資料上の制約から計算が近似的になっている面も強調される。すなわち，利用される個々の官庁統計は，信頼性，正確性という面でそれぞれ難点を持ち，この面から計算の近似的正確が余儀なくされると言うのである。この点に関わる種々の問題は，計算の当事者が熟知していることである。現に問題点は問題点として率直に表明されている。また改善しうる部分には計算が繰り返される毎に手が加えられ，計算をよりよいものにする工夫がなされている。そのいくつかの例を示す。

　計算の中軸をなす連関表が泉方式にとって最大の難点とされる点として，固定資本からの価値移転部分が欠落していること，また表に記載されている数値は各部門の販売量，購入量であって生産量，消費量でないことがあげられる。この認識のもとに，泉方式は前者の資料が必要とされる場合にはそれを便宜的に「固定資本マトリックス」「国富調査」にもとめる。また労働力価値を労働時間に還元する際，当初，連関表の「民間消費支出」項目が使われ，その理由づけはこの項目の中で「労働者の家計支出のしめる割合が比較的大きいと考えられるので，労働者の家計支出だけの場合と比べて決定的に異なるということはなかろう」というふうにかなり強引になされた。泉もこのことを正当に自覚しており，後にこの部分の推計は既述のように連関表の「家計消費支出」の資料を用いるというふうに若干改善された（しかし，そこには労働者以外の家計の消費支出が含まれている以上，根本的改善になっていないのであるが）。さらにこの方式の剰余価値率の計算が価値の労働時間表示を前提とするのであるが，その際必要とされるのは正確な産業部門の労働時間統計である。当初は1970年の剰余価値率を計算する時に，労働時間への換算にかぎり1971年の「就業構造基本調査」を使うというように，近似計算としても許容範囲を逸脱するとも受けとられる統計利用の仕方がとられたが，この部分も後に当該年の「労働力調査」からの資料におきかえられ，改良がなされた。

　問題なのは，泉の認識では理論的，方法論的問題点も多くは資料上の制約に帰せられ，このことも含めて資料上の技術的制約が完全に除去され，克服

されれば，価値のあるいは社会的必要労働量の測定が可能と考えられていることである。つまり，もともと理論面から由来すると整理されていた計算の「近似性」も，究極的には資料上，計算技術上の制約に帰着させられている。これは，泉方式では，剰余価値率の実際的計算が先行し，この手法の理論化，経済理論的裏づけが後手に回っていることに一因がある。理論的問題として重要視されているのは結局，価値量が社会的必要労働量で決まるという命題を中心とする価値論の理解についてである。これとの関連で問題とされねばならないのは，社会的必要労働概念の正確な数量的認識が理論的問題として果たして可能かどうか，またこの概念が価値量とのかかわりでどのように理解されるべきなのか，という点である。ここでは資料上，計算技術上の諸制約に関わる問題は一切捨象し，この価値論の理解に関わる問題だけを取り上げて考察する。

II　社会的必要労働量と価値量規定

1　社会的必要労働量の計測可能性

　問題の焦点は，価値量と社会的必要労働量との関係である。そもそも，K.マルクスは，この問題をどのように整理していたのであろうか。この点を考えることから，議論を始めてみたい。というのは，泉は他ならぬマルクスの価値論，剰余価値論に立脚し，そこに計算の理論的根拠を求めるからである。

　マルクスの価値論の基本は，次のとおりである。資本制生産のもとで諸商品はそれらの属性として使用価値の他に価値を持つ。後者は抽象的人間労働の凝固物であり，価値の大きさはその労働時間によって，そして労働の継続時間としての労働時間で測られる。マルクスの言葉を直接引用する。「ある使用価値または財貨が価値を持つのは，ただ抽象的人間労働がそれに対象化または，物象化されているからでしかない。では，それの価値の大きさはどのようにして計られるのか。それに含められている『価値を形成する実体』の量，すななわち労働の量によってである。労働の量そのものは，労働の継

続時間で計られ，労働時間はまた1時間とか1日とかいうような一定の時間部分をその度量基準としている。／一商品の価値がその生産中に支出される労働の量によって規定されているとすれば，ある人が怠惰または不熟練であればあるほど，彼はその商品を完成するのにそれだけ価値が大きい，というように思われるかも知れない。しかし，諸価値の実体をなしている労働は，同じ人間労働であり，同じ人間労働の支出である。商品世界の諸価値となって現れる社会の総労働力は，無数の個別的労働力からなっているのであるが，ここでは1つの同じ人間労働と見なされるのである。これらの個別的労働力の各々は，それが社会的平均労働力という性格をもち，このような社会的平均労働力として作用し，したがって一商品の生産においてただ平均的に必要な，または社会的に必要な労働時間だけを必要とするかぎり，他の労働力と同じ人間労働なのである。社会的に必要な労働時間とは，現存の社会的に正常な生産条件と，労働の熟練及び強度の社会的平均度とをもって，なんらかの使用価値を生産するために必要な労働時間である」[19]。

　価値量が社会的必要労働の投入量で決まるという命題は，価値の実体規定である。注意すべきことはこの規定が「発展した分業が前提される」[20]商品世界，すなわち相互に対立する売りと買いの過程的統一が貫かれる需給一致の理想的平均の条件下で与えられること，しかもそれが商品世界では価値という対象化された形態で実現化することである。「諸商品は，ただそれらが人間労働という同じ社会的な単位の表現であるかぎりでのみ価値対象性をもっている」のであるが，「価値対象性は商品と商品との社会的な関係のうちにしか現れえない」[21]のである。換言すれば，「価値としては商品は人間労働の単なる凝固」であるという主張は「商品を価値抽象に還元」した分析の到達点であり，価値実体の規定とともに重要な商品の価値形態にふれたものではない。この「商品の価値性格は，他の一商品に対するそれ自身の関係によって現れてくるのである」[22]。価値実体の理論的規定とその実体が現実には価値という対象的規定性においてのみ表現されうるということとはそれぞれ別々のことである。要点は抽象的，理論的次元で規定しうることが現実の過程ではそれがそのままの形で現れないで，別様の現象形態を不可避的にとることのうちにある。後述のように，泉には，この後者の部分のおさえかたが不十

分である。そのため，商品世界でのその現実的意味を捨象し，直接価値実体の理論的規定に，また不変の価値尺度としての社会的必要労働時間に意味をもとめる。泉とわたしとの価値論に関する解釈の相違は，単純商品生産の論理次元における価値及び社会的必要労働量の計測可能性の有無という点に端的にあらわれる。泉はこの価値の計測可能性を否定せず，社会的必要労働時間の統計による数量的把握を実現可能とみなす。すなわち抽象的人間労働の凝固物として客観的に存在する価値は現実には交換価値としてしか，あるいは一層進んだ形態としては価格としてしか現象せず，それによって覆い隠され歪曲されているので，価格の側から統計計算を行なうかぎり価値の測定は不可能とされ，これに代えて労働量計算の側から，換言すれば，諸商品の生産に投下されている労働時間を測定する価値計算にはいる。つまり，泉は価値量の数量的把握が価値の内在的尺度としての社会的必要労働時間にもとづく計算によって果たされるとする。

　わたしは，泉と異なり単純商品生産の論理次元で問題とされる価値とか，マルクスのいわゆる社会的必要労働という概念を数量的計算することはできないと考える。少なくとも，マルクスは価値量測定の現実的可能性については何も語っていないし，価値の大きさが社会的必要労働量で決まるという命題は現実の統計計算の可能性を根拠づけるものではない。その理由は，次のとおりである。すなわち，個々の商品を生産する私的労働に社会的性格が付与され，それが社会的必要労働としての内実をもつのは客観的事実であるとしても，それが外的に表現されるのは価値という特的形態への対象化という契機を媒介にしてのみ可能であり，それを量的に測りうるのは貨幣の価値尺度機能をおいて他にない。それが，全面的商品交換社会の特性である。全面的商品交換を前提とする社会においては，社会的必要労働が価値の媒介なしにむきだしのままに現れることはなく，価値の媒介なしにその大きさを測定することもできない。価値の実体が社会的必要労働であり価値の大きさがその量で決まるという命題は，ただ価値量を規定する労働の性格について述べたものである。マルクスは一方で商品価値の実体が抽象的人間労働であると言っている。しかし，その労働は自然的，物理的な意味の労働の支出量ではない。それは，社会的な性格を，つまり価値の内在的尺度としての社会的必

要労働時間という社会的規定性をもった労働である。この社会的必要労働時間が価値の内在的尺度であるということの含意は，貨幣という外在的価値尺度の論理必然性を予定して内在的尺度と言ったまでのことであり，何も価値を実際に計測するものとして主張しているわけではない。別言すれば，マルクスは価値の外在的尺度たる貨幣の価値尺度機能は諸商品に対象化されている社会的必要労働にその根拠をもつこと，諸商品の全体的交換の過程でそれらの固有の価値と使用価値とは諸商品と一般的等価形態である貨幣との関係に外化し，後者は商品交換の中におかれるそれぞれの地位に応じて価値尺度機能などの諸機能を発揮することを明確にしたのである。だからこそ，彼は「価値尺度としての労働時間は，ただ理論的にのみ存在する」と述べ，価値の現実的測定単位としての労働時間の存在という観念を打ち消したのである。

　価値の客観的存在を承認し，社会的必要労働という経済学的概念の意義を認めながらも，マルクスがそれらを数量的に認識しうるものとして提起しなかったとするわたしの考え方は，そのかぎりで泉の見地とは真っ向から対立する。両者の見解の相違は，諸商品を生産する個々の私的労働が社会的労働として認知される理論的契機をどこに見いだすのかという点に，あるいは労働の価値への対象化という契機がどのようにおさえられるかという点に由来する。泉は労働価値計算に連関表を利用することの正当性について，かつて次のように述べたことがある。「産業連関表と雇用表（及び労働価値計算）はどれだけの取引が行なわれたか，そのためにどれだけの労働が必要であったか（表が作成され，計算が行なわれている時点では商品の販売は行なわれてしまっている）を記録しているのであるから，この労働は私的であると同時に社会的労働であることがすでに実証されている労働」であり，「事後的に商品の取引量，労働量を国民経済全体に関して集計量として記録し，これを分析することを通じて，取り引きされた商品にどれだけの労働が投下されていたかを過去の事実として観察しようとしているだけである」と。

　この文言で示されている論法，すなわち私的労働の社会的労働への転化の理論的契機を商品実現にみる考え方は，一見説得的にみえる。しかし，そこには価値的対象規定が理論的媒介項としてこの転化の論理に果たす役割についての見落としがある。商品に投下された私的労働の独自な社会的性格は，

商品と商品とが価値を媒介にそれぞれがお互いを等置し合うという前提の上に成立し，そのうえで個々の私的労働が抽象的人間労働に還元されることによって初めて与えられるのであり，価値という物的形態の媒介がなければ個々の私的労働が社会的労働であることも，価値の実体が社会的規定性をもった抽象的人間労働であることもわからない。換言すれば，諸商品を生産する労働の社会的性格は，諸商品に含まれた個々の私的労働が現実の商品交換の物質代謝過程で平均化され社会的必要労働として措定されることによって示されるのであるが，そのことの事実は，商品実現の当事者の立場にたとうが，この過程を巨視的にトータルにみる泉の立場にたとうが諸商品の価値対象性のなかにしか与えられない。個々の労働生産物が市場で取引され，販売されたという事実だけから理論的媒介なしに私的労働の社会的労働への転化を論ずることはできない。ましてや商品実現を私的労働が社会的労働に転化する理論的契機として位置づけ，個々の私的労働からなる諸労働の単純な算術平均の計算結果を価値の内在的尺度としての社会的必要労働時間に見立てるのは論理の飛躍である。なぜなら，「私的労働は，交換によって労働生産物がおかれ労働生産物を介して生産者たちがおかれるところの諸関係によって初めて実際に社会的総労働の諸環として実証される」[26]からであり，このことの確認をとびこえてこの私的労働そのものを社会的必要労働とみなすわけにはいかないからである。

2 社会的必要労働と異種労働の還元

以上のことがより一段と明瞭になる一例は，複雑労働と単純労働の価値生産性の相違，すなわち「より複雑な労働は，ただ，単純な労働が数乗されたもの，または数倍されたものと見なされるだけであり，したがってより小さい量の複雑な労働がより大きい量の単純労働に等しい」[27]という命題で述べられる両者の相違である。『反デューリング論』では同じことが F.エンゲルスの言葉で一層分かりやすく説明されている。「個々の商品に体現されている人間労働……は単純労働力の支出である。……ところであらゆる労働力が単純な人間労働力のたんなる支出であるわけではない。非常に多くの種類の労働には，大なり小なりの労苦と，時間と，貨幣を支出して身につけた技量ま

たは知識の使用が含まれている。こういう種類の複合労働は，等しい時間のうちに，単純労働，すなわちたんなる単純労働力の支出と同一の商品価値をつくりだすであろうか。／明らかにそうでない。複合労働の1時間の生産物は，単純労働の1時間の生産物と比較して，より高い価値，2倍または3倍の価値をもつ商品である」。[28]

社会的平均労働時間の計測が可能であるというのであるというならば，この社会的平均労働の質の問題が解決されなければならない。この問題では複雑労働の単純労働への還元がいかにして可能なのかという点が重要である。泉方式でも，単純労働にせよ複雑労働にせよ，それらの労働によって生産された生産物が商品として実現されていればそれらはいずれも社会的性格を付与されているのであるから，商品実現の事後の確定した事実として複雑労働は一定量の単純労働を現すとして，具体的に複雑労働の単純労働への換算係数を独自に試算している。しかし，実際の労働価値計算の段階ではその試算を考慮しておらず，今後の課題としている。現状で労働の複雑度の試算の結果が労働価値計算に使えるほど完全に仕上げられていないのは「労働の複雑度というものがそもそも測定不可能な概念であるからではない。それはいままで労働の複雑度に関する計算をしようとする努力が足りなかったからである……大事なことは真の近似計算に向けて地道な努力を積み重ねていくことである」[29]——これが泉の基本認識である。

既に述べたように，マルクスは価値の大きさが社会的必要労働量で決まるという命題を提出しているが，それが実際に計測可能とは一言もいっていない。むしろ，当該の論点について繰り返し主張されるのは，複雑労働によって生産される生産物の価値は単純労働によって生産されるそれよりも大きいということであり，この問題に常にそれらの価値対象性の大小に帰着させて考慮すべきということである。『資本論』第1巻初版の次の文章でもやはり，複雑労働と単純労働の価値対象性が問題にされている。「たとえば，農僕の労働力は単純な労働力とし，従ってその労働力の支出は単純な労働，あるいはそれ以上に飾りのない人間労働とし，これに反して，裁縫労働は，より高度に発達した労働力の支出としよう。それだから，農僕の労働日が例えば½Ｗという価値表現で表されるのに対し裁縫師の労働日はＷという価値表現で

表されるのである。しかしながら，この相違はただ量的にあるだけにすぎない。もし上着が裁縫師の一労働日の生産物であるならば，それは農僕の二労働日の生産物と同じ価値をもっている。こうして裁縫労働は，常に数倍された農業労働としてのみ計算にはいるのである(30)」と。

　さらに忘れてならないことは，『資本論』第１巻の論理次元では，基本的に全ての労働は単純労働と仮定されているということである。マルクスはそこで複雑労働と単純労働の還元の問題に触れた直後，次のように述べる。「簡単にするために，以下では各種の労働力を直接に単純労働とみなすのであるが，それはただ換算の労を省くためにすぎない(31)」と。しかし現実具体の経済分析としての意味をもたなければならない統計計算では，諸商品を生産する全ての労働を同等の単純労働とみなすことはできない。むしろ，もし価値レベルの計算がなりたつとするならば，そこでは複雑労働の単純労働への還元という異種労働間の特殊事情こそがまず第１に考慮されなければならない。上記のマルクスの言明は全て先の仮定を前提とした上で価値量と社会的必要労働との関連を概念的に説明するためのものであり，そのことにさしあたり直接関わりのない諸要因を簡単化のために捨象して議論がなされているのである。

　この結果，マルクスにあっては社会的必要労働などの議論がなされる場合でも，複雑労働の単純労働への還元という問題は一見副次的な事柄のように取り扱われるが，そうではない。先の農業労働と裁縫労働の例をあげるまでもなく，この還元は現実の経済過程では無限に多様なほとんど全ての異種労働間で問題にならざるをえない。したがって，価値を社会必要労働時間で測るという作業を現実経済と整合させて行なうというのなら，まず最初にこれらの諸労働の抽象的人間労働への通約，それらの単純労働への換算が完全に済んでいなければならない。なぜなら，ある商品がもつ価値の大きさが社会的に必要な労働量で決まると言われる場合のこの社会的必要労働は実際には，現実の経済過程で単純労働への還元問題が解決済みであることを前提するからである。このようにみてくると，複雑労働の単純労働への還元と計算過程へのその具体化という問題は，泉方式が価値計算を最終目的としている限り，本来最初に解決されねばならなかった事柄である。確かに，前向きの努力は

なされたこともある。その努力は複雑労働がそれを作り出した修業労働と教育労働，さらには教育設備資材生産労働の分だけ大きな価値を形成すると理解し，その分を考慮して換算係数を導出した試みにみられる。ここでは修業労働と教育労働とを学校におけるものと学校外におけるものとの2つに分けて興味深い考察がなされている(32)。しかし，この換算係数の試算は泉も認めているとおりプリミティブなものである。学校教育全体のうち専門技術的職業についたものについては6割，それ以外の職業に従事したものについては4割が生産に役だっていると判断，1人当りに投入されている1年分の労働を学生1人当り教職員数，1人当り教育用設備資材額などから導出する方法は，これを価値のレベルの統計計算にいかすには粗すぎる。また泉は，学校教育以外における修業労働，教育労働を算入するのに必要なデータがほとんど存在しないと認めている。要するに，還元は中途半端で終わっており，そのため実際の剰余価値率計算に生かされるまで至っていない。この還元の問題が解決されない限り，価値計算としての泉方式は不完全なものである。

わたしの考えでは，異種労働間の還元の問題は恒常的，大量的，全面的な商品交換の過程でのみ行なわれる。マルクスはそのような見解にたっていたのであり，計算によってそれを解決するということを問題にしていない。すなわち，「いろいろな労働種類がその度量単位として単純労働に換算されるいろいろな割合は，一つの社会的な過程によって生産者の背後で確定される(33)」のである。マルクスがこの還元の問題の解決を諸商品の市場での無限の取引にゆだね，その反映をそこで相互にとり結ばれる価値関係にみていたということは，諸商品に投下された社会的必要労働の継続時間が対象化された価値の量にしか表現されないと考えていたことの証である。

以上の理論的帰結は，次のとおりである。価値という対象規定は商品生産における個別的な私的労働を抽象的人間労働として，複雑労働を単純労働として（それと同時に理論的に）措定するのに不可欠の契機である。その媒介によって種々の異質労働は等質化され，複雑労働を単純労働に還元するプロセスの特殊資本主義的な歴史的性格が明らかにされる。さらに，価値の実体が社会的必要労働であること，前者の大きさが後者の継続時間で決まることも理論的に確定され，個々の生産物の生産に必要な労働時間が比喩的な意味

で価値の内在尺度であることも理論的な解明をみるのである。もちろんそうはいってもなお，「(それらの) 発見は，労働生産物の価値量の単に偶然的な規定という外観を解消させるが，しかし決してその物的形態を解消させはしない[34]」のであるが。

　泉の理解はこれと異なる。断片的に述べられたことから判断する限り，私的労働が社会的性格を獲得することと，それが社会的必要労働と措定されることとを媒介の論理のないままに直接的連関におき，あたかも両者を概念的に同じこととみなすのである。そのように判断せざるをえないのは，泉が連関表中の諸商品を生産した労働に社会的性格が与えられていることの承認から，直ちに部門別平均労働量の統計計算に入り，それを計算の合理的な出発点としているからである。ただ，残念なことにこの点の論理的展開は，当の本人によって十分なされていない。したがって，それについてはいずれ詳細な価値論を期待することにしたい。現在までに発表された論稿から推し量る限り，泉の価値計算にいたる論理的回路は概ね以上のように解釈される。

おわりに

　わたしは，泉方式を投下労働にもとづく剰余価値率計算とみなす。あるいは，この方式を剰余価値率計算の有力な方法として紹介した例にならい，それを剰余価値率計算の労働時間還元法と特徴づけてもよい[35]。この方式を以上のように性格づけても，泉方式の意義はなんら損なわれるものではない。この方式が計算方法の着想及びそこから引き出された結論とあわせ，経済統計計算の分野に新しい境地を切り開く成果をもたらしたことに変わりはない。この方式が投下労働にもとづく剰余価値率計算の労働時間還元法として位置づけられることで，むしろこの方法のもつ意義は明確になる。とはいえ，泉のその後の論稿では一方ではこの方式の価値論的基礎づけが絶えず志向され，他方ではそれを投下労働計算として展開する二元論的傾向がみられる。結論的に言えば泉方式は，実際には投下労働計算でありながら，これを「価値の大きさは社会的必要労働量で決まる」という命題で理論的に裏づけ，価値計

算に接近させるというふうに構成されている。しかし，投下労働計算と価値計算との距離は非常に遠く，両者はこれまでみてきたように理論的に橋渡しされているとはいえない。

泉方式のこの二元論的性格を論証する過程で，特に強調したかったことは次の3点である。第1に，社会的必要労働時間が価値の内在的尺度であるというのは，価値の実体となる労働の性格に関する規定の一環として言及されたものであり，文字どおり価値を測ることを予定した規定ではない。第2に，労働生産物への社会的必要労働の投入量は，複雑労働の単純労働への還元という問題も含めて，現実の商品交換の取引過程を経て，価値として現れるというのが全体的な商品交換の前提であり，個々の生産物に投入された労働量をこの生産物が市場で販売されたという事実だけを根拠に社会的必要労働量と見なすのは早計である。第3に，第1と第2の指摘に関連するが，私的労働の社会的労働への転化は価値関係を媒介としなければ理論的に成立せず，社会的労働時間の把握も価値という物的形態を媒介にしてしか認識しえない。価値量はもちろん，社会的必要労働量も計算で理論的に計測することは不可能であり，結局価値の外在的尺度としての貨幣により価格の大きさとして把握せざるをえない。

泉方式は投下労働にもとづく剰余価値率計算と性格づけられるのが客観的であり，それを価値レベルの剰余価値計算とするのはこの方式の意義に混乱をもちこむように思われる。

注
（1） 例えば下山房雄「現代資本主義と搾取論（2）」『経済』26号，1988年2月。
（2） 主要論文は，泉弘志『剰余価値率の実証研究――労働価値計算による日本・アメリカ・韓国経済の分析――』法律文化社，1992年，に収められている。
（3） 岩崎俊夫「産業連関表の対象反映性」『経済論集』（北海学園大学）30巻4号，1980年3月。
（4） 泉弘志「産業連関表，A産業連関表の利用」『社会科学としての統計学（第2集）』産業統計研究社，1986年。

（5） 置塩信雄「剰余価値の測定」『経済研究』（一橋大学）10巻4号，1959年10月。泉方式と置塩理論との継承関係について，泉自身は次のように述べている。「この推計方法は置塩信雄『剰余価値の測定』から学んだものであり，基本的にそれにしたがっている」。泉弘志「剰余価値率・剰余労働率の概念と推計法」『大阪経大論集』109・110号，1976年3月，173ページ。
（6） 泉弘志「産業連関表と産業連関分析」高木秀玄・大屋祐雪・野村良樹編『経済統計学講義』有斐閣，1984年，247ページ。
（7） 泉方式に対する疑問点は，過去に山田貢「労働力の価値を労働時間で測りうるか——泉氏への回答——」『統計学』34号，1978年3月。同「労働時間による剰余価値率の推計についての若干の問題」『統計学』44号，1983年3月，に展開されている。
（8） 泉弘志「産業連関表による労働価値計算の意義と限界」『統計学』36号，1979年3月，1ページ。
（9） 前掲，2ページ。
（10） 泉弘志「産業連関表と産業連関分析」高木秀玄・大屋祐雪・野村良樹編『経済統計学講義』有斐閣，182ページ。
（11） 前掲，183ページ。
（12） このことが最も端的に述べられているのは，前掲，183ページ。
（13） 泉弘志「『高度成長』過程における剰余価値率・剰余労働率の推移」『大阪経大論集』117号（1976年），118号（1977年），174，185ページ。
（14） 泉弘志「『価値レベル』での剰余価値率について」『統計学』32号，1977年3月，108-109ページ。
（15） 泉弘志「剰余価値率・剰余労働率の概念と推計法」『大阪経大論集』109・110号，1976年3月，185ページ。
（16） 前掲，176ページ。
（17） 泉弘志「産業連関表による労働価値計算の意義と限界」『統計学』36号，1979年3月，21ページ。同「剰余価値率・剰余労働率と財政・金融」『大阪経大論集』133号，1980年1月，113ページ。
（18） 泉弘志「剰余価値率・剰余労働率の概念と推計法」『大阪経大論集』109・110号，1976年3月，173ページ。
（19） Marx, K., *Das Kapital*, Band I, Dietz Verlag, 1953, S. 53.（邦訳：マルクス＝エンゲルス全集刊行委員会『資本論　第1巻』第1分冊，大月書店，1968年，52-53ページ）
（20） Marx, K., *Zur Kritik der Politischen Oekonomie*, 1859. *Kark Marx-Friedrich Engels Werke*, Band 13, Institut für Marxismus-Lenismus

beim ZK der SED, Diez Verlag, Berlin, 1961, S. 37. (邦訳：マルクス『経済学批判』国民文庫，1970年，58ページ)

(21) Marx, K., *Das Kapital*, Band I, Dietz Verlag, 1953, S. 62. (邦訳：マルクス＝エンゲルス全集刊行委員会『資本論　第1巻』第1分冊，大月書店，1968年，64ページ)

(22) *ibid.*, S. 65. (邦訳68ページ)

(23) 「労働時間は外在的尺度たる貨幣に対する内在的な抽象的尺度であって，価値を現実に尺度するものとは本来見なされないと考えなければならない」。有江大介「マルクス労働価値論の特異性とその意義——19世紀経済学における位置——」米田康彦・新村聡・出雲雅志・深貝保則・有江大介・土井日出夫『労働価値論とは何であったのか』創風社，1988年，133ページ。

(24) Marx, K. *Grundrisse der Kritik der Politischen Ökonomie*, Dietz Verlag, 1953. S. 58-59. (邦訳：マルクス『経済学批判要綱Ⅰ』[1957-1958] (1) 大月書店，1958年，61ページ) 社会的必要労働時間が価値の内在的尺度となることを一方的に強調するとかつてグレーが陥った混乱を繰り返すことになる。「労働時間が価値の内在的尺度であるのに，なぜそれとならんでもうひとつの外在的尺度があるのか」は，「グレーの解決しなければならなかった問題であった。これを解決するかわりに，彼は商品の社会的労働の生産物として直接互いに関係しあうことができる，と想像する。だが諸商品は，ただそれがあるがままのものとして互いに関係しあえるにすぎない。諸商品は，直截に個別化された独立の私的労働の生産物であって，これらの私的労働は，私的交換の過程でその外化によって，一般的社会的労働であるという実をしめさなければならない。すなわち，商品生産を基礎とする労働は，私的労働の全面的外化によってはじめて社会的労働となるのである。ところがグレーは商品にふくまれている労働時間を直接に社会的なものと想像するのだから，彼はそれを共同的な労働時間，つまり直接に結合された諸個人の労働時間だと想像する」のである。Marx, K., *Zur Kritik der Politischen Oekonomie*, 1859. *Kark Marx-Friedrich Engels Werke*, Band 13, Institut für Marxismus-Lenismus beim ZK der SED, Diez Verlag, Berlin, 1961, S. 67. (邦訳：マルクス『経済学批判』国民文庫，1970年，106－107ページ)

(25) 泉弘志 (1986)「産業連関表，A産業連関表の利用」『社会科学としての統計学（第2集）』産業統計研究社，181ページ。

(26) Marx, K. *Das Kapital*, Band I, Dietz Verlag, 1953, S. 87. (邦訳：マル

クス＝エンゲルス全集刊行委員会『資本論　第 1 巻』第 1 分冊，大月書店，1968年，98ページ）
- (27)　*ibid.*, S. 59.（邦訳60ページ）
- (28)　Engels, F., *Herrn Eugen Dührings Umwältzung der Wissenschaft. Philosophie. Politishe Oekonomie. Sozialismus*, Leiptig. 1878, S. 183-184.（邦訳：エンゲルス「オイゲン・デューリング氏の科学の変革，哲学，経済学，社会主義」『マルクス＝エンゲルス全集』第20巻，大月書店，204－205ページ）
- (29)　泉弘志「複雑労働の単純労働への換算係数について――労働価値計算に関する予備的考察――」『大阪経大論集』125号，1978年 9 月，44ページ。
- (30)　Marx, K., *Das Kapital*, Band I, [1. Aufl], Verlag von Otto Meisner, 1967, S. 10-11（邦訳：[極東書店復刻版]岡崎次郎訳『資本論第 1 巻初版』国民文庫，32ページ）
- (31)　Marx, K., *Das Kapital*, Band I, Dietz Verlag, 1953, S. 59.（邦訳：マルクス＝エンゲルス全集刊行委員会『資本論　第 1 巻』第 1 分冊，大月書店，1968年，60ページ）
- (32)　泉弘志「複雑労働の単純労働への換算計算について――労働価値計算に関する予備的考察――」『大阪経大論集』125号，1978年 9 月，35－43ページ。
- (33)　Marx, K. *Das Kapital*, S. 59.（邦訳，60ページ）
- (34)　Marx, K. *Das Kapital*, S. 89.（邦訳，101ページ）
- (35)　田中尚美編『統計資料集（各年版）』産業統計研究社，では早くから，剰余価値率の計算方法の紹介の中で泉方式を労働時間還元法として紹介している。

第II編　経済計画と政策モデル

第4章　日本の経済計画と産業連関モデル
―― 方法変更の一こま ――

はじめに

　日本の中期的経済計画作成の方法は1970年代後半に，それまでの計量経済学的手法にもとづくマクロ計量モデルと産業連関モデルとの連結モデルからいわゆる多部門計量モデルに変わった。その転換点となったのは，「昭和50年代前期経済計画」（1976年5月14日閣議決定）である。この計画は1974年6月設置の経済審議会計量委員会により開発され，中期多部門モデル，長期多部門モデル，超長期多部門モデルの3種類のモデルから成っていた。新しいモデル開発が行なわれた背景は，当時の計量委員会により次のように説明されている。すなわち「昭和40年代末に経済社会の激しい変化が顕在化し，そのもとでいっそう精密な経済計画の作成が検討されるようになると，計画の作成手法においても，これまで蓄積された経験や学問の進歩をとり入れつつ，新しい時代の要請にこたえる新たな定量的方法論の確立が要請されてきた。このような情勢から，昭和49年6月新たに発足した本委員会は，既存モデルの単なる部分的な手直しではなく，ほぼ10年ぶりに新しい計画用モデル群の開発を行うこととした[1]」と。
　ここで指摘されている「新しい計画用モデル群」というのが「昭和50年代前期経済計画」の多部門モデルである。これを境に1965年以来，今日にいたる日本の経済計画作成の歴史を二区分することが可能である。中期マクロモデルと連関モデルとの単純な連結からなる最終需要主導の成長志向モデルを前期モデルの特徴とすれば，後期のそれは産業別の一般的相互依存関係を直接的，自己完結的にとらえる多部門需給調整型モデルと性格づけられる。
　本章の課題は2点ある。第1は日本の経済計画作成過程に連関表あるいは

連関分析，さらに両者に関わる種々の統計的手法がどのように利用されているかを確認し，その利用の実際のなかに連関表と連関分析の有用性を再吟味することである。第2は，計画モデルの全体と連関モデルとの整合性がどのような意味で確保されているかを検討すること，いわゆる整合性の内容を明らかにすることである。

わたしはこれまでにも経済計画作成のために使われる産業連関表あるいはそれを用いた連関分析についてその原理的な検討を，また種々の経済分析へのその応用という面での吟味を行なってきた[2]。本章の目的はそうしたこれまでのわたしの理論的な問題関心の延長上に，経済計画の実際のなかに登場してきた産業連関表ないし分析手法としての連関分析の位置を確認し，それらにどのような役割が与えられてきたか，またそれらはどのように機能してきたかをあとづけ，連関表と連関分析の意義と限界とを引続き明らかにすることにある。

第1章で既に指摘したことであるが，連関分析が予測や計画数値の算定に利用される場合，そこには少なからぬ方法論上の難点がある。この分析手法に固有の需要が生産を一義的に規定するという関係，経済諸現象の関数関係へのおきかえ，投入係数の固定性と不変性の仮定，そしてそれにともなって導入された非現実的諸仮定，等々がそれである。ここでの課題はこうした方法論上の諸問題が時々の計画作成過程にどのように顕在化し，そのことが計画方法論全体の中でどのように認識され，またその解決のためにいかなる試みがなされたかを追跡することにある。要するに連関分析の方法論的批判からでてきた問題点を実証的に確認しようというわけである。わたしはかつて「これまでの経済計画および政策の中で連関分析がどのように使われ，意義づけられ，評価されてきたのか，また現時点の新しい展開はどの点にあるのか，そして実際に連関分析の予測力はどの程度効果的なのか，こうした観点から改めて将来分析に果たす連関分析の有用性を検討してみることは，意味のある研究課題である[3]」と指摘した。本章の課題設定は，この問題意識の延長上にある。

この検討との関わりで，計画作成当事者が連関モデルを含むモデル全体にどのような姿勢で臨んでいたかが問題となる。問題の核心は，モデル相互の，

あるいはモデル内部の「整合性」[4]の確保にあったと考えられる。しかし整合性という用語は多用されるわりに，その意味が曖昧である。かつて，この用語の意味を自覚的に論点としてとりあげた論者は次のように述べている。「計量モデルの整合性は……連立方程式体系の整合性のことだと，多くの人が錯覚して」[5]おり，「連立方程式の整合性と経済の整合性とは，本質的に同じもの」[6]という根強い考え方もある。しかし，それらは「一見壮大な連立方程式の体系に惑わされた，皮相な『整合性』理解でしかない」[7]。「肝心なことは，その整合性の内容を検討することであって，社会保障，食糧政策，エネルギー対策，科学技術政策，住宅政策等々を具体的にどう展開するかを煮つめることこそ，経済計画である。計量モデルによってそれらを整合的に総合しなければならないと考えることは，結果として，過去の一定の（階級ないし階層間の——引用者）利害関係をそのまま容認するという結果にならざるをえない」[8]。わたしはこの認識に同意し，この整合性という用語のもつ意味を明らかにする。

なお，日本の経済計画と経済統計との関連，問題点の摘出は，若干の統計学者によって行なわれ，その中で計量経済学の評価をめぐる論争もなされている[9]。重要な問題であり，わたしも関心がある。しかし，この問題は本章の前提にある問題関心からはずれるので，議論を散漫にしないためにも，ここではあえてその点への論及を避けた。

I　中期マクロモデルと産業連関モデル

1　産業連関モデルの役割

周知のように，産業連関モデルは1965年の中期経済計画で計量経済学的手法にもとづく中期マクロモデルと連結され，初めて日本の経済計画に利用された。この中期経済計画における連関モデルの利用方法は，その後しばらくの間，連関分析が計画策定に適用される際の原型となった。そこで以下ではまずこの中期経済計画を例にとりあげ，連関分析が計画作成方法のひとつとしてどのように利用されたのかという点について，方法論的吟味を行なう。

102　第II編　経済計画と政策モデル

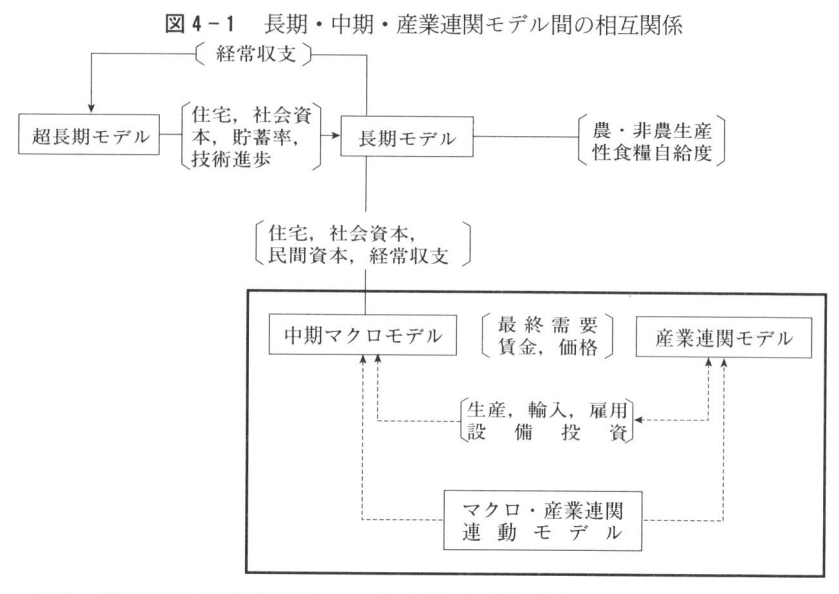

図 4-1　長期・中期・産業連関モデル間の相互関係

```
        ┌──{ 経常収支 }──┐
        ↓               │
┌──────────┐ {住宅,社会資  ┌──────┐ {農・非農生産
│超長期モデル│ 本,貯蓄率,   │長期モデル│ 性食糧自給度}
└──────────┘  技術進歩}   └──────┘
                            │
                {住宅,社会資本,
                 民間資本,経常収支}
                            ↓
        ┌─────────────────────────────────────┐
        │ ┌──────────┐ {最終需要  ┌──────────┐ │
        │ │中期マクロモデル│ 賃金,価格} │産業連関モデル│ │
        │ └──────────┘           └──────────┘ │
        │       ↑  {生産,輸入,雇用    ↑        │
        │       │   設 備 投 資}      │        │
        │       │   ┌──────────┐    │        │
        │       └───│マクロ・産業連関│────┘        │
        │           │ 連 動 モ デ ル │             │
        │           └──────────┘              │
        └─────────────────────────────────────┘
```

出所）　経済企画庁編『中期経済計画』77ページ。ただし太い実線は著者による。

　中期経済計画の全体は，性格を異にする4個のモデルからなる。それらは社会資本と住宅投資を重点に20年間の長期的な経済発展の見通しをたてる超長期モデル，農業の食糧自給度や生産性格差，民間と公共投資の資金配分などといった諸指標の長期的趨勢について約10年間の動向をうらなう長期モデル，有効需要の動きを物価，所得分配等との関連で約4年間という期間のなかに見積る中期マクロモデル，そしてこの中期マクロモデルにより与えられた諸変数を外生変数として産業別経済活動の水準を確定する産業連関モデルがある。図4-1は4個のモデルが相互にどのように関連しあっているかを示したものである。太い実線で囲ったところが，本章で問題とされる部分である。

　超長期モデルと長期モデルとは当面の議論と直接かかわらないので，その詳細について説明することは省略する。課題は中期マクロモデルと連関モデルがどのように相互に関係しているかを明らかにして整合性の意味をときほぐし，連関モデルの役割と機能に整理を与えることである。したがって，中

期マクロモデルについてその詳細をここで紹介することもここでの課題ではない。しかし，行論との関わりでごく簡単にマクロモデルの概要を説明すると次のようである。

中期経済計画におけるマクロ計量モデルは，43個の内生変数と21個の外生変数をもとに作成された43本の連立方程式体系である。43本の方程式のうち24本は構造方程式，残りの19本が定義式である。構造方程式には個人消費関数，民間設備投資関数，在庫投資関数などが含まれる。構造パラメータの推定には原則として単純最小二乗法が使われ，他に情報制限最尤法，2段階最小二乗法も用いられた。用いられたデータの観測期間は1954年上期から1962年下期までの18の標本であり，43個の内生変数は国民所得統計を筆頭に，国富統計，労働力調査，物価統計，通関統計，金融統計，鉱工業生産指数に依拠した。モデルは国民総生産概念を中心に支出ブロック（個人消費支出，民間設備投資，民間在庫品増加など国民総支出を構成する各項目の決定），調整ブロック（諸物価指数，雇用者数，就業者数，賃金などの決定），分配ブロック（分配国民所得，各項目の決定）の3ブロックからなり，国民所得循環にそってケインズ的有効需要の原理にもとづく構成をとる。中期マクロモデルはこの後，経済計画が経済社会発展計画，新経済社会発展計画，経済社会基本計画と変わるたびに若干のモデルチェンジを行なうが，その基本性格は中期経済計画におけるものと全く同一である。

本題に戻して，この中期マクロモデルと連関モデルとの関わりはどのようなものであったのだろうか。先の図4-1に明白なように，利用された連関モデルの第1の役割は通常の静学的オープン・レオンチェフモデルに固有の分析機能に依拠している。すなわち，この連関モデルはマクロ計量モデルと連結され，マクロ経済的諸量が部門別に具体化される形をとる。換言すれば部門生産量はマクロモデルからの推定値により与えられた個人消費，政府支出，在庫純増，民間政府投資および輸出の総額が部門別最終需要量に再構成されたものを与件とし，このベクトルにレオンチェフ逆行列ベクトル $(I-A)^{-1}$ を乗じて計算される。この計算値をもとにさらに部門別労働需要量などが，また付加価値率を媒介に部門別付加価値額が推計される。結局，連関モデルがここで果たす役割は計量経済モデルとしての中期マクロモデルから

得られた主要マクロ経済諸量を部門別に分割することに他ならない。

連関モデルに期待された部門別推定値について，次の手続きはそれを積みあげマクロ経済諸量をチェックし，計画諸変数間の関連を確認することである。中期経済計画のなかで計量モデルと連関モデルとの運動モデルに期待されたフィード・バック機構がこれにあたる。このプロセス，すなわち生産，輸入，在庫，投資などの部門別分析からマクロ段階の経済量をチェックする機能が十分に働けば，マクロモデルと連関モデルとは文字どおり同時決定のシステムとして両モデルの整合性を形式の上で確保できるはずである。

中期経済計画の「計量小委員会報告」では連関モデルのこの2つの役割は，次のように説明される。第1の目的において連関モデルは各産業別の活動と産業構造変化という問題をあつかい「この面でマクロモデルを補完する役割をもち，国民経済の生産構造のメカニズムはこの方法を通して詳細に分析」される。すなわちこのモデルでは「マクロモデルによって巨視的最終需要の項目がそれぞれ与えられるならば，これを部門別に分割すると同時に，これと整合する部門別の生産と輸入の必要額は，産業連関の方程式体系を解くことによってもとめられる。ついで各部門の必要労働力と所要投資額はマクロモデルの賃金とこの部門別の生産額を基礎として労働需要関数と生産関数とから導かれる」と。第2の目的であるマクロ計画数値と部門別推定値との相互間のチェック機能という意味は連関モデルが「単に部門別の生産，輸入，雇用，資本の必要額を推定するのみならず，それを再び統合して，マクロモデルの推定した鉱工業生産指数やマクロ的な輸入，雇用，設備投資の総額のチェックにも使用されている」。この相互チェックにより生産指数，雇用ならびに輸入総額などの計画数値は，予測精度を高めるべく工夫されているというのである。

以上のように，中期経済計画では連関モデルに二重の役割が期待された。このうち現実の計画作成過程で主眼となったのはあくまでも第1の役割であり，そこで果たされるものと期待された連関分析の役割は通常の伝統的連関分析の能力をモデル全体の枠ぐみのなかで最大限効果的にひきだそうというものであった。これに対して第2の役割の方はその概要がマクロモデル・連関モデルの連動モデルとして提示されたものの，モデルにしたがって算定さ

れるべき計算結果の公表はなくその意味では仮説的なものにとどまった。

それではその基本性格において「従来のレオンチェフモデルと変らない」[12]連関モデルは，モデル全体のなかでどのように展開されたのであろうか。連関モデルは，次の6本の方程式体系からなる。

$$C_i + G_i + I_i + J_i + E_i = F_i \tag{1}$$

$$X_i + M_i = \Sigma a_{ij} X_j + F_i \tag{2}$$

$$M_i = f_i(X_i + M_i) \tag{3}$$

$$V_i = v_i X_i \tag{4}$$

$$L_i = g_i(V_i, w/P_c) \tag{5}$$

$$V_i = h_i(K_i, L_i, t) \tag{6}$$

C_i＝部門別消費支出　G_i＝部門別政府の財貨・サービス購入　I_i＝部門別民間設備投資および個人住宅投資　J_i＝部門別在庫投資　E_i＝部門別輸出　F_i＝部門別最終需要　X_i＝部門別生産額　M_i＝部門別輸入　V_i＝部門別付加価値額　K_i＝部門別資本ストック　L_i＝部門別就業者数　a_{ij}＝投入係数　v_i＝付加価値率　w/P_c＝実質賃金率　t＝時間　f, g, h は関数記号

このうち(2)式が連関モデルの中心をなす需給バランス式である。付言すると右辺の中間需要の大きさに関わる投入係数行列（a_{ij}）は，RAS方式で予測用に修正されている。(3)式は総供給を国産と輸入とに分ける輸入関数である。(2)式と(3)とが連立されて生産額と輸入額とが部門別に計算される。(1)式はそのさいの与件となる部門別最終需要である。すなわちマクロモデルの項目別実質支出はモデル計算のさい，この式に表されているように部門分割される。ここには消費関数，輸入関数などの各種計量経済モデルが利用されている。連関モデルそのものにはいくつかの計量経済学的計算が付随しているが，これは中期経済計画にくみこまれた連関モデルの特色のひとつである。(4)(5)(6)式はそれぞれ付加価値，労働需要，資本需要をもとめる式である。

以上のように，連関モデルはごく普通の標準的な連関分析の方法により構成される。RAS方式による投入係数の修正[13]，部門別最終需要表の作成での計量経済学的方法の適用，部門別輸入額推計への輸入関数の採用，部門別雇用・資本の算出のための詳細化された労働需要関数，生産関数の利用など若干の特色もみられるが，それらは標準的連関分析の基本性格を変えるもので

はない。

2　産業連関モデルの評価

　中期マクロモデルに対しては，これまでにも種々の批判がある。このモデルそのものについて検討することは，先に述べたように，ここでの課題ではないが，ただマクロモデルの欠陥として「実質的循環とくに直接的生産過程が欠落していること」，この点を補完すると考えられていた連関表も「生産額，粗資本ストック・設備投資・労働需要を25ないし60部門に配分するにすぎず」，そもそもこの連関表がよってたつ「連関論の理論構成そのものが現実の社会的再生産を分析し，経済構造を把握するうえでまったく無力」であったということは，以下に議論を展開する際に，念頭におかれなければならない。

　それでは，本題である中期経済計画の連関モデルは，どのように評価されるべきであろうか。この問題を考えるさい留意すべき点がある。それは中期経済計画に使われた連関モデルが標準的連関分析の論理に従うことと関係する。その限りでは従来蓄積されてきた連関分析の批判体系はこのモデルの評価の基準となりうる。他方で連関モデルはマクロ的経済量を部門分割するための技術的計算手段としてその背後にある理論と無関係に利用される。そこでこのことに由来する問題点を従来の連関分析批判体系につけ加える必要がある。

　例えば連関モデルだけをとりだして考えれば，このモデルに対して次のような評価は容易に可能である。すなわち，連関モデルは与えられた最終需要にみあう供給がただちに保証されるという現実にはまずありえない事態を前提し，しかもその大きさは形式的な連関分析の数理から導きだされる。投入係数の固定性，不変性の非現実的仮定を回避すべくRAS方式の採用によりこの係数の修正がなされるが，その方式も形式的であり予測計算上の制約を本質的にとりのぞくものではない。この他，通常の連関分析には投入係数の固定性，不変性確保のゆえにいろいろな仮定（非結合生産の仮定，収穫不変の原則，生産諸要素間の非代替性の仮定）が導入され，それらは経済モデルとしての連関モデルに非現実的性格を与える。連関モデルが線型の連立方程

式体系になっている点もそうである，等々。これらは従来の連関分析批判体系の中核をなすが，中期経済計画におけるモデル計算の生産局面を担う連関モデルにもそのままあてはまる。

　以上のことを確認したうえで，次に強調しなければならないのは，中期経済計画のモデル全体のなかで連関モデルは理論モデルとしての機能が期待されるというより，理論と直接関わりのない技術的計算手段として活用されるという点である。つまり連関モデルの役割は事実上，計量モデルにより与えられたマクロ的経済量の単なる部門分割手段となっている。もちろん，一方の拡大されたケインズ体系としてのマクロモデルは資源配分に関する部分を市場メカニズムにゆだね，そこでの総需要と総供給とは基本的に一致するとみなされ，他方の連関モデルでも各財の需要と供給は一連の需給バランス式の体系として構成され，その限りで両者は類似の経済観にたつ。しかもマクロモデルと連関モデルとの連結は一方が一般均衡論的に構成されたモデルであり他方が一般均衡論の特殊理論として構成されたモデルであるという相違があるとはいえ，一見すると理論的整合性は保たれているかのようにみえる。しかし，問題はマクロモデルと連関モデルとが対等の関係で結びついているのではなく，後者が前者に事実上従属する形をとるため，連関モデルの理論的枠ぐみはモデル計算の実際では事実上意味をなさなくなっている。くわえてマクロモデルの方は，モデルの客観的対象である経済現象に対し連関モデルとの対比でより弾力的である。つまり，モデルの全体は前者に不十分ながらも不均衡の指標を需給ギャップ指標として部分的にとりこみ（この不均衡要因の考え方についての問題点は後述），それが物価や設備投資に及ぼす影響を検討するという構成をとる。ところが連関モデルにこの余地はなく，このモデルは経済不均衡に対する反省を一切欠いたまま既述のようにマクロモデルから一義的に与えられた最終需要項目を部門分割する計算手段にすぎない。

　マクロモデルと連関モデルとの関係は，生産を基礎とし，分配，消費がそれに規定されるという経済循環の姿に照らすと逆だちしている。それというのも第1にマクロモデルは国民所得の分配と消費の面に依拠する需要重視型モデルであり，連関モデルは生産の局面を担うモデルでありながら，前者が

主，後者が従の関係になっているからであり，第2にその生産局面に関わる連関モデルも実際の計算手続を見ると自明なようにやはり需要が供給を規定するという関係を前提としているからである。マクロモデルと連関モデルとの主従関係，ないし転倒関係は，実は両モデルの理論的整合性の確保という点で大きな支障をきたしたのである。このことの計量経済学者自身による認識が後にみる多部門モデルの登場をうながすことになるのであるが，それについては後述するとして，以上の議論をふまえるとそもそもマクロモデルと連関モデルとの理論的整合性とは一体何を指すのかが疑問としてわいてくる。この問題にこれまでどのような説明が与えられ，モデルにいかなる改善が施されてきたのであろうか。

中期経済計画が策定されたおり，計量委員会報告はこの計画に連関モデルが導入された経緯を次のように述べている。「前回の国民所得倍増計画においては，マクロ的な計画目標と部門別のそれとの間の斉合性が必ずしも十分でなく，とくに金属機械工業の分野でこの傾向がみとめられ，これに対して産業連関モデルではマクロモデルによって巨視的最終需要の項目がそれぞれ与えられるならば，これを部門別に分割すると同時に，これと斉合する部門別の生産と輸入の必要額は産業連関の方程式体系を解くことによってもとめられる。ついで，各部門の必要労働力と所要資本額は，マクロモデルの賃金とこの部門別生産額を基礎として，労働需要関数と生産関数とから導かれる。このマクロ的最終需要から部門別需給を通して労働，資本の所要額を推定するまでの全過程は約7,000箇に達する構造パラメーターによってその斉合性が詳細に検証されるのである[16]」。この文言では単に中期マクロモデルにおける連関モデルの位置と役割とが簡潔に要約されているが，計量モデルと連関モデルとの整合性がきわめて楽観的に表明されているという点で興味深い。この認識は中期経済計画全体の基調であり，「各種の計画数値相互間の斉合性を確保するために（採用された）国民経済計算と結合した計量経済学的手法」は「超長期，長期，ならびにマクロ産業連関連動モデル等による補完的なチェックが有機的に行なわれる仕組」を保証し，「予測数値の斉合性と政策的ヴィジョンの妥当性についても極めて多角的な検証[17]」を可能ならしめるものと評価された。

しかし，事柄がそれほど単純でないことはその後の議論経過で明らかになる。通常の連関モデルによる部門別生産量は与えられた最終需要を F としたとき各部門の生産物に対する直接的，間接的需要が $F(I-A)^{-1}$ となり，この需要を満足させる生産物の供給が必ず実現されるという仮定のもとに計算結果が与えられる。連関モデルの外生変数であるこの最終需要の大きさは，マクロモデルによって定められる。ところでこのマクロモデルは図式化していえば総需要の構成項目を原則として家計，企業，政府，海外の主体別集計値の連関でとらえ，それら相互の調整は自律的な市場メカニズムにより実現されるという考え方のもとに構築される。そこには生産物および生産要素の供給構造を示す指標はない。換言すればモデルは商品別，産業部門別に投入・産出量などの経済量を反映させる構造をとらない。モデルのこの性格のゆえに，政策目標として考えられる完全雇用の維持，物価の安定などに対しては財政，金融政策による総需要のコントロールという措置をモデルから結論づけることができた。しかし，需給ギャップを原因とする価格問題や部門別資源配分，雇用，投資の問題に対しては十分な分析能力を発揮しえず，したがって有効な政策的対応を提示できずに終わった。

　マクロモデルと連関モデルとの連結，併用が思惑どおりに機能しなかった根拠は，モデル作成の当事者である計量委員会の認識によれば両モデルの理論的不整合性に帰着する。すなわち連関モデルがとらえる部門間の生産的連関は市場での取引が行なわれた事後的結果としての均衡関係におきかえられる関係であり，このモデルのなかで物量体系と双対的に決まる価格は需給調整が作用した結果の均衡価格とみなされた。どちらにしても経済過程の需給調整プロセスは無時間的であり，無媒介的である。連関モデルから導出される所与の最終需要に適合的な一定の生産水準は，この需給調整過程の媒介を捨象して成立する。現実の経済過程にこの関係がただちに，想定どおりに成立しないことはいうまでもない。これは，前述の産業連関分析に対する批判的論点のなかで，くりかえし指摘されてきた点である。

　多部門モデルの提唱者の一人は別の角度からではあるが連関モデルのもつこの難点にふれ次のように述べている。「かりに最終需要の水準に応じて各産業に対する需要がきまったとしても，この需要量がノーマルな供給能力を

超過するならば,価格の上昇が起こり,これによって需要量の減少がもたらされるはずである。……レオンチェフ・モデルでは,このような価格の需給調整作用は働かないのである」と。[18] $(I-A)^{-1}$ のレオンチェフ逆行列による各部門生産量の決定は,価格の需給調整機能を無視してこれと独立に決まる。このことは均衡論を標榜する論者には理論的不満の残るところであり,再び先の論者の言明をかりると,こうした各部門生産物の需給関係が価格体系を変化させるメカニズムのないところでは,当然のこととして後者,つまり価格体系の変化は個別消費関数における価格効果をつうじて最終需要に変化を与えるのと同程度の効果を消費財需要の構成に与えることもない。

　結局,従来型の計量経済学的計画モデルに内在的な理論的不整合性はマクロ経済諸変数の整合性が成りたつその同じ前提のもとに部門別諸変数間およびマクロ諸変数と部門別諸変数との間の整合性を確保しえず,連関モデルではその要請にこたえきれなかった。そうならざるをえなかった理由は,連関モデルの方法論的枠組がマクロモデルで想定される経済諸量のとりあつかいと異なる次元で与えられているからである。同じことを内容にそくしていえば,連関モデルでは本来内生的に処理されるべき最終需要項目のある部分が一方的に外生化され消費関数も内生化されないため,また価格体系も生産物の動きと連動していないため,モデル自身は硬直的である。このため最終需要の増加によってもたらされた諸部門の生産量の増加が同じ諸部門の付加価値の増加を生み,この所得の増加がさらに消費財需要ひいては最終需要の変化をひきおこす過程が不問に付される。各産業部門の需給ギャップ,意図せざる在庫の標識,過剰労働力の存在などの経済過程の要因が視野の外におかれるのは当然である。『経済計画のための多部門計量モデル——計量委員会第5次報告——』で指摘された評価,すなわち「部門間の諸変数や部門別諸変数とマクロ諸変数との間にも斉合性を確保する」「要請に第1次接近として応えようとしたのが『中期マクロモデル』と『連関モデル』の同時使用」であったが,両モデルの「この連結は,自律的に変化する経済構造や産業構造の変化を,ある最終需要構造と技術構造から一方通行の形で説明しようとしたにすぎ」ず,当初の要請に真正面からこたえるには「産業別の一般的相互依存関係を直接にとらえた自己完結型の多部門モデルを開発する課題」[19]に

解答を与える以外にないとする評価は，以上のようなモデルの整合性に関わる認識の文脈のなかで理解されなければならない。

II 多部門モデルにおける整合性

1 多部門モデルと SNA

中期経済計画以来の計量マクロモデルと連関モデルとの併用が整合性という点で難点をもつとの認識から，それらにとって代わるものとして登場したのが「経済計画のための多部門計量モデル－計量委員会第5次報告－」以降の多部門モデルである。この多部門モデルは，一言でいえば，マクロ的経済諸量を最初から産業別に分割することでマクロ変数と部門変数とを一元的に自己完結的にとらえるモデルである。この中期マクロ多部門モデルは，1977年5月，「計量委員会第5次報告」で内生変数691個，外生変数790個からなる非線型連立方程式体系として初めて公にされた。その後モデルは「同委員会第6次報告」[20]（1980年9月），「同委員会第7次報告」[21]（1986年7月）と2度にわたって改訂され，後者では実に1,156の内生変数をもつ大規模モデルになっている。構造方程式の推定は，最初のもの以来すべて単純最小二乗法である。

モデルは第5次報告によれば，「産業別の需要・供給量，価格，投資，雇用量，売上高，付加価値，利潤といった各産業変数と，国民総生産，個人消費支出，設備投資，財政支出といった国民経済変数（マクロ変数）との相互依存関係および各産業変数間の相互関係」[22]をとりあつかう。モデルは一方では一般的均衡体系の理論的枠組を前提としながら，他方では国民経済計算体系に依拠して組みたてられている。それと同時に，モデルは部分的に不均衡の要因を認め，現実経済との接近をはかっている。多部門モデルの整合性を考えるさい特に重要なのは，このモデルが国民経済計算の諸勘定に依拠し，それによって経済諸変数が関数関係にまとめられ，モデルの整合性の確保と体系性の整備がはかられているという点である。

行論との関わりで指摘しなければならない特徴は，多部門モデルが国民経

済計画の発展した体系であるいわゆる68SNAデータに基づくことになったことである。計画作成当事者の認識によれば，モデルの整合性は多部門モデルのモル構築が国民所得統計，産業連関表など5個の諸経済計算の完全接合体系である68SNAに従うにいたり格段の前進をとげた，とされる。それゆえモデルの整合性についてのこの前進がどのような内容のものをさすかについては，68SNAの勘定体系の整合性とは何かという問題にまでさかのぼって検討しなければならない。考察のポイントは，従来個別的に展開されてきた国民所得統計，産業連関表，資金循環表，国民貸借対照表，国際収支表の諸経済計算がいかなる形で相互に結びつけられ，整合性が確保されるにいたったか，その場合，本章の主題との関連で産業連関表がいかなる位置におかれ，どのような役割をはたしたのかという点にある。

　まず前者の68SNAに固有の整合性について述べると，注目すべきことはこの体系が経済の相互依存関係を諸勘定の完全接合体系として，換言すれば行列表現可能なシステムとして成立している点である。行列表現をかりた諸勘定の完全接合体系は，形式的な論理的連関ということに限れば，個別諸勘定の体系や方程式で表現される体系よりも一貫性をもつ。一般に完全接合体系の形をとる国民経済計算は，3通りの表現が可能である。[23] 第1は個別諸勘定による表現であり，第2は方程式体系へのおきかえである。そして第3の形態は行列形式である。勘定体系と方程式形式の国民経済計算は常に行列形式におきかえ可能なわけではない。しかし，逆は逆である。行列形式をとる経済計算体系は，勘定形式や方程式形式へ転換できる。完全接合体系の形式的整備が経済的相互依存関係の絶対的手だてではなく，そのひとつの手だてにすぎない。それというのも勘定形式と方程式形式は完全接合性をもたない勘定体系を表現することができるが，行列形式は完全接合性をもたない経済計算体系には適当でないからである。ましてやそれが通常の勘定体系や方程式体系より現実経済の相互依存関係の現実的な把握であると判断できる材料はない。

　次に，完全接合体系をとる68SNAは，経済循環と経済主体の活動から形成される取引の体系であるという点にふれなければならない。ここでいう取引は非市場取引をも含む財貨・サービスの取引と所得・金融の取引との2通

図 4-2 経済活動別分類と制度部門別分類の関係

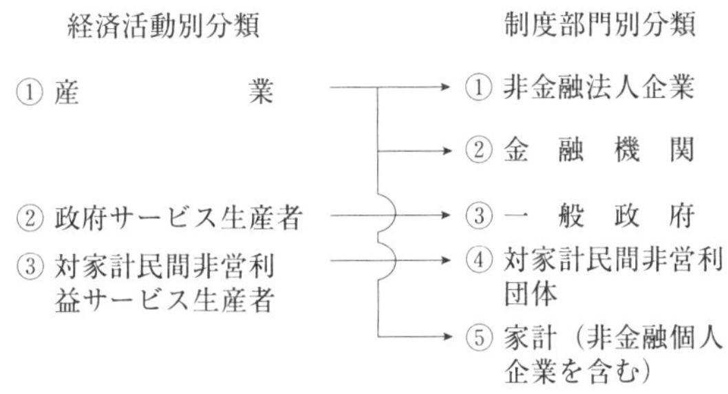

```
   経済活動別分類              制度部門別分類

① 産      業    ┬──────→ ① 非金融法人企業
                 ├──────→ ② 金 融 機 関
② 政府サービス生産者 ┼──────→ ③ 一 般 政 府
③ 対家計民間非営   ┼──────→ ④ 対家計民間非営利
  利サービス生産者  │          団体
                 └──────→ ⑤ 家計（非金融個人
                              企業を含む）
```

出所) 経済企画庁経済研究所国民所得部編『新国民経済計算の見方・使い方』大蔵省印刷局，1978年，19ページ。

りである。取引主体は企業，家計などの直接的な個々の主体ではなく，それらの集合であり，その意味で経済計算には個別経済主体の勘定群が表示されることはなく，グルーピングされた個別経済主体の勘定が体系の基礎になる。そして各々の取引主体は，それらの間に成立する取引により相互に結びつき関係しあう。以上のことから，経済の相互依存関係とは取引により媒介される経済主体の関係に他ならない。

取引の種類により勘定は，国内総生産と総支出勘定，国民可処分所得と処分勘定，資本調達勘定，海外勘定，期末貸借対照表勘定の5勘定に区別される。取引主体の分類は2通りである。第1は経済活動別分類であり，第2は制度主体別分類である。前者は財貨，サービスの取引主体である，①産業，②政府サービス生産者，③対家計民間非営利サービス者からなる。後者は資金の取引主体である，①非金融法人業，②金融機関，③一般政府，④対家計民間非営利団体，⑤家計に区分される。異なる2通りの目的をもつ取引主体の分類の対応関係は図4-2のとおりである。図4-2は，以上の約束ごとのもとに経済循環の全体を鳥瞰した結果としての68SNAの統合勘定である。

以上の形式をもつ国民経済計算体系において，連関表はどのような位置にあるのだろうか。第1に68SNAでかつての連関表に相当する部分は生産勘定であり，それは生産，分配，再分配，消費の4局面の経済循環の中心である生産の局面を反映する。第2に68SNA構成の際，従来の連関表作成で蓄積された理論的，実践的経験が生かされる。第3に68SNAには従来の連関

図4－3　68SNA推計の体系

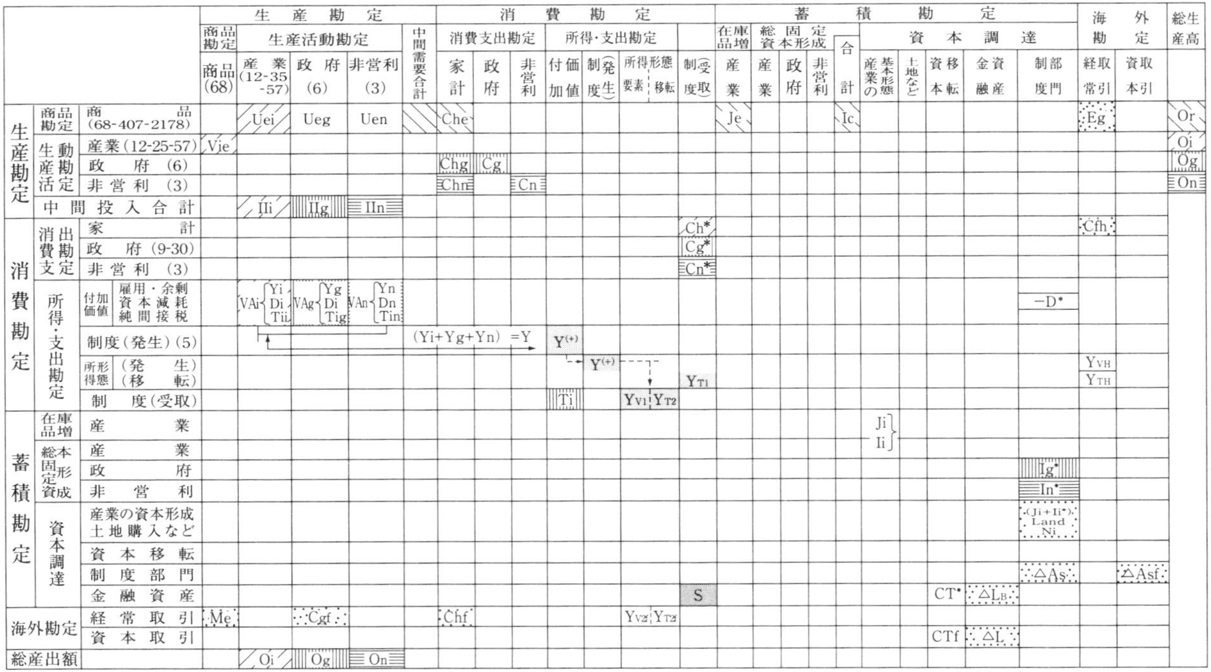

注）1．推計方法

- コモディティ・フロー推計
- 付加価値推計
- 財政推計
- 海外推計
- 対家計民間非営利推計
- 所得支出推計
- 支出接近（人的）推計
- マネー・フロー及びストック推計

2．添　字

c：商　品　　h：家　計
i：産　業　　f：海　外
g：政府サービス生産者　　＊：主として受取制度部門
n：対家計非常利サービス生産者　　→：分配過程

3．資本取引

取引＼部門	国 A	内 L	海 A	外 L
国内取引	△As	△LB	−	−
海外取引	△Lnf	△Asf	△Asf	△Lnf

出所）経済企画庁経済研究所国民所得部編，前掲書，94ページ。

表に相当する表として経済活動別財貨サービス投入表（U表）と経済活動別財貨サービス産出表（V表）とが採用される。V表（表4-1）は経済活動別の生産勘定がどのような財貨とサービスを産出するかを表す。通常の連関表ではそれぞれの部門が産出する財とサービスは一種類と仮定される。いわゆる非結合生産の仮定である。V表では各部門が産出する主たる財貨・サービスの他に副産物，および副次的生産物の生産をも表示可能であり，現実の経済過程に存在する結合生産を認める。U表（表4-2）は経済活動別の生産活動が投入した財貨サービスを示す。通常の連関表で表示される投入構成は経済活動別のそれであり，いわゆる産業部門のそれではない。それら部門

表4-1　U表（産業別財質・サービス投入表）の例

財貨・サービス ＼ 産業	A	B	C	D	E	F	計
a		13		28			41
b	3	1		5	18		27
c				3		6	9
d	5			30	35		70
e	15	12	18		13	1	59
f	9		1				10
計	32	26	19	66	66	7	216

出所）経済企画庁国民所得部編『新ＳＮＡ入門』，東洋経済新報社，86ページ。

表4-2　V表（産業別財質・サービス産出表）の例

産業 ＼ 財貨・サービス	a	b	c	d	e	f	計
A	50	21	5				76
B		40					40
C			30				30
D				80	29		109
E		3	20		90		113
F						10	10
計	50	64	55	80	119	10	378

出所）同上書，86ページ。

が生産した財とサービスの投入構成を測定することは推計上の制約をもつ。U表ではこの制約をある程度避けることができる，V表とU表とから産業別の産出量，中間投入量を知ることができるので産業別の付加価値の大きさは，経済活動別に両者の差をとることでもとめられる。

　今ひとつ68SNAと連関表との関わりを総計数値の整合性という問題に焦点を絞って述べる。従来，マクロモデルが依拠する国民所得統計と連関モデルが依拠する連関表とでは概念上および推計方法に少なからぬ相違があり，その結果モデルに使われる統計数値に齟齬がみられた。生産活動測定のためのも・の・さ・し・としての総生産を国内概念でみるか国民概念でみるかというのはその一例である。この例に関していえば，産業連関表は国内概念にたち，国民所得統計は国民概念に従っていた。両者の相違は，海外の要素所得の受取り分あるいは海外への要素所得の支払い分の処理の仕方の違いにあり，国内総生産に前者を加算し後者を控除したのが国民総生産である。国民経済計算の構成要素である諸経済計算を68SNAで統合する際，その要は国民所得統計と連関表との結合であったが，その方法は産業連関表を中心にすえ，その作成の一環として国民所得勘定をくみたてた(24)形をとる。いうなれば68SNAは連関表のように財とサービスの生産，供給，需要という流れを構成の基礎にすえ，その過程に国民所得の生産と産出をとらえる原理にたつ。

　このため68SNAの推計法は財とサービスの供給および需要の推計の若干の基本的な点（商品分類，配分比率，運賃・マージン率）で連関表に用いられている推計方法に準拠し，コモディティー・フロー法やV表，U表を用いての付加価値法を採用する。コモディティー・フロー法とは品目ごとに生産額，出荷額を把握し，それに流通各段階の在庫変動や輸入額の調整をほどこし，また流通各過程ごとに配分比率，運賃率，マージン率の加算を行ない，最終的にそれぞれの商品がどのように処分されるのかを推計する方法である。付加価値法はV表より得られる部門別の商品産出額からU表より得られる商品中間投入額を控除して産業別総生産を推計する方法である。これらの推計方法をみると連関表からもとめられた情報が68SNAの推計方法の基礎となるだけでなく，連関表作成の一環として国民所得勘定を作成するという先の指摘が推計技術の面から保証されているのがわかる。

多部門モデルが68SNAに依拠するということの実態は，以上のとおりである。問題は，そのことによって確保されると考えられる整合性の中身である。多部門モデル開発に関心をもち，また実際にKEIO多部門モデル構築の仕事にたずさわった論者の言にヒントを得て判断するならば，国民経済計算に依拠する実証的経済分析がめざす整合性とは他ならぬ一般的相互依存関係（general interdependence）の確保ということができよう[25]。説明によるとこの一般的相互依存関係という用語は，一般均衡という概念が実証レベルにおろされた時に使用され，後者がもつ規範的印象をぬぐうために用いられた表現とされる。この論者によれば多部門モデルの構築がなぜ国民経済計算の勘定体系に依拠しなければならないかというその理由は経済の一般的相互依存関係の多部門モデル化にとって各経済諸変数間の資料上および論理上の整合性の確認が必要不可欠であり，その根拠は国民経済計算体系によって比較的容易に与えられるからである。「これはいわば実験室で管理実験が行なえない経済分析において，分析者に与えられた経済という巨大な資料発生の装置のレイアウトをここで確認」[26]するものである。この文言で注目されるのは，経済が「巨大な資料発生装置」とみなされ，そこから発生されるデータが国民経済の諸勘定の枠ぐみのもとに相互依存関係をつけられ，まとめられるという考え方である。国民経済計算体系は経済諸要因間の相互連関と認識され，そのことによってモデルの構成を明らかにする道具とみなされるのである。

2　モデルの整合性に関わる問題点

多部門モデルの整合性の内容は，おおまかに3点に要約可能である。第1はモデルにおいて諸変数が関数，方程式体系により関連づけられ，体系化されていることにみられる整合性である。この整合性が国民経済計算の諸勘定に依拠することで強化されていることについては，既に前項でみたとおりである。第2は，理論的面での整合性で，かつてマクロモデルと連関モデルとの間に存在した理論的齟齬を解消するのがねらいである。第3はモデルと現実との整合性という問題とかかわり，それは当該の多部門モデルでは，モデルが生産物市場と労働市場との需給ギャップ要因をくみこんでいることに表現される。

本項では，このうち第2，第3の論点を，モデル構築の概略的過程にそくして検討する。

マクロ計量モデルと連関モデルとが対等の同一次元で結合された多部門モデル[27]では，最新の第2次改訂多部門モデルを例にとって説明すると産業部門は14（農林水産業，国内鉱業，化学，一次金属，機械，その他製造業，建設，電気・ガス・水道，卸・小売，金融・保険，運輸・通信，その他サービス，政府サービス生産者，主家計民間非営利サービス生産者），財貨・サービスは15に分類される。制度主体別には，家計（個人企業，非営利団体を含む），企業，一般政府，海外の4部門に分類される。これらの分類がモデル構築の基礎にある。モデルには国民経済計算体系の中に明示的に位置づけられた上記の15商品×14産業の部門分別とそれに基づく投入・産出構造が，さらに金融資産の需要と供給とが，またそれらの調整メカニズムが組みこまれる。

モデル構築にあたっては，勘定体系に固有の経済諸量が変数として，しかも基本的に内生変数としてあつかわれる。これらの内生変数は現実的行動仮説と市場条件とによりモデル内部に適当な位置を確定され，それにもとづきいくつかの理論的行動方程式が定式化される。モデル化の方法は，経済主体別，産業別の2分類にしたがい，財とサービスおよび金融資産の需給関係が全体的にとりあげられ，それらが各財および各金融資産ごとの需要量と供給量とに集計されたうえで国民経済計算体系の勘定体系に位置づけられる。

このことを具体例にそくして解説すると次のとおりである。財別，資産別の需給状況は，それらを反映する勘定体系から把握される。たとえば財とサービスの需給状況は，産業連関表の勘定体系に反映され，方程式にまとめられる。

金融資産の需給状況などは資金循環表，国民貸借対照表にそくして方程式で表現される。

当該の勘定体系にのっとり各財および各金融資産ごとに示された集計量としての需要と供給とは，次の段階で経済主体別視点から整理される。

諸経済主体から個人部門（家計）をとりだし，その経常勘定と貯蓄の資本勘定のなかの収支均等式を掲げてみよう。多部門モデルの理論的整合性について検討する段で個人部門を例にとりあげる理由は，次のとおりである。個

人部門の収支均等式の作成という個人消費関数のモデル化に関わる課題は，過去の中期マクロモデルでは連関モデルの外側に与えられ，理論的整合性の基準から難点のひとつに数えられていた。中期マクロモデルでは個別消費関数に必要な実質総消費は連関モデルの外側にあるマクロモデルで設定され，両モデルはそのことによって事実上切断されていた。その結果，連関モデルの内部で消費は他の経済的諸要因との関わりで内生的に決定されないことはもちろん，各消費項目の価格変化が部門別生産量の決定に及ぼす影響も無視された。多部門モデルでは消費関数のとりあつかいに関するこうした難点は，どのように克服されたのであろうか。多部門計量モデルの中に包摂されている個人部門の消費関数が当面の関心にならざるをえない根拠は，まさにこの点にある。

次式は多部門モデル採用の先がけになった「計量委員会第5次報告」における個人部門の経常勘定と資本勘定における収支均等式である。[28]

$$wL^s + r_B \cdot BD_{P,-1}^d - TP = PCC + SP \qquad (1)$$
$$SP = (\Delta BD_{p.}^d + \Delta CR_{pn}^d + \Delta DT_{pb}^d) + PIHIH \qquad (2)$$

SP＝個人貯蓄　TP＝個人税
L^s＝家計の労働供給　PCC＝個人消費支出
BD＝債券　CR＝通貨　DT＝銀行預金
$PIHIH$＝民間住宅投資
r_B＝債券利子　w＝1人当り賃金
p＝家計部門をあらわす添字
d＝期末保有残高
n＝日本銀行

(1)式の左辺は可処分所得をあらわし，右辺はこの所得が「理論的」に消費と貯蓄との和に等しいことを示す。(2)式は貯蓄が金融資産の増分と実質資産の増分とからなることを「理論的」に意味する。金融資産の内容は通貨，預金，債券の保有，実物資産の内容は住宅投資である。

勘定体系にしたがって導きだされた家計の収支均等方程式にもとづき，モデルはさらに次の条件と行動仮説からくみたてられる。その条件と仮説とは消費計画には財の耐久性が考慮されるという点，またそこには金融資産形成

と実物資産形成とに対する選択行動の要因があるという点，そのうえで家計は一定の所得や価格に関わる情報から最適消費水準と最適資産保有水準とを判断し，所与の所得・資産のバランスの制約のなかでその水準を実現するのに費やされる調整コストを考慮にいれて各期の消費水準と資産保有水準を決めるという点である。最終的にモデルに採用されたのは総消費関数，6個の費用別消費関数，住宅投資関数，金融資産関数である。

多部門モデルがどのようにくみたてられるかの一例は以上のとおりであるが，ここで連関モデルの位置はどのように与えられているのであろうか。図4-4，図4-5は「計量委員会第7次報告」から引用された消費ブロックと投資ブロックの図である。注目されるのはIOブロックの位置である。消費ブロックではIOブロックが産業別就業者数，産業別雇用者数，家計最終消費支出，目的別家計最終消費支出の推計式を決定するさいの中心的環になっていること，投資ブロックではIOブロックが全体の連関の起点になっていることがわかる。

図4-6には，以上のモデル全体に含まれる諸関係が単純化されて示される。上記の説明とこの図とを参考に読みとることができるのは，中期マクロモデル以来踏襲されてきた計量マクロモデルと連関モデルとの主従関係がここでは形式的にせよ解消されていることである。モデル全体の中心は財とサービスのフロー勘定にあり，従来の連関モデルに相当する部分は，ある意味でクローズド化されてこの多部門モデルの基幹をなす。また労働力人口，公定歩合，為替レート，投入係数など若干の外生変数を除くと，経済変数は極力内生化されている。とくに連関モデルの最終需要項目のなかの個人消費部分の内生化がはかられているのが大きな特色である。

多部門モデルのこれらの新しい特徴は，一般均衡論の大枠のなかで関数関係の体系としてモデル構築が進められたものとして前進的な試みと受けとれるかもしれない。現に，一部の論者によってモデルは既述のような新たな体系のもとでより整合性を高めたと評価されている。確かにここの多部門モデルは，従来のマクロモデルがもっていた欠陥，すなわち供給面より需要面に比重がおかれていたこと，マクロの物価と各部門の産出物価格との関係が曖昧であったこと，連関モデルの役割がマクロモデルにより一方的に与えられ

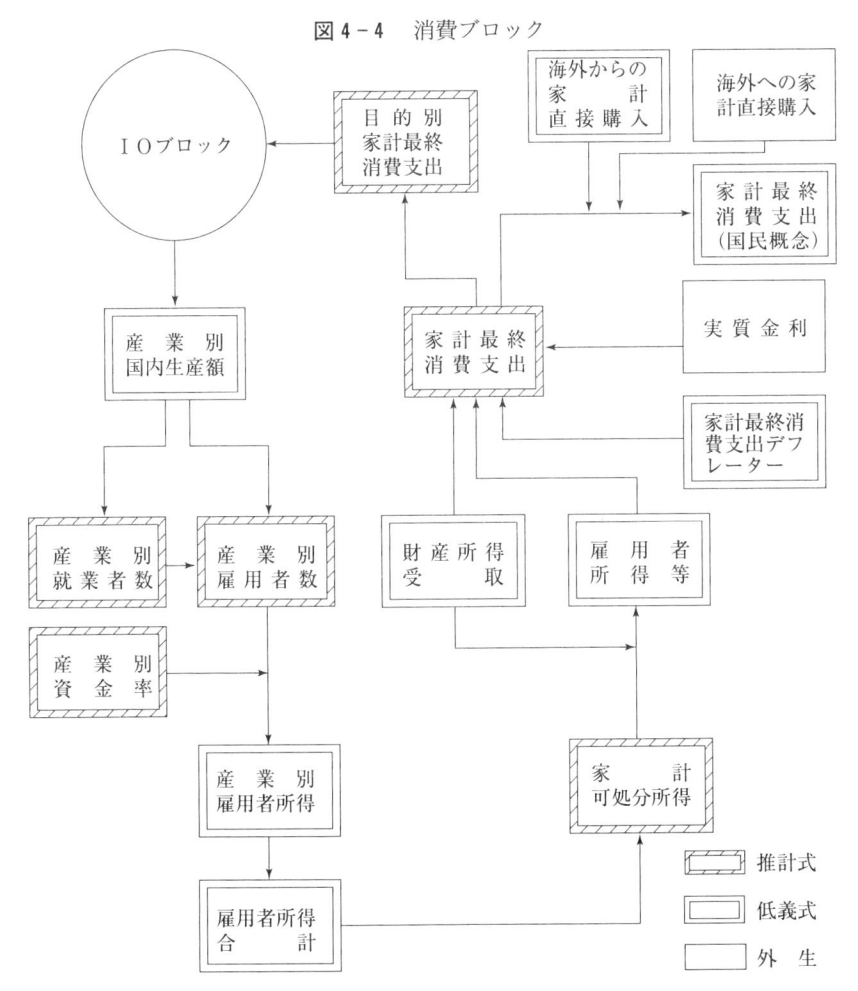

第4章　日本の経済計画と産業連関モデル　121

図 4-4　消費ブロック

出所）経済審議会計量委員会『計量委員会第7次報告』17ページ。

た経済活動の予測数字を概略的にチェックするにすぎなかったこと，などいくつかの点でより改善されたモデルになったということになるのであろう。

とはいえ，多部門計量モデルでモデル全体の構成がより整合的になったという時，その整合性の内実は主として経済循環の分配と消費の局面のモデルとして役だってきたマクロモデルにおける考え方を産業別経済活動の領域に

122　第II編　経済計画と政策モデル

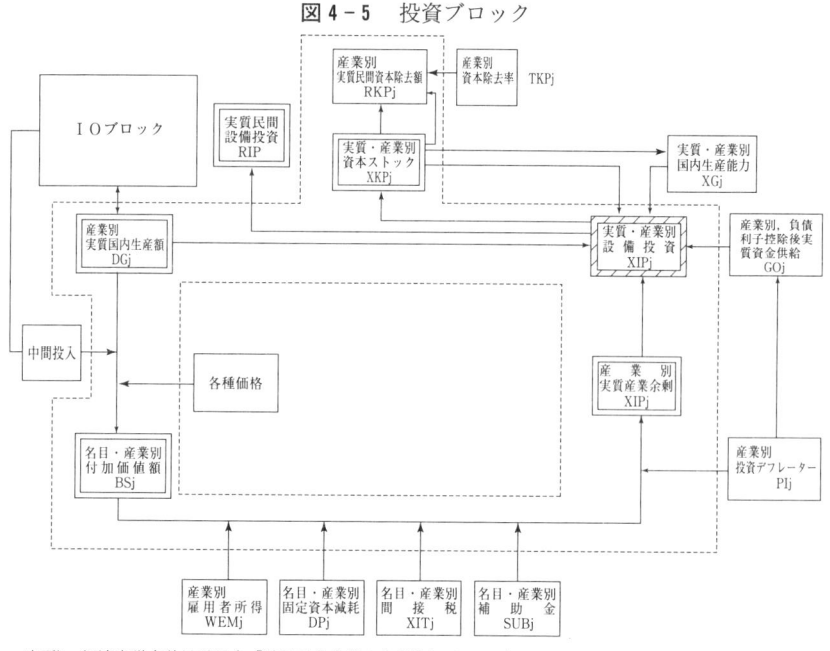

図4-5　投資ブロック

出所）経済審議会計量委員会『計量委員会第7次報告』18ページ。

まで拡大し，より包括的にそれも形成的な形で諸経済変数間の関係をモデルにとりこんだということである。その考え方とは諸経済変数の関係づけを既存の統計に依拠するという経験的手法を用い，かつあてはまりのよさをはかる所定の統計的基準にそくして関数を採択し，最終的に方程式の体系としてモデルをくみたてるという方法である。この方法が整合性の形式的側面を重視して進められるのである。周知のように，連関モデルは経済活動の諸要系としての財とサービスの流れを関数関係におきかえるという，そのかぎりではマクロモデルと同一の形式のもとに構成されている。マクロモデルと連関モデルとの整合性の確保は両モデルのこの形式的類似性を前提に進められ，その限りで問題解決の方向は後述の国民経済計算体系を考慮しながらも，従来どおり諸変数をどのように関連づけるか，その結果を形式的にいかに矛盾のない方程式で示すことができるかということにおかれる。

　もう一点，マクロモデルと連関モデルとの整合性の確保は，ある特定の経

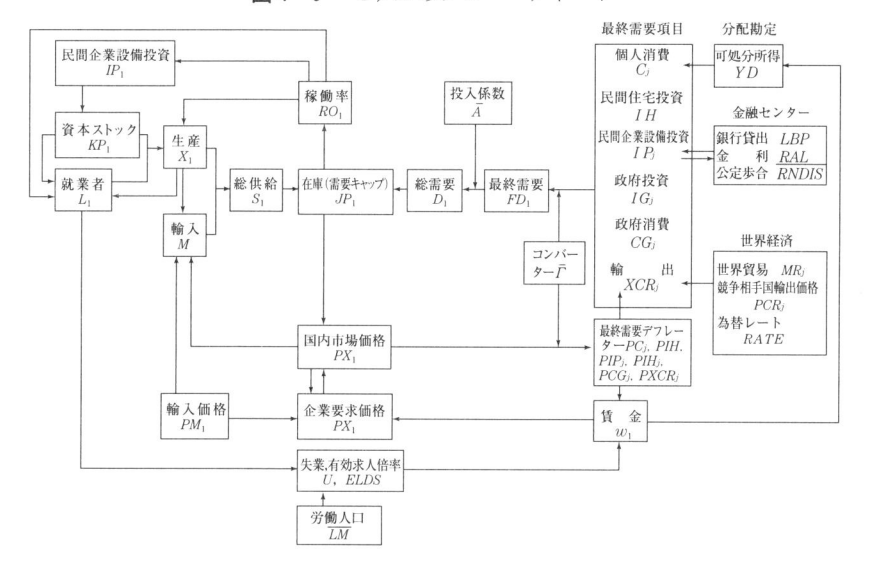

第4章 日本の経済計画と産業連関モデル 123

図4-6 モデルのフロー・チャート

済観の強い指導の下に追及されたことにもふれておかなければならない。それは連関モデルの最終需要項目のとりあつかいという一例をみてもわかるように，国民経済のなかでもともと経済内的諸要因によって決まる変数についてはこれらを内生変数として処理し，モデル間に存在した経済理論的隔壁を除去しようということである。しかし，それは狭義には一方における経済主体の経済行動と他方における生産活動の結果としての財とサービスの流れとを統一的図式の中におさめ，これを市場的諸条件のなかで考察し，もって一般均衡論を大枠とするモデルづくりにむかうということに他ならない。産業としての経済活動がモデルの基幹にすえられ，消費関数が内生化されたというのは，まさにこのことを指す。一見すると産業別部門の活動結果はマクロ的な経済連関との関わりのなかで把握され，経済循環のなかでの物財の動きは価格の動きと連動し，市場での需給調整のメカニズムは統一的にモデル化されたかのようにみえる。

　一般均衡論の視点からみたモデルのこの整合性は，独占資本主義段階の資

本主義経済の諸矛盾が資本の運動の重層的，構造的展開によりもたらされ，それがまたモデルの与件に大きく影響を及ぼすということを考慮にいれるならば，あまりにも形式的である。現実の諸矛盾は市場における需給ギャップという徴候にその一面を顕在化させる。しかし，資本主義経済の基本的諸矛盾は，市場の需給調整や価格機能により根本的に解決されるものではない。諸矛盾が表面的な需給調整で解決されえないことについては，物価の安定と失業の解決とが二律排反の関係にあるという事実をみても明らかである。物価騰貴を沈静化するためにうたれる金利の引上げ措置は景気を停滞させ失業者の増大をもたらし，逆は逆である。この関係は，通貨量の需給を調整しつつ国民経済に働きかける政策がとられるかぎりくりかえし表れる。しかし，それが現実の対症療法的政策対応にすぎない以上，矛盾は将来にくりのべられるだけであり，そうでない場合には別の矛盾を新たにつくりだす。

　一般均衡論の眼目は，諸経済主体の経済行動の分析や市場における複数の財とサービスの価格形成を分析することにある。理論のこの枠ぐみのもとにつくられるモデルは，経済の諸問題を一時的に解決するその場限りの便宜的有用性をもつにすぎない。モデルの有用性はそこまでである。整合性確保のために依拠すべきとされた経済理論へのモデル論的アプローチは，資本主義経済の内在的諸矛盾に対しては寡黙である。

　ところで多部門モデルは大枠として多部門経済モデルに関する最も包括的理論である一般均衡論に依拠しているものの，この理論の直接的適用の結果つくられたモデルではないことに特色があるとみなされている。それというのもモデルには，不均衡の要因がとりいれられているからである。ここでの不均衡の要因は，需給不一致という意味での不均衡と理解されている。多部門モデルではこの不均衡要因をとりいれたという自負があるらしいが，その方法論そのものは従来のモデルづくりの考え方が踏襲されている。そのことを確認するために，以下で簡単にその内容にふれてみたい。

　多部門モデルが当初からとりいれた不均衡の主要因は在庫変動という需給ギャップの指標と失業という労働市場における指標との2指標である。このことを指して「第5次計量委員会報告」の文言では，モデルは「従来のモデルと違ってむしろ均衡理論の直接的応用という方法をとらない点を特徴」と

し,「与件の変化がかなり急速に進行しつつある現実の経済を対象とするとき,……均衡価格および均衡需要量によって現実の動きを説明するには無理があるといわねばならない」という解釈のもとに,「分布ラグないしストック調整原理などの動学的経済モデルを多用し,不均衡状態を扱う多部門経済モデルとして特徴を発揮している[29]」と述べられる。

生産物市場における各財の需給不一致を示す要因は価格関数として次式に表現され,モデルにくみこまれる[30]。

$$PX_i = \beta_i^0 + \beta_i^1 \cdot PX_i^* + \beta_i^2 \cdot ED_i$$

この式において PX_i^* は企業の要求価格,ED_i は市場への需給状態を示す在庫率,需給ギャップの変数である。式の全体が示しているのは,市場価格 DX_i が需給不一致を前提して決まるということである。

価格決定メカニズムに導入された動学的要因は,次の内容をもつ。第1は価格動態の本質的契機を企業による自製品の要求価格 PX_i^* の市場での実現度とみなし,「各産業の規定価格の変化分 ($PX_i - PX_{i,-1}$) をその企業の要求価格と前期の価格の乖離 ($PX_i^* - PX$) の関数[31]」とするというものである。第2はこのコスト面からみた企業の要求価格の他に,価格方程式に市場の需給状況をとらえる変数(在庫率,需給ギャップ率)をくみいれるというものである。以上の「価格決定のメカニズムは,要約すれば,レオンチェフ的なフル・コスト型を基本原理として,これに市場の需給要因および動学的要因を加えたもの[32]」と説明されている。

労働市場にかかわる失業者の存在は,

$$U = LN - \sum_{i=1}^{10} L_i$$

として示される[33]。U は失業者数,LN は労働力人口,L_i は部門別労働需要である。ただし失業率データは景気変動に感応的でなく,労働市場の需給状況および労働市場と賃金の関係を正確に捉ええないとして,有効求人倍率の指標がもうひとつの需給指標として補足的に採用される。失業率と有効求人倍率とは次式に連結され,賃金関数の説明変数として用いられる[34]。

$$ELDS = f(U, IP/GNP)$$

ただし,$ELDS$=有効求人倍率,IP=民間企業設備投資

以上に説明してきたことは，多部門モデルがねらいとした現実との整合性確保への努力がどのようなものであったかをよく示している。それは，要約すると，現実の市場における需要と供給の両面の不一致の存在を認めることにモデルの現実性との整合性の契機がもとめられることである。ここでも関心がおかれているのは，需給の整合性の如何である。こうした枠組のなかでの問題処理の難しさは，端的に在庫投資の位置づけにあらわれている。第5次モデルでは在庫投資は供給から需要を差し引いた残差として定義され，在庫投資は全て意図せざる在庫とみなされた。第6次モデル，第7次モデルでは在庫投資関数が積極的に採用され，逆に意図せざる在庫は存在しないと解釈される。在庫投資の解釈におけるこの違いは大きな変化のように受けとれるかもしれないが，いずれも均衡をひとつの規範としてモデルをくみたてているという点に変わりはない。このことは第7次モデルで述べられている考え方，すなわち「『需給バランス』は常に成立し，実現生産量は常に，主体別行動から導出される需要（事前概念）の合計に等し」いという文言によく示されており，それは「実現生産量と供給能力が一致する保証はなく，大幅な余剰設備を抱えた点で……実現生産量が決まることもあり得る」[35]ことを否定しないのである。これは，通常の均衡モデルが想定する需要と供給との一致の大枠とその条件を部分的にゆるめたまでの話である。先にみたこのモデルの形式論的な整合性の意味づけは，この緩和によっていささかもくずされていないことに注目すべきである。

おわりに

　本章は，2つの課題をもっていた。再確認すると，第1は日本の経済計画のなかに連関表ないし連関モデルがどのように組みこまれ，位置づけられてきたかを跡づけることであり，従来指摘されてきた連関分析の方法論的難点がそこにいかなる形であらわれてきたかを確認することである。第2はこの連関モデルを含むモデル全体の整合性とはいったいどのような内容のものかを検討することである。

第1の課題に対して，次のような要約が可能である．連関分析は，中期マクロモデルではマクロ的経済諸量を部門分割する手段になっており，その展開過程には従来の連関分析批判の諸論点が基本的に妥当する．新たにつけ加えるべき点は，連関モデルがマクロモデルに完全に従属し，技術的計算手段として位置づけられているので，均衡論の立場からみても理論的整合性を欠く結果になっていることである．

近年の多部門モデルではマクロモデルと連関モデルの主従関係が形式的に解消され，68SNAとの関わりでU表，V表を中心にした産業部門別経済活動のモデル化と連関分析の手法にしたがった部門別の総付加価値と生産額および最終需要についてのバランス方程式体系が採用されている．しかし多部門モデルの構築はそれが従来のマクロモデルと連関モデルとの形式的統合という形で行なわれている点で，またそれと国民経済計算体系に形式的に依拠して行なわれている点で，さらに現実との整合性が意図せざる在庫，労働需給の状態などの指標の形式的な設定で処理されているという点で，経済の内的運動法則にふみこむことなく実行されている．

第2の課題に対しては，次のようにまとめることができる．整合性という用語の使われ方は，大きくわけると3とおりである，第1は連立方程式の体系への要約ということが整合性の問題とみなされる場合である．第2にモデル構成の理論的整合性が問題にされる場合である．第3はモデルと現実経済との整合性が問題にされる場合である．モデル作成者の意図は，現実を説明する理論をふまえて連立方程式体系にモデルをまとめることにあり，その意味では整合性の3とおりの解釈がモデルづくりのどの段階にも貫かれているということになるのかもしれない．しかし，その内実を仔細に検討して言えることは，モデルづくりが最終的にそれを連立方程式にまとめることにおきかえられ，理論がそのつじつまをつけるためにくみたてられ，そのこととは裏腹に現実経済の法則的理解がおろそかにされていることである．その結果，整合性の理解は形式的側面に重きがおかれ，経済理論的，政策的側面がないがしろにされている．

いずれにしても経済計画の策定に数理モデルは，不可欠の要素としてとりこまれている．モデル作成の関心が需要志向モデルから多部門需給調整型モ

デルに移っても，この点は一貫している。さらに連関モデルは再評価を受け，単なる伝統的な連関分析用のモデルにとどまらず，モデル全体の中心におかれている。この背景には68SNA作成に連関表そのものとその作成手続とが十分に参考され，いかされたという経緯，こうした68SNA構築自体がモデルに利用可能な情報の提供を目的のひとつに掲げていたということがある。

　制度化されたモデルづくりが個々の統計情報の意義と位置づけに，また統計情報の性質と加工方法などに少なくない影響をおよぼすことの一端をここにみることができる。

注
（1）　経済審議会計量委員会編『経済計画のための多部門計量モデル——計量委員会第5次報告——』1977年，「はしがき」より。
（2）　たとえば次のものである。岩崎俊夫「産業連関分析の有効性に関する一考察——その具体的適用における問題点——」法政大学日本統計研究所『研究所報』第7号，1982年3月。
（3）　岩崎俊夫「産業連関分析」経済統計学会編『社会科学としての統計学（第2集）』産業統計研究社，1986年，193ページ。
（4）　計画当事者の考える整合性は，本章の後段で明らかにされるように種々の問題点を含み，その限りでは括弧つき（条件つき）のものである。本章の中にはテーマとの関わりで随所にこの整合性という用語が登場してくるが，その多くは括弧つきで使われなければならない。しかし，そうした全ての例に括弧をつけるのは必ずしも得策でないので，整合性という用語の上記制約を念頭にいれ，以下ではいちいち括弧を付すことは省略する。
（5）　山田貢「日本の経済計画と計量経済学」山田貢・近昭夫編著『経済分析と統計的方法』産業統計研究社，1982年，244ページ。
（6）　山田貢，前掲論文，245ページ。
（7）　山田貢，前掲論文，246ページ。
（8）　山田貢，前掲論文，246ページ。
（9）　濱砂敬郎「経済計画における統計利用」『経済学研究』（九州大学）45巻4, 5, 6号，1980年。同「マクロ経済的計画値の基本性格」『経済学研究』47巻2・3号，1982年。吉田忠「日本の経済計画と国民所得勘定（1）（2）」『経済論叢』（京都大学）115巻4, 5号，1975年，116巻1, 2号，1975年。

第4章　日本の経済計画と産業連関モデル

(10) 以上の引用は，経済企画庁編『中期経済計画』1965年，92ページ。
(11) 経済企画庁編，前掲書，92ページ。
(12) 経済企画庁編，前掲書，93ページ。
(13) RAS方式による投入係数修正の問題点については第2章参照。
(14) 吉田忠『数理統計の方法——批判的検討——』農林統計協会，1981年，202-203ページ。
(15) 長屋政勝「産業連関論」山田喜志夫編著『現代経済学と現代（講座・現代経済学批判 III）』日本評論社，1974年，180ページ。
(16) 経経済企画庁編，前掲書，92ページ。
(17) 経経済企画庁編，前掲書，77ページ。
(18) 斉藤光雄『一般均衡と価格』創文社，1973年，180ページ。
(19) 経済審議会計量委員会編，前掲書（第5次報告），2-3ページ。
(20) 経済審議会計量委員会編『新経済社会7ヶ年計画のための多部門計量モデル——計量委員会第6次報告——』1980年。
(21) 経済審議会計量委員会編『計量委員会第7次報告——中・長期経済分析のための多部門計量モデル——』1986年。
(22) 経済審議会計量委員会編，前掲書（第5次報告），5ページ。
(23) 倉林義正・作間逸雄著『国民経済計算』東洋経済新報社，1980年，62-67ページ。
(24) 経済企画庁国民所得部編『新SNA入門』東洋経済新報社，1979年，151ページ。
(25) 黒田昌裕・辻村江太郎『日本経済の一般均衡分析』筑摩書房，1974年，53ページ。
(26) 黒田昌裕・辻村江太郎，前掲書，67ページ。
(27) 以下の多部門モデルについての叙述は，経済審議会計量委員会，前掲書（第7次報告），8ページ以下参照。
(28) 経済審議会計量委員会，前掲書（第5次報告），15ページ。
(29) 経済審議会計量委員会，前掲書（第5次報告），16-17ページ。
(30) 経済審議会計量委員会，前掲書（第5次報告），22ページ。
(31) 同上書，117ページ。
(32) 同上書，116ページ。
(33) 同上書，84ページ。
(34) 経済審議会計量委員会，前掲書（第5次報告），85ページ。
(35) 経済審議会計量委員会，前掲書（第7次報告），11ページ。

第5章　民主的計画化のマクロ計量モデル

はじめに

　第2次オイル・ショックの影響がさめやらぬ80年代初頭，日本経済はインフレーションと失業者の増大，財政の破綻，社会的再生産における諸矛盾の累積など経済の構造的危機に直面していた。周知のように，日本の独占資本（大企業）はこの危機的状況を円高調整の名のもとに徹底した合理化によってきりぬけ，資本の蓄積基盤を整え，「国際化」「情報化」「経済のサービス化・ソフト化」と称して産業構造の新たな再編をはかった。

　この80年代前半における日本経済の混迷の最中，経済民主主義の立場から独占資本（大企業）による危機打開の道筋と異なる，国民本位の危機打開の方向，すなわち「民主的改革の展望」がうちだされた。この中で，政策科学が提唱され，代替的な数理経済モデルの開発と利用が置塩信雄，野沢正徳を中心に行なわれた。(1)この経済分析が賛否さまざまの反響を呼んだことは，記憶に新しい。とくに民主的改革の諸政策の効果を測定するために示されたマクロ計量モデルの提示は，従来そうした数理経済モデルの作成とその操作による数量的分析が社会統計学派によって批判的に検討されていただけに，(2)その評価をめぐって活発な議論のやりとりがあった。(3)

　わたしはこの民主的計画モデルを綿密に検討した結果，その方法と経済理論にいくつかの疑問を感じた。民主的計画化の計量モデルに対してはすでに方法論の視点から批判が出されているが，本章ではその成果を引き継いでこのモデルの基本的性格について論じ，同時にその中に組み込まれている計量モデルの評価を行ないたい。とくに，モデル作成の前提となる経済理論の問題点に焦点を当てて言及したい。

　事柄の性質上，問題点は多岐にわたる。問題点は，次の諸点である。すな

わち，①なぜモデル作成者は民主的経済計画化の中で計量経済学の領域で開発されたものとその形式上全く同種のモデルを使わなければならないのか，②モデル分析のさい国民経済計算などの政府統計がその正確性や信頼性の吟味もないまま無批判的に利用されるのはいかなる理由によるものか，③モデルの一部に使われた連関分析で投入係数の変化を無視して推計がなされる経済理論的根拠は何かなどである。本章でそれらの全面的検討を行なうことはできない。ここでの課題を上記①に掲げた問題点の検討に限る。

論点は，次のとおりである。

まず第1は，民主的改革の展望のなかに数理モデル分析が何故必要とされ，またそれにどのような有効性が期待されているのかという点の検討である。第2にモデルがどの程度，現実の経済循環または再生産の本質的連関を捉えているかという視点からモデルそれ自体の評価を行なう。これは，結局，モデルと現実との整合性の点検という問題であり，あるいはモデル作成を支える経済学の点検である。第3にモデル作成者の意図と無関係になされる計量モデルへの執着がいかにその政策体系や経済理論を制約し，それらを形式的議論に終始させているかを明らかにする。

計量モデルに対する評価が全般的に低くなっている今日，わたしがこの民主的計画化の計量モデルを本章でとりあげる理由はこのモデルが公表されて以降，経済民主主義の立場からの計量モデルづくりが次々と行なわれ，また計量モデルの有用性を基礎づける新しい議論が登場してきているので，一度それらの先駆けとなったモデルと経済理論を検討することが今後，議論を行なうために重要と考えられるからである。

I モデルそのものの「整合性」

1 なぜ計量モデルが必要とされるのか

民主的計画のマクロ計量モデルは，85個の内生変数，39個の外生変数をもつ86本の連立方程式の体系である。モデルは家計，企業，政府の3つの経済主体を設定し，それぞれが商品市場，労働市場，金融市場に参加するとみな

される。各経済主体は次のような経済行動をとると仮定される。まず，家計は「毎期毎期えられる所得と各期首に保持している正味資産との和を予算制約として，何らかの最適行動にもとづいて消費を決定する」とされ(6)，この仮定にもとづいて消費関数などが推計される。他方，企業は利潤率を極大にするように行動すると仮定され(7)，この仮定から企業の雇用量，生産量決定の推計式や資本蓄積率のそれが，また需給不一致の場合を想定した稼働率決定の推計が，さらに独占資本による投資決定，価格決定の推計式が導出される。最後に，政府部門は「租税を徴収しそれを資源として財政支出を行なう」(8)経済主体と規定され，受取と支出のバランスに焦点があてられ，前者の項目である個人税，民間法人税などを決定する推計式が，また後者の項である政府利子支払などの推計式が導出される。

モデル作成者は，以上の経済主体の行動を定式化した推計式の中には，需給ギャップに対応する企業行動として稼働率の決定がなされていること，企業（独占資本）の価格設定式がマーク・アップ原理で表現されていること，長期国債の要因が組み込まれていることなどについて触れ，モデルの現実性を強調している。

次に3つの経済主体は，商品市場，労働市場，金融市場のそれぞれの市場に参加し，相互に依存しあっているという前述の仮定のもとに，総需要，総供給，労働供給，貸出資金供給および需給などのそれぞれの推計式が定められている。この中で民主的計画モデルは，民間企業在庫投資という変数で意図せざる在庫の変動をあらわし，総需要と総供給との不一致を想定している点，高度成長期以降の金利自由化に向かう金融市場の構造変化をモデルに組み込んでいる点などの特色をもつ。さらに，国民経済は輸出，輸入を通じて海外とつながっており，この側面をとらえるために輸出関数，輸入関数を推定し，為替レートの決定に関わる輸出ドライブ要因という説明変数を資本蓄積率に置き換えて採用していること，政策決定に果たす為替レートの役割を評価してその推計式の確定を行なっていることが注目される。個々の方程式の推計は，国民経済計算年報，経済統計月報，労働力調査報告などのデータにもとづいて行なわれ，自由度修正済決定係数，標準誤差，ダービン・ワトソン比の統計的テストが推計式の当てはまりの程度を判断するために行なわ

第5章　民主的計画化のマクロ計量モデル　133

れている。

　民主的計画化の構成に際して依拠した数理モデルは，このように基本的に計量モデルの応用である。モデルはその細部では，既述のようにいろいろの工夫が施され，政策の諸効果を社会階層別に計測する社会階層別計量モデルの考え方が導入されるなど新基軸をうちだしている。しかし，モデルビルディングの手順，推定式の妥当性を測る統計的基準のとりかた，シミュレーションや予測の手法など根本的な諸点に限って言えば民主的計画化の数理モデルは既存の計量経済学や連関論の方法論的枠組みをこえるものでなく，むしろその枠内での展開である。最初に，このことを確認しておく必要がある。

　それでは民主的計画モデルは，なぜ計量モデルをその不可欠の要素とするのであろうか。

　モデル作成者は，次のように述べる。第1は，「政策的提言を行う場合，具体的な数値で政策を示さなければならないという自明の事情」[9]によるものであり，第2は「経済が空間的・時間的に複雑にからみあった相互依存の構造をもって」[10]おり，このような現象の複雑な相互規定関係を「数理的数量的方法によることなしに，しかも数値的にたどっていくことは現実には不可能」[11]だからである。「民主的政策の数量分析のために，近代経済学者の開発した数量的方法を批判的に援用するのみならず，新しい数量分析の形式的方法を開発することが必要となっている」[12]。「政策の体系は，諸制約条件，政策の直接的効果と間接効果，政策間の無矛盾などを考慮した，整合性をもった体系であることが大事であり」[13]，整合性の検討のためには数理分析が必要である。「政策の数量的検討を行う場合さまざまな方法があるが，計量モデルを用いるのも1つの接近方法で」[14]ある。「相互依存の体系の分析には連立方程式が，異時点間の関連の分析には定差方程式や微分方程式が用いられることによって，はじめて分析が可能となる」[15]。そして，最後に，整合性の確保という数理モデルの必要性が強調される。すなわち「いまひとつの理由は，政策体系全体としての整合性を確保するために連立方程式体系による検討が必要である」[16]と。

　当事者以上の理由づけをふまえ，モデル作成者をして計量モデルの利用に向かわせた思考過程を類推すると次のようになる。第1は国民本位の民主

的政策提言が単なる政治的次元のものにとどめられるのでなく，政策実現の財源的裏づけからはじまって，政策の遂行が国民諸階層に与える影響，経済全体の発展に及ぼすインパクトにいたるまでの諸結果が示されるべきとの強い認識である。政策科学とも呼ばれるこの考え方は，政策内容およびその諸過程と諸結果とを数量的に表現することをとくに重視する。その理由はいろいろ説明されるが，要するに経済諸現象は，国民所得，価格，利子などの現象をあげるまでもなく量的規定をともなうこと，政策は常に種々の制約条件のもとでその実現可能性が検討されなければならないが，それらは数量におきかえることで容易になされうると考えられている。くわえて，一方に政府主導による大企業優先の政策が計量モデルで組み立てられ，そこから誘導される計画数値が大手をふって歩いていることを考えると，これに対抗して国民生活基盤重視の民主的計画モデルを提示しようと思えば，民主的計画モデルから誘導された計画数値の提示は政策に説得力をもたせるのに必要不可欠であるとの認識が働いたに相違ない。数量化の必要性，しかも利用可能な統計データにもとづいて予測値として政策数値を誘導するという操作可能性－民主的計画モデル作成者の念頭にあったのはこの2点である。

　モデル作成者はモデルを「分析対象を構成している要素および要素間の関係を，無矛盾なかたちで縮小・維持・拡大せしめた1つの像（写像）」として定義づけ，さらにモデルを使って分析し，考えること（モデル思考）を，「無矛盾な前提を設定し，その前提から論理一貫性のある論議を展開する」こととらえる。このモデルは経済現象の数量的表現である経済諸量間の，さらにデータとの整合性を保証しなければならない。モデルそのものの形式的整合性である。それとともにモデルはそれを支える経済理論や政策体系とも整合的でなければならない。モデルはさらに，現実経済との整合性も堅持しなければならない。これらは先の整合性が形式的整合性であるのに対し，整合性の実質的側面である。モデル作成者は現行の計量経済モデルが第1にモデルに組み込まれる諸経済変数を最も調和的に，矛盾なく整合させ，第2にモデルの構成とデータとの整合性を容易に検証しうる手だて，すなわち統計的テストの手だてをもち，第3に経済理論を下敷きにして経済政策体系とモデルとの整合性を保証でき，さらに第4に現実経済と操作可能なモデルと

を整合させることができるとの確信のもとに，その採用に踏み切ったと思われる。しかし，個々の整合性はよくその中身を吟味したうえで評価されなければならない。民主的計画モデルが上記の実質的な意味での整合性をそなえているかどうかについてはとくにそうである。第3節でわたしはそうした吟味や点検を行なうが，その前にモデル作成者の計量モデルに対する態度をもう少し具体的に検討しておきたい。

2　計量モデル評価の問題点

わたしの理解するところでは，民主的モデル作成者の計量モデルに対する評価は二段がまえになっている。第1は複雑で直接間接にからみあう相互依存関係の構造をもつ経済を前提として現実の経済をいかに変革するか，その手段，その実現可能性や条件を解明する政策科学を構築するには計量経済学の方法は不可欠であるという視点である。第2は，それでは全ての計量経済学的手法が肯定されるのかといえばそうではなく，その評価は結局のところその有効性の如何にかかっており，この有効性の検討は個々の分析にそくして具体的になされなければならないという視点である。

モデル作成者に共通のこの考え方の内容を以下に検討するが，あらかじめ結論を述べると，モデル作成者による上記の第1の点については説明が不十分であり，その点が不十分なまま具体的モデルを提示してその有効性の是非を問うという実用主義的な展開になっている。結局，一般論として計量モデルの不可避性を云々することをよしとせず，モデルの善し悪しに関わる有効性の検討は個々のモデルの内容に即して行なわなければならないというのがその基本姿勢である。したがって，重点は第2の視点にある。

第1の論点の説明が不十分というのは，説明の内容が次のような表現にとどまっているからである。「国民経済における経済諸量の総合的バランスと相互連関のネットワークを数量的に把握し計量的検討をおこなう手法に，計量経済学の手法や産業連関分析の手法があ（り），経済学が政策科学としての要請にこたえていくためには，これまでいわゆる近代経済学においてほとんど専ら利用されてきたこれらの諸手法の活用を欠かすことができない」[19]と。この内容，すなわち数理モデル（計量モデルや連関モデル）の必要性はさら

に敷衍されて，次のような理由が列挙される。
 (1) 政策提言は具体的数値で示されなければならない。
 (2) 経済は空間的に，時間的にからみあった相互依存の体系であり，これらの連関の経路は数理的，数量的方法にたよることなしには不可能である。
 (3) 数量体系全体としての整合性確保には連立方程式による検討が必要である。

しかし，これだけでは計量モデルと連関モデルとを利用しなければならないことの説明としては隔靴掻痒の感が残る。

民主的モデル作成者ならずとも，経済現象が経済諸量の相互にからみあった総体としての側面を有していることは自明である。しかし，そのことの認識はどのような論理を媒介に，経済分析手法としての計量モデルや連関モデルの利用ということに結びつくのであろうか。いうまでもなく，計量モデルや連関分析は，単なる数量的分析手法あるいは連立方程式に依拠した数理モデル一般に還元できない，それらに固有の分析手続きをもつ。前者は，経済現象を経済変数におきかえられた経済諸量の連関からなるという認識のもとに，これら経済諸量をたとえば所得と消費などのように常識的に考えて相互に結びつきが強いと判断される諸変数を複数の一次線型の方程式体系に編成し，定数項やパラメータを必要とするものについてはそれぞれの個々の方程式の変数に実際の統計データをあてはめてその部分の推計を行ない，ひとつの全体的なモデルに仕上げる。もちろん，この過程にも個々の方程式の誤差項の扱いにみられる確率論的な処理や実際の統計データと方程式とのフィットの程度をはかる統計的テストがある。また，計量モデル分析の実際では，いくつかある外生変数のうち操作可能なものをいろいろ動かしそれに対応する内生変数の数値をくりかえしはじき出すシミュレーションや，モデル内部のパラメータを変化させた予測も行なわれる。計量モデル分析はこれらの一定の経済観，数量的処理，手法などを分析内容として含む，独自の対象接近方法の総体である。計量モデルはオペレーショナルに展開される部分が原理的に数理に（数学の理論）依存するがゆえに数理モデルである。そのことは数理モデルにおける諸量が具体的な質的規定をもった定量であるとか，モ

ルを構成する変数や数式の体系に質的,制度的,生産関係的意味づけが可能であるとか,といった解釈次元の事柄とは別のことであり,どのように意味づけされ解釈された変数や数式でも,いったん計量モデルとして構成されたからには,爾後の展開は数理的に展開される,そういうモデルである。したがってもし,モデル作成者が計量モデルの必要性を言うならば経済現象の相互依存関係そのものが計量モデルに固有の数理を原理とし,その枠の中で展開されなければならないというその必然性を実証しなければならない。換言すれば,もし民主的計画モデルに計量モデルを不可欠の要素としてとりこまなければならないというのなら,計量モデル分析に固有の全ての数理をたどってその一般的な意義が示されなければならない(連関分析の連立方程式の解が最終需要を与件とする逐次的波及の帰結であることを想起)。

　後者の連関モデルについても同様である。連関モデルは部門間の生産的連関を諸部門生産物のフローによって反映した連関表から導出される連立方程式の体系であり,分析の基本的枠組みは所与の最終需要の変化が及ぼす部門別産出量への波及効果を逆行列係数を媒介に推定することにある。それゆえ,この連関モデル分析もいろいろな経済的意味づけの下に行なわれても,いったんモデルが作成され,分析の手続きが連関分析に固有のそれにゆだねられてしまえば,あとの分析は数理的な展開に依存する。したがってモデル作成者はもし連関モデルとそれを用いた分析の必要性を云々するのなら,モデル作成にまつわる解釈や意味づけを行なったり,さらには分析結果のそれがマルクス経済学で基礎づけることが可能であると述べるだけでなく,連関分析に固有の数理がなにゆえに現実の経済現象の客観的なメカニズムと整合的なのかを説明しなければならない。数理モデルはオペレーショナルな部分にその本領があるのであるから,その部分について明確な説明がない限り,連関モデルが民主的改革の具体的分析に不可欠であることを論証したことにはならない。

　このことに関して,私見ではさらに次の諸点が疑問である。まず,モデル作成の最初の段階であるモデルの基本構成の部分では,資本が社会的再生産を編成している論理の把握に弱点がある。モデルのフレーム・ワークは経済主体別に行動仮説にもとづく現象の平板な整理がなされているにすぎない。

資本の論理についての認識の弱さは，企業，家計，政府の経済主体の行動原理が並列的であることに端的に表れている。もちろんモデル作成者はモデルを支える経済理論の部分で現代資本主義の基軸をなす独占資本の存立構造とその基盤について再三言及しているのであるが，独占資本はモデルのなかで利潤率を極大にするよう生産量と雇用量とを決定する主体としての企業，マーク・アップ率で価格設定を行なう主体としての企業として把握されるだけである。これでは，通常の資本あるいは企業の規定と変わらない。また，モデルは労働時間の延長および労働強化とによって労働者の搾取率をたかめようとする資本の論理，「合理化」の促進によって直接的生産過程や社会的再生産が資本の蓄積にふさわしい形に再編されていく論理を内包していない。これらは資本に対する認識の甘さというよりむしろ，計量モデルを用いて経済循環をとらえようとすれば当然そうならざるをえない致命的欠陥である。

　次の疑問は，モデルで経済現象の相互関係が変数間のそれとして示されることについてである。モデル全体は平板であり，変数の内実が抽象的で経済的実態の裏づけに乏しい。たとえば，賃金（1人当り雇用者所得）という変数を代表例にとりあげると，それは実際には性別，年齢別，就業形態別，従業上の地位別，企業規模別，地域別，産業別の相違を捨象した変数であるばかりでなく，雇われ経営者の賃金も労働者のそれも区別されない曖昧模糊とした内容のものである。本来，賃金は，その大きさも内容も資本との対抗関係の中で，剰余価値（利潤）の大きさなどに規定される。社会的規定性を重視する立場からみると，モデルの中でおきかえられたこの変数の空虚さは明らかである。他の多くの諸変数についても同様の指摘を行なうことができる。こうした指摘に対しては，分析目的に応じて変数の実質化をはかればよく，民主的計画モデルでは社会階層別計量モデルの中で企業規模別の賃金変数や雇用者所得の労働者と役員との区分をとりいれられているという反論が予想される。しかし，前者については同一の仕方で実質化をくりかえしてもどの段階でも残る問題であり，後者の区分については形式的区別として処理されているだけでやはり社会的規定性を欠く。これも賃金に対する認識が弱いというよりは，計量モデルで経済現象を説明したことにもとづく認識上の制約である。

さらに，変数間の連関を関数処理するのに際し，企業の生産量，雇用量の決定式にコブ・ダグラス型生産関数が用いられたり，価格決定がマーク・アップ原理にもとづくと仮定されたり，労働市場における賃金決定にフィリップス＝リプシー仮説が援用されたりといろいろであるが，なぜそうした仮説や原理に依拠するかの説明は何も与えられていない。そうした原理や仮説は一定の条件のもとで現象の一面を反映しているのかもしれないが適用条件の理論的検討のプロセスを示すことなく，現象に対する経験則にすぎない原理や仮説に安易に依拠するのは，方法論的に妥当でない。

　民主的計画モデル作成者は計量モデルを利用する根拠を，以上のような疑問を氷解させるにたる十分な説明を加えていない。経済現象が経済諸量の相互依存関係からなっているとの命題から，連立方程式が相互依存関係の分析に適用しているとの確認を経て民主的政策の中に計量モデルを取り込むにいたるまでの間に論理の飛躍は否めない。

3　計量モデル重視の統計認識論の帰結

　モデル作成者は数量的分析の必要性や有効性が大枠として確認されると，次に「計量モデルにも優れたモデルとそうでないモデルが存在しうる（のであり），優れた計量モデルとは，対象である経済の構造……を規定している本質的連関をとらえていること，および，分析目的に適合的であることの2点の条件を満たしているべきであ」[20]るとの認識からモデルのよしあしの問題に，すなわち実用主義的観点から個々の具体的問題の有効性の検討に移る。

　モデル作成者のこのような議論の進め方は，おそらく，モデル作成者自身が具体的に計量モデルの意義と限界を議論するほうが一般的な方法議論に時間を費やすよりも意味のあることと考えてのことであろう。この論法は計量モデルの使い方がまずいというのならそのまずい点の具体的指摘があればその改善の可能性もありうるのであり，議論が生産的になるという言い方である。しかし，この論法はモデルの利用が民主的改革のプログラムの作成にとって不可欠かつ必然的であるとのコンセンサスが成立したところではじめて妥当するのであり，そのかぎりで計量モデルの利用をあらかじめ前提としている。経済分析の方法として計量モデルの意義を問うことよりも実用主義的

観点からの計量モデルの評価にプライオリティをおくこの姿勢は，モデル作成者の主観的意図はどうであれ，彼らをして計量モデルの方法的枠組みから現実世界を理解していく態度，また方法が対象を構成するというものの見方を習慣化させる。この弊は，実は，すでに一部にあらわれている。

　ここではこのことに関連する経済理論とモデルとの不整合性という問題と計量モデルのレーゾンデートルを確定する統計的認識論をとりあげる。モデル作成者はモデルのよしあしの判断のひとつの基準はそれが経済現象の本質的連関を把握しているか，分析目的にかなっているかどうかにあると指摘する。おそらくモデル作成者自身には，自己のモデルは独占資本の行動様式および独占資本とそれに対抗する労働者階級を中心とする民主勢力との階級対立を組み込んでいるのでよいモデルになっているとの自負があると思われる。同じような自負は，自ら提起した社会階層別計量モデルについてもある。モデルの作成におけるこのような階級的視点からの配慮と工夫とは，モデル作成者が「何が経済構造の本質的連関であると考えるのかは，計量モデル製作者の現実の経済に対する認識，すなわち経済理論や広い意味での経済観のいかんに依存する」と述べ，別の箇所で表明されているモデル作成者の基本認識，すなわち経済循環における独占資本（大企業）の地位と役割の評価，国家独占資本主義の特徴づけ，さらに日米安保条約を中心とする日本資本主義のアメリカへの追随について指摘していることと対応する。

　しかし，経済理論の領域での日本資本主義の危機的構造の全面的展開は，計量モデルに生かされていない。モデル作成者は与えられた制約条件のなかで可能な限り階級的観点を組み込んだとの自己認識をもっているようであるが，計量モデルの形式に執着がありその形式に適合するように現実を解釈するので，いきおいそれに規定された分析結果しか出てこない。モデルそのものの内実と分析のプロセスは，このため平板である。たとえば，独占資本と労働者の階級対立といっても，モデルに組み込まれているのは労働者の側による貨幣賃金率の引き上げと価格転嫁という形の独占資本による反作用，さらにそれに対抗する独占への介入に限定され（もちろんそれは階級対立の一局面であることは否定できないが），それらさえモデル内部では関連諸変数間の数量的依存関係に矮小化される。モデルを基礎づける経済政策論の側か

らの解釈と補足説明でモデルが階級関係をおりこんでいると主張することの意味はわかるが，計量モデルの現実反映という面での限界はあまりにも大きい。

とりあげられている階級的対抗関係の図式がなぜ経済の本質的連関であり，現実経済のその他の諸矛盾，すなわち独占資本と中小資本との関連，賃金問題にとどまらない資本と労働者の多様な関係，労働者階級の内部構成の変化にもとづく労働者間の諸矛盾は捨象されるのか。現代資本主義を国家独占資本主義たらしめている国家と独占資本主義との関係は，蓄積様式とのからみでどのように表現されているのか。計量モデルはその体系そのものの基本性格からこれらの問いに実質的回答を与えることができず，経済量として変数に置き換えられないもの，関数関係で結合しえない要因，過去のデータがそろわない要因などはモデルからはずされざるをえない。計量モデルで現実の経済循環や社会的再生産をトータルに表現することは困難である。

モデルはこのように独占資本を中心とする経済循環の反映に大きな弱点をもつが，それはモデルの中に組み込まれた個々の変数や方程式の経済理論的基礎づけの弱点と結びつく。たとえば金融市場は，金融資本との運動との関わりが全く不明な形で次式のような単なる金融市場の貸出資金供給（L^s）と需要（L^d）との対応，需給均衡 $L^s = L^d$ でとらえられる[22]。

生産量，雇用量，そして価格についてはそれぞれの水準が決まる市場を想定し，まがりなりにも独占資本（企業）の能動的行動にもポイントをおくような着眼がなされるが，金融市場のブロックには類似の配慮はなされていない。整合性に欠けると言わざるをえない。

失業要因についても同様であり，失業率と失業者数についての定義式が与えられるだけである[23]。

$$UR = (LF - N)/LF \times 100$$
$$U = LF - N$$

UR は失業率，LF は労働力人口，N は就業者数である。

ここでは資本の稼働率が失業率を規定するルートはもとより，政府の景気浮揚政策が労働市場に作用し，失業の動向に影響を及ぼすルートは反映されない。

他方,当初民主的計画モデル作成者と同じ問題意識にたちながら現在政策科学志向に懐疑的であり,しかしなお,社会統計学の分野で計量モデルの科学性と有効性が肯定的に評価されなければならないとみる点でモデル作成者と同一の立場に立つ独特の統計的認識論が登場している。この理論は,「『現実』世界の様々な個別的諸現象間に一元的なまたは定まった因果関係を想定しない」アトミスティックな科学観の下に,「モデル選択は相対的なものである。……現実のデータをどのような方程式にも表現でき……どのような因果関係で説明することもできる」という結論を用意する。こうしたモデル認識における相対主義の立場は経済理論の根幹を資本の蓄積様式にともなう諸矛盾の展開とその累積の法則的把握にみるわたしの見地とはもとより,モデルの客観性の保証をモデルが本質的連関を反映しているかどうかという点にもとめる既述の民主的計画モデルの作成者の見地とも一見あいいれない視点であるかのようにみえる。しかし,民主的計画化作成者のコンセプトは(モデル作成者が経済の本質的要素と考えた独占資本の実態,すなわち社会的再生産のメカニズムを独占資本の論理で編成していくメカニズムさえ十分に展開しえていないにもかかわらず,モデル作成の当事者としては分析目的にてらして経済的本質を組み込んだモデルを作成しえたと考えているわけであるから),上記の統計的認識論に近い。なぜなら後者の見解は日本経済を分析対象とした場合でもそれらに適合的なモデルは分析目的に応じて別々に考えられると説いて,説明変数選択の任意性を強調しており,この議論からみれば民主的計画化の計量モデルは現代資本主義の構造をとらえるモデルとして問題をもっていても,十分評価されてしかるべきものということになるからである。

　民主的計画化作成者が計量モデルが現実の本質とか本質的連関をとりこんでいなければよいモデルとはいえないと言うにしても,それは法則とか蓄積様式とかにかわる経済的連関のような絶対的な連関について語っているのではなく,定量的な変数の選択の問題に関する議論をするにすぎない。計量モデルは,もともとこうした構成しかとりえないのである。そうであるとすれば,行き着く先は何を変数に取り上げるかという問題に,何を本質的なものとみるかはモデルの中にそれぞれの変数をどのような比重でおくかという問

題に，そしてそれらは量的規定性の連関のなかで相対的に行なわれるという問題に帰着し，モデル認識が元来もつ認識の相対性は強まる。

いずれにしても，ここでは計量モデルを科学的分析方法として重視し，そのための認識論を構築しようとすれば，そこからひとつの流れとして分析対象としての現実世界をアトミスティックなバラバラな諸現象と理解する考え方がでてくること，その好例として上記の統計認識論があることを確認できれば十分である。[26]

II　民主的改革とモデルとの「整合性」

1　民主的改革の3段階と計量モデル分析

　計量モデルは，一連の経済の民主的政策とどのような関係を有しているのだろうか。前者の評価は後者のそれと関連づけて行なわなければならない。計量モデルだけをとりあげてその科学性を批判しても，民主的計画モデル作成者に対する説得的議論にならないのはもちろん，計画モデル一般の批判的検討としても不十分であり，批判の客観性は保証されない。そこで，以下では一連の民主的政策と計量モデルとがどのように有機的に相互に関係しているかを検討してみたい。この点の検討は，民主的政策全体の評価にとって重要である。なぜなら，モデル作成者は単に80年代前半における混迷した日本経済の危機脱出の道を国民本位の立場から提起しただけでなく，提示した諸政策の効果を数量的に分析し，民主的改革の意義と可能性とを実証的に明らかにしたと言明しているからである。政策の提唱はともすると主観的な願望の羅列におちいりやすい。提唱者がその弊におちいらないように自らの政策の科学性にこだわるのは当然である。民主的計画モデル作成者は，それを計量モデルの分析の援用によって実現しようとした。その意図は個々の政策が経済システムに及ぼす影響を数値で意識的に示し，それを羅針盤にみたてて経済のコントロールをはかり，最終的に民主的改革が客観的，現実的可能性のある道であることを国民に示そうとした点にある。はたして民主的モデル作成者による政策科学提唱の意図は，成功したのであろうか。このことの当

否が，今，理論的，方法論的に点検されなければならない。それでは，民主的政策は国民本位の日本経済の根本的たてなおしをめざしてどのようなシナリオを描いたのだろうか。計量モデルはそこでいかなる役割を果たしたのであろうか。政策の基本的骨格は，次のとおりである。

　民主的改革はその発展段階が3区分され，それぞれ別個に提言と数量分析が与えられている。[27] 3区分とは，第1に民主的政府の成立をめざす時期，第2は民主的政府が成立している時期，第3は民主的改革の時期である。第1の民主的政府の成立をめざす時期の主要課題は貨幣賃金の大幅引き上げのための労働組合の賃金闘争，全国一律最低賃金の改善に向けてのたたかい，それに対する独占資本の反作用を克服する価格規制，稼働率規制，雇用規制という一連の政策によって特徴づけられる。民主的政府の成立をめざす時期には実質賃金の引き上げが国民生活の向上にとって，最重点課題となる。その実現は独占資本の側のサボタージュなどで困難をともなう。民主的勢力の主体的力量によってそれが実現したとしても，独占資本はそのことによるコスト増の価格転嫁などの行動にでるうえ，その他の諸要因もからみあってインフレ発現の可能性がひきおこされる。そこで，民主勢力はインフレ緩和のために総需要の管理と供給条件の改善，独占価格の規制を中心とする反独占資本の闘争に立ち上がらざるをえず，労働者を核とする国民の側と独占資本の側との真正面からの階級対立が表面化する。この過程で民主勢力の間では中小，自営業者の支持もえて民主的政府樹立の必要性が認識され，運動の前進がはかられる。ここで民主的モデル作成者は，計量モデルを用いてこの改革の時期における名目的賃金引き上げが経済の個々の局面にどのような波及効果をもたらすかを分析している。それによると，貨幣賃金の引き上げは物価上昇はもとより雇用の決定式をつうじて雇用の低下に，生産の決定式をつうじて生産削減に，また資本蓄積率の決定式をつうじて民間企業設備投資の縮小に，さらに輸出入決定式をつうじて総需要の低下に帰結する。この波及効果分析は反独占闘争すなわち独占資本に対する価格規制（マーク・アップ率決定式の定数項の縮小），稼働率規制（稼働率決定式の定数項の増加），雇用規制（雇用決定式の定数項の増加）が不可避的であることを示しており，それらが実現されれば比較的望ましい経済結果が国民諸階層にもたらされると

の数値がはじきだされている。

　次に民主政府が成立している時期の政策力点は，生活関連部門主導の総需要創出政策である。その内容は財政の民主的再建，すなわち国民本位の財政支出と減税（社会保障支出増，教育条件改善経費・生活基盤型公共投資などの増，雇用者所得減税）および独占資本本位の財政支出削減と増税（軍事支出・産業基盤投資削減，大企業優遇税制の改革）による財源の確保である。これに中小企業向け融資の増加，住宅投資活性化のための金利引き下げの金融政策，教育公務員・雇用労働者の増加，実質労働時間の短縮による雇用増を含む雇用・労働条件改善策，年2％の賃金上昇を見込む賃金引き上げと格差是正の対策，独占資本の独占価格引き上げの抑制を基本にすえた物価安定政策（これをマーク・アップ率の下方修正に反映させる），輸出入規制が加えられてワン・セットをなす。問題は再びこれらの諸政策の効果であるが，モデル作成者は具体的数値に基づくその分析を計量モデルの試算結果を用いて行なっている。それによると民主的諸政策の効果はきわめて良好であり，試算によって示されるのは実質賃金率の上昇，実質可処分所得，民間消費支出，民間住宅投資支出，総需要，総生産，雇用者数の増大，物価の安定傾向などである。ただし，同じレベルの計算が繰り返されていくと3年目あたりから総需要の伸びに総生産が遅れをとる傾向がみえはじめ，需要投資の逼迫から雇用の伸びの鈍化，物価上昇傾向がでてくると予測されている。

　最後の民主的改革の時期には，それまで独占資本の手にゆだねられていた生産，雇用，価格，投資などの諸決定権が法制化された「経営委員会」に移され，経済の管理と運営の公正化がはかられ民主政府下での諸政策がより強力に実行される。具体的政策は，雇用者の増大，投資の増額であり，低い利潤率を前提としながら高い生産と投資とが可能という見通しがたてられている。計量モデルによるその数量分析は，民主的政府下での民主的改革以上の成果，すなわち実質賃金率の上昇，物価の安定，雇用の増加が実現しうるという結果をはじきだしている。

　民主的改革の諸政策と効果に対する以上の概括を行論との関わりで整理すると，次の諸点に要約できる。第1は政策目標が賃金の上昇，物価の安定，雇用の増大におかれていることである。第2は経済システムのワーキングが

民主的改革の発展段階の運動力量に応じた政策提示，独占によるそれへの反作用，その克服策の提示という図式で考えられていることである。第3は，結局，民主的改革のなかで国民本位の視点から経済が順調に展開されるためには独占資本の行動を規定している価格関数，稼働率関数，雇用関数がいかにコントロールされるかという点が要になる。第4は民主的政府成立以降の政策の大枠は市場メカニズムをビルト・インした財政政策の民主的再編であるので，経済システム全体の改革や規制の内容は過去に独占資本が支配していたシステムを表現する諸方程式の定数項修正として処理されるという点である。

　以上で民主的計画化とそれに使われている計量モデルとの関係をみたので，以下では後者に焦点をあて経済理論の側からみたこの政策体系の問題点を指摘する。

2　インフレーション理解の問題点

　民主的改革は独占資本主義経済を前提とし，その枠内での改革である。したがって改革の内容は独占資本の資本蓄積と，国民本位の経済構造と投資の流れとの再編という観点から中小資本の蓄積にコントロールを加え，かつその上で富の再配分の不公正を可能な限り是正することである。このコントロールは資本に対する規制と誘導，そして一定の階級的力関係の成熟の下では生産の管理を意味する。民主的改革は同時に国家（政府）の財政の力と管理通貨制度下でのマネー・サプライのコントロールを予定し，一連の財政・金融政策を通じた経済民主主義を展望している。一見してわかるように，民主的改革の基本性格は有効需要創出，総需要管理の経済政策である。その限りで民主的計画モデルがこうした政策体系に適合的な，それにみあう経済計算体系とマクロ計量モデルの利用に価値をみいだしたのは理由のないことではない。例を価格分析にとってその難点を示す。この難点は看過できない。というのは物価の安定は民主的改革の重点課題のひとつであり，これが実現されないと，モデル作成者も充分認識しているとおり，実質賃金率の上昇が危ういものになるうえ，再生産のバランスも保証されえないからである。

　モデル作成者のこの点に関する最大の弱点は，まずインフレが貨幣現象で

第5章　民主的計画化のマクロ計量モデル　147

あるとの認識に乏しいこと，次にインフレを生み出す国家の財政，金融政策が過剰資本を温存，蓄積し，資本主義の矛盾を深めていくとの認識に向かっていないことである。

　現代資本主義の価格メカニズムは，複雑である。国債の大量発行がひきがねとなって生ずる不換銀行券の流通必要金量をこえる増発は紙幣減価による名目的物価騰貴，すなわち貨幣現象としてインフレをもたらすし，独占資本の市場支配力は独占超過利潤の実現形態としての独占価格を現象させる。需要と供給との対応関係が価格の水準を決定する一要因であることはいうまでもないが，財政と金融とのポリシーミックスに依存せざるをえない現代資本主義は需給関係一般に還元しえない価格決定機構，すなわちインフレと独占価格をひとつの必然として独自の資本蓄積を押し進める。

　現代資本主義の経済の特徴のひとつは，一般に，基礎的不均衡としての再生産上の諸矛盾がインフレと失業とのジレンマをひきおこす点にある。管理通貨制度下の独占資本主義では，景気後退期に失業者が増大しても，従来の資本主義のような規模の恐慌が回避されるので価値破壊はなされず過剰資本は温存され，社会的再生産の不均衡と成長の鈍化が常態化する。政府（国家）はその解決策として公共投資による有効需要の創出を行ない，人為的に経済の活性化をはかる。これは通常，政府特別会計の中の財政投融資の一環としてなされ，同時に一般会計の慢性的赤字を生み出す。それがこうじ，定着すると国債の発行によってもたらされる政府債務は増大する。国債の大量発行と大量累積としてあらわれる深刻な財政危機はその結果である。同時に行なわれる民間信用供与の増大は資本の側の蓄積意欲をそそり，金利（公定歩合）の引き下げがなされれば，この面からも再生産の拡大がうながされる。しかし，過去の日本の「高度成長」下の経済発展がそうであったように，こうした方策は一時的に経済を刺激し，社会的再生産への失業者の吸引に寄与するものの，公的支出の増大は国債乱発のひきがねとなり，インフレの一般的条件，すなわち大量の紙幣流通の増大，過剰流動性に帰結し，紙幣減価の結果としての名目的価格上昇を引き起こす。このようにして生じたインフレの抑制は，上記とは逆方向の財政，金融政策，すなわち有効需要を冷やすための財政投融資の縮小と金利（公定歩合），預金準備率の引き上げなどの一

連の金融引締め政策によって可能である。この措置が効果的であればインフレは抑えられるが，企業の設備投資意欲は減退し，景気は後退するから，再び失業の増大という社会問題が浮上してくる。このプロセスでとくに重要なのは，政府（国家）と独占資本とが一体になっての経済管理政策が，過剰資本の温存と累積をまねき，表面的な経済現象の管理にはともかく，その背後に進行する矛盾の累積，社会的再生産の不均衡の深化に解決のメスをいれられないことである。

　民主的モデル作成者は，現代資本主義がかかえているインフレ問題と失業問題の相剋というアポリアに対する財政，金融面からの解決策にトレード・オフの関係があることを当然のこととして了解している[28]。しかし，難点は民主的計画化も独占資本の蓄積様式を前提としている限り財政と金融両面からのコントロールで一時的に問題を（たとえそれが民主的なそれであっても）解決しても過剰資本の温存にともなう社会的再生産上の諸矛盾が累積し，問題は解決されるのではなく，繰り延べられるにすぎないことを正確にとらえていないことである。民主的政府による生活関連重視の雇用拡大政策が独占価格に対する不十分な規制のままで行なわれると雇用増とともに物価上昇がもたらされるという独占価格一本槍の理解でトレード・オフは説明され，先にわたしが述べた経済政策と資本の論理との対応関係から矛盾をとらえる視点はない。民主的政府といえども現代資本主義の枠内で雇用拡大の政策をはかるならば，不換紙幣に対するコントロールがないと貨幣現象としてのインフレ要因は常に可能性として経済循環のなかに潜んでいるし，たとえ順調にこの側面に統制がしかれても過剰資本が淘汰されず温存されれば，このルートから生じる過剰流動性がインフレ圧力となることは避けられない。独占資本との闘いだけではたして雇用問題とインフレ問題とのトレード・オフが緩和されるのかどうか疑問なしとしない。過剰資本が生産資本という形で温存されれば生産の革新は進まず成長は鈍化し，「高度成長」型の財政の基本構造にのってそれを克服しようとすれば財政危機は深刻化する。経済停滞下の貨幣的物価騰貴，すなわちスタグフレーションである。過剰資本が貨幣資本という形で温存されれば，累積された貨幣資本は資本の本性にしたがい，対外資本投資にむかうか，証券，土地などへの投機にむかうのは必然である。

資本はここでは独占資本としての行動様式をこえ,金融資本のそれとして本領を発揮する。そして現実には「高度成長」の結果としての過疎・過密,いびつな産業構造など再生産のアンバランスは資本の論理にしたがって是正されることなく助長される。とくに,理解し難いのはモデル作成者においてはインフレーションがすぐれて貨幣現象であることの認識が十分でなく,種々の要因にもとづく物価上昇をおしなべてインフレーションというタームでくくっていることである。独占価格も含めて価格上昇がコスト・プッシュの要因に重きをおく一面的理解にたっていることも気になる。[29]

価格現象に関する以上の両面での弱点が最も端的にあらわれるのは,民主的政府の成立をめざす時期の賃上げ闘争の影響についてふれたくだりである。
 (1) 民主勢力による賃上げ要求→独占の製品コストの上昇→独占によるコスト増の価格転嫁
 (2) 民主的政策による生活関連・中小企業分野への需要の重点配分→当該部門でのコスト増→消費財,サービス価格の上昇
 (3) (1)と(2)とによる一般的物価上昇→労働者の実質賃金率の目減り→再度の賃上げ

物価上昇はスパイラル・インフレとなり,それは(1)と(2)と(3)とが重なりあって生じるというのである。これは価格上昇をすべてをインフレと理解する見地であり,それもコスト・プッシュの側面のみが一面的に強調されるコスト・プッシュ・インフレ論に他ならない。問題なのは価格上昇の契機,すなわち管理通貨制度のもとで不換銀行券が,債権,債務の連鎖のなかで信用貨幣として中央銀行から出ていきながら,結果的にそれが形骸化されインフレにつながっていく論理をモデルが過小評価していることである。モデルに組み込まれた価格関連の方程式は,マーク・アップ率を一部に含む複数のデフレータである。このマーク・アップ率は稼働率と生産能力に対する需要の度合の関数としてとらえられ,その推計式は次のとおりである。[30]

$$MR = f(OPR,\ D/K_{-1})$$

ここで MR はマーク・アップ率,OPR は稼働率,D は総需要(実質),K は民間企業資本ストック(実質)である。

モデルに組み込まれているこの価格決定式は,独占資本が単位労働費用に

独占資本の市場支配力や市況に規定されるマーク・アップ率をかけて価格を設定するという関係の説明式であり，そこには独占資本の価格設定に対する姿勢は反映されても，貨幣的現象としてのインフレ要因はドロップ・アウトしている。価格変動とかかわって，モデルにはワン・セットのデフレータが組み込まれている。それらは民間最終消費支出デフレータ，民間住宅投資デフレータ，政府最終消費支出デフレータ，公的固定資本形成デフレータ，財・サービス輸出デフレータである。前三者は基本的にマーク・アップ原理によっているが，ここで問題としたいのは財政，金融的側面からインフレを誘発する現代資本主義に固有のルートが存在しない点である。[31] したがって，モデル作成者の物価対策の中心に，名目的賃金率上昇の価格への転嫁を許さない独占禁止法の強化，大企業の原価公開などを含めた反独占資本との総合的，多面的闘いがすえられるのは当然としても，通貨の過剰な発行に対するチェックはほとんど無視されているか，付け足し程度にふれられるにすぎない。

以上，価格問題にかぎって集中的に述べたが，それはこの点についてのモデル作成者の理解が楽観的にすぎると感じられるからである。

3 資本主義的不均衡理解の問題点

モデル作成者は，現代資本主義について，もうひとつの別な認識，すなわちそれが不均衡を前提とした経済社会であるという認識をもっている。別言すれば，不均衡を常態とするのが今日の資本主義（独占資本主義）であるという認識である。と同時に，この不均衡は数理モデルや等式で表現可能という考え，「不均衡」モデルの可能性に言及し，実際にその構築を試みる。最後に，この認識について言及しないわけにいかない。

不均衡を常態とするのが今日の資本主義の特徴であることに，わたしは同意する。しかし，この不均衡という概念で具体的に表象するものは，民主的計画モデル作成者とわたしとでは異なる。民主的計画モデル作成者は均衡を需給一致と同義に扱い，不均衡を需給不一致の状態あるいは経済循環のバランスがくずれていることと理解する。そのうえで需給一致の条件式をとりいれることなく経済循環のアンバランスを説明できるモデルがよいモデルとさ

れる。これらの不均衡は、現実の資本主義経済の一局面の反映であるが具体的現実の経済過程に固有の諸矛盾と結びつけられていない。なぜなら、モデル作成者によればモデルは経済諸量のおきかえである諸変数間の連関として示され、かつそれらは整合的で無矛盾な体系でなければならないからである。わたしはこの理解と異なり、現代資本主義の特徴である社会的再生産の基礎的不均衡は現実経済の諸矛盾と結びつけて、それらの展開として解明されなければならないと考える。それを計量モデルで表現することはできず、需給一致の条件の下でさえ資本主義的蓄積の進行は社会的再生産に諸矛盾を累積させることがあるのである。

さて、それではモデル作成者は現代の資本制生産における不均衡を具体的にどのように認識しているのであろうか。また、その数理モデルは、どのような構成になっているのであろうか。

数理モデル＝均衡論という図式を承認しないモデル作成者は、数理モデルの構築が均衡条件を一切使わない不均衡モデルとしても可能であることを主張する。他方で、モデル作成者は、民主的モデルには不均衡が商品市場の需給ギャップという形で明示的に取り込まれ、この意味から民主的モデルが不均衡モデルであること、これもまた数理モデルによって構築可能であることを強調する。

民主的計画モデル作成者は需給ギャップという要因をモデル内部に取り込んで、不均衡の要因のモデル化に努力している。この点に関するモデル作成者の言は次のとおりである「(モデルは) 不均衡を明示的にとりいれている。国民経済の枠組みの中で決まってくる総需要と総供給とは一致する保障はない。われわれは両者の間の不均衡 (意図せざる在庫) を中心に現実の生産や雇用や物価が修正されていくプロセスを考慮した」[32]と。この文言の後段の部分でいわんとしていることは、別の個所に詳しい説明がある。「在庫投資は、積み上がり在庫ストック (S) を形成する。今期の総需要の伸び (D/D_{-1}) と今期期首の在庫ストックに対する総需要の比率 (D/S_{-1}) は、稼働率に影響を与える。稼働率は生産・雇用に影響を与えるから……今期需給の不一致が生ずれば在庫ストック増減となり、次期以降の生産・雇用を調整していく。／今期の市場の状況と前期および前々期の生産能力に対する総需要の比

率（D/K_{-1}）はマーク・アップ率の変動要因である。したがって，今期のマーク・アップ率は……今期の市況の度合および過去の生産能力に対する需要の比率によって修正をうけ……市場価格は需給の過不足を残した状態で決まる」。要するに，不均衡は商品市場における不均衡として，次にこの不均衡から派生する稼働率の変化とその結果としての需給の過不足にもとづく変動として把握される。モデル作成者の主張は，以上のようにモデルが需給ギャップを在庫変動（J）として明示的にとりいれている限りで，このモデルを不均衡モデルと呼ぶ。

また，モデル作成者は均衡条件式を導入することなく資本家階級と労働者階級との対立矛盾を表現できるとし，そうしたモデルも不均衡モデルと呼ぶ[34]。モデル作成者が提示する均衡条件式を一切含まない不均衡モデルの一例は，具体的には次のようなものである[35]。

(1) $S = a_1 + a_2(D/S)_{-1} + a_3 \cdot \pi$
(2) $N = b_1 + b_2(w/p) + b_3 S$
(3) $\hat{P} = c_1 + c_2 \hat{w} + c_3 \hat{\pi}$
(4) $I = d_1 + d_2(D/S)_{-1} + d_3 \pi + d_4 \gamma$
(5) $\hat{w} = e_1 + e_2 \hat{p} + e_3 \left(\dfrac{N}{L}\right)$
(6) $C = f_1 + f_2 w \cdot N$
(7) $D = C + I + G + E - M$

C：消費需要　　S：生産物の供給量
E：輸出　　　　γ：借入金利
G：政府支出　　w：貨幣賃金率
I：設備投資　　$\hat{w}$：貨幣賃金率の上昇
L：労働力人口　π：要求利潤率
N：雇用量　　　$(D/S)_{-1}$：前期の需給状態
p：価格
$\hat{p}$：物価上昇率　w/p：実質賃金率

この理論モデルは，民主的計画モデルの基礎になっているが，そこに反映されている経済の不均衡の道程には，次のような説明が与えられている。このモデルは独占資本の行動様式を中心に生産物の供給量（S），雇用量（N），価格（P），貨幣賃金率（w），投資（I），消費需要（C）などの水準を，それぞれが依存する経済量との関連で方程式化し，体系づけたものである。需給一致式などの均衡条件はそこに含まれていない。それだけでなく，このモデルにそくして次のような不均衡化した経済現象を説明することも可能であることから，不均衡の数理モデルとして特徴づけることができる。すなわち，実質賃金所得の増大が実現したと仮定して，(5)式の実質賃金率の上昇を見込むと，それは全体として需要の拡大をひきおこし，生産と雇用の増

加をもたらすが，それは一定のタイム・ラグをおいて独占資本による価格のつりあげをまねく。この独占資本による価格設定がうまくいけば実質賃金率は低下せざるをえない。しかし，何らかの事情によって貨幣賃金率の上昇を価格に転嫁しえない場合には，利潤率の低下，生産と雇用の縮小，失業の増大につながり，それは結局，貨幣賃金率の上昇を抑制する。

　以上は，大幅な賃金引き上げが実現したとしても，それによる独占資本の行動によって経済状態が悪化し，階級間の矛盾，不均衡が累積していくという図式である。それゆえここから引き出される結論は，独占資本の行動とそれを規制する民主的コントロールの効力の如何がポイントになるということである。ここには階級関係の捉え方自体に均衡論的視点がしのびこんでいる。階級関係が一方の側からの作用に対する反作用，それに対する別の作用というように，機械論的に理解されている点は別にしても，上記モデルは階級対立を資本家と労働者との賃上げをめぐる対立に限定しており，そこから出て来る結論は労働者の側からの賃上げを独占資本の側の価格転嫁に吸収し得た場合には実質賃金率の低下を招くから独占資本に適切な価格水準の設定を行なうよう指導すべきであり，逆に独占資本の側が価格転嫁に吸収し得ない場合には経済の混乱を招き，結果的に貨幣賃金率の上昇を抑制するから，独占資本の資本蓄積も一定水準に維持されるようコントロールすべきであるというところに落ち着く。皮肉な言い方をすれば，これで資本の側の適切な蓄積率と労働者側の節度ある賃上げが再生産のバランスを保証することになり，これは階級調和の均衡論である。

　わたしの理解する現代資本主義の不均衡は，これと異なる。経済学は不均衡という概念を資本制生産の矛盾の展開過程の中にとらえる。このことの意味することは，不均衡が単なる需給ギャップとしておさえられるのではなく，資本主義的制度や資本の歴史的限界と結び付けて把握されなければならないということである。例えば，周期的過剰生産恐慌は不均衡という状態が最もはっきりと表面化する景気循環の局面であるが，それが不均衡という概念で集約されるのは，恐慌が社会的総資本の観点からみて資本制社会の存続を危殆に頻せしめるからであり，また個別資本の観点からみて多くのそれが過剰資本としてこの局面で社会的に淘汰されるからである。そういう事態がある

からこそ，恐慌は社会的不均衡の局面として問題となる。

　問題を別のところに限定しても，たとえば資本制生産のもとでは需給一致の条件下でさえ生産手段生産部門に対し不均等（衡）な発展をするが，この場合に不均衡が問題となるのは再生産のこのアンバランスが全般的過剰生産の可能性を与えるからである。さらに，経済のある分野で商品の価格変動が生じたり，その分野の資本が意図せざる在庫をかかえこみ，そうした状況が不均衡として問題になるのはそれらの現象の背後で過剰生産の存在が，換言すれば資本にとって過剰となる事態が予想される場合である。この部分不均衡はその分野の資本が資本として存続することが危うい状況におかれるので，あるいはまたこの状況が社会全体に波及して全般的過剰生産につながることが懸念されるので，経済理論的に問題になるのである。重要なのは，不均衡という概念を資本制社会の歴史的発展段階に対応した再生産条件と，そこにおける諸資本の不安定性とに結びつけて理解することである。

　以上の理解にたてば，民主的モデルの中への不均衡条件のとりこみ方には当然不満がでてくる。すなわち，そこでは不均衡が社会的再生産の諸矛盾の帰結としてではなく商品市場の需給ギャップあるいは労働者の貨幣賃金率の上昇から出発する独占資本の生産調整，雇用調整の問題に集約されているからである。モデルは独占資本が蓄積の与件においている需給ギャップを稼働率によって調整することができるとみなす。決定的に問題なのは，モデル内部に資本の過剰が資本にとって死重となり，資本の再生産にとって桎梏となるとの認識を明示的に取り込んでいないことである。

おわりに

　本章でわたしは，80年代前半に提起された民主的計画化の構成要素であるマクロ計量モデルの基本性格を検討した。結論は，以下のとおりである。
(1)　この計量モデルはモデルビルディングの手続き，現実認識の方法の基本的枠組みで従来の計量経済学で展開されたもの，あるいは政府が中期経済計画以来採用してきた計量モデルと変わるところがない。

(2) それはとくに，モデルを諸変数間の無矛盾なシステムととらえる点，諸変数間の，またモデルとデータとの形式的整合性を重視する点，また有効需要創出を基本とする総需要管理のモデルとなっている点に顕著である。
(3) 残念ながらなぜ民主的計画化が計量モデルや連関モデルを使わなければならないのかについては説明がない。これを説明するには，両モデルに固有の数理の客観性，現実性を説明しなければならないはずであるが，説明は専ら数理的方法一般の必要性が述べられるにとどまる。
(4) 計量モデル重視の姿勢は，モデル作成者によって豊富に展開されている経済民主主義の視点からの政策論の内容を希薄化させ，さらに現実経済をアトミスティックな対象とみなす認識論まで生み出すにいたっている。
(5) しかし，モデルが独占資本の行動原理を組み込んでいること，これとのかかわりで供給関数が内生化されていること，不均衡の要因を明示的にとりいれていること，マクロ計量モデルを社会階層別計量モデルと結びつけていること，など様々な配慮がなされているのは事実である。これらは民主的政府が樹立された下で政府投資の流れを生活関連重視のそれに変えるという政策提言とあいまって，モデル作成者たちの真摯な課題意識の反映である。
(6) モデルの背後に前提される経済理論についていえば，インフレ論とこれを支える金融（資本）論に弱さがある。現代インフレーションは独占価格をぬきに説明できない。しかし，前者を管理通貨制度下の不換銀行券の信用貨幣的性格の形骸化によって生じる貨幣現象としておさえる視点がないと，物価が上昇すれば全てインフレと規定する安易な価格論になる。
(7) 経済理論についてもう一点つけくわえると，管理通貨制度のもとでの資本の蓄積様式がもたらす諸矛盾の再生産論的展開がないため，民主的計画化の諸政策の効果は楽観視され，階級関係は作用→反作用→反「反作用」の図式で機械論的に解釈され，モデルに組み込まれた「不均衡」と資本主義の諸矛盾との論理的関連は曖昧である。

注
（1） 置塩信雄・野沢正徳編『日本経済の数量分析（現代資本主義叢書　第

156　第II編　経済計画と政策モデル

　　　24巻)』大月書店，1983年。
（2）　広田純・山田耕之介「計量経済学批判」『講座・近代経済学批判 III』東洋経済新報社，1957年。吉田忠「計量経済学批判」『統計学』30号，1976年。菊地進「計量経済学批判の方法と課題」『統計学』(経済統計学会) 49-50合併号，1986年，など参照。
（3）　山田貢「計画経済の整合性とは何か」『大東文化大学経済論集』40巻2号。近昭夫「統計基礎論──二つの問題をめぐって──」『統計学』49-50合併号，1986年，など。
（4）　技術的困難が理由とされている。置塩信雄・野沢正徳編，前掲書，第5章〔山田弥担当〕，178ページ。
（5）　佐和隆光『これからの経済学』岩波書店，1991年。
（6）　置塩信雄・野沢正徳編，前掲書，90ページ。
（7）　同書，85ページ。
（8）　同書，91ページ。
（9）　置塩信雄・野沢正徳編，前掲書，262ページ。
（10）　同書，262ページ。
（11）　同書，264ページ。
（12）　同書，はじめに，ii ページ。
（13）　同書，はじめに，ii ページ。
（14）　同書，81-82ページ。
（15）　同書，246ページ。
（16）　同書，226ページ。
（17）　同書，185ページ。
（18）　同書，185ページ。
（19）　山田弥「政策科学と計量モデル（1）」『立命館経済学』29巻3号，1980年，289ページ。
（20）　置塩信雄・野沢正徳編，前掲書，267-268ページ。
（21）　同書，268ページ。
（22）　同書，95ページ。
（23）　同書，298ページ。
（24）　大西広『「政策科学」と統計的認識論』昭和堂，1989年。
（25）　同書，162ページ。
（26）　大西の所説に対する批判として，是永純弘「書評──大西広『「政策科学」と統計的認識論』『統計学』57号，1989年，がある。
（27）　置塩信雄他『日本経済の民主的改革と社会主義（「講座・今日の日本資本主義」第10巻)』新日本出版社，1982年，第3章。置塩信雄・野沢正徳

第5章　民主的計画化のマクロ計量モデル　157

　　　編，前掲書，第2章。
(28)　置塩信雄・野沢正徳編，前掲書，261ページ。
(29)　同書，221-222ページ。
(30)　同書，88ページ。
(31)　同書，88-89ページ。
(32)　同書，82ページ。
(33)　同書，93ページ。
(34)　同書，264ページ，野沢正徳「数量モデル分析と統計学・蜷川理論（1）」『経済論叢』138巻1,2号，1986年，19ページ，なども参照。
(35)　同書，264ページ。

第6章 数理科学的経済分析と計画法の方法論的特質

はじめに

　旧ソ連では，1960年代以降，経済学，計画論の分野でそれ以前にはみられなかった活発な議論が展開された[1]。経済学，計画論に数理科学的方法をどのように適用するべきかという論点も，このような議論の対象のひとつである。

　経済学と計画論における数理科学的方法の意義と限界というテーマのもとにこれまで検討されてきたこの問題の状況は，いわゆるソヴェト数理経済学派〔以下「数理派」と略〕とよばれる論者が積極的に理論の数学的展開を行なうようになるにつれて，しだいにその適用の仕方の是非を具体的次元で吟味できるようになった。

　ここでは，部門連関バランス論，最適計画論など「数理派」の代表的理論をとりあげ，その方法論的特質を問う。その課題を解決していくという過程で，数理科学的方法を経済学ないし計画論の主要な方法として適用しうるか否かが，これまで以上に明確になるはずである。

　問題の性格を明瞭にする意味もあって，論旨は，数理科学的方法を用いた場合に理論そのものが精密になり，かつ科学的，客観的にさえなると考える「数理派」の立場にたいして，批判的見地をつらぬくものとなっている。しかし，このことはただちに数理科学的方法を経済学と計画論に絶対に適用してはならないと主張することをなんら意味しない。また，「数理派」の理論を支える問題意識まで否定することを意図してもいない。「数理派」の理論的営為をみとめたうえで，なおかつ言及せざるをえない数理科学的方法適用の方法論上の難点を限定的に論じるにすぎない。これらの点を，あらかじめおことわりしておきたい。

第6章　数理科学的経済分析と計画法の方法論的特質　　159

I　数理科学的方法重視の客観的基礎

1　数理科学的方法の地位と役割

　本章の課題は，冒頭にのべたように，数理科学的方法こそが社会主義経済学と計画論に「精密性」「科学性」「客観性」をもたらす，という「数理派」の見解の批判的検討である。数理科学的方法とは，数学の諸概念が個別諸科学（ここでは経済学，計画論）に適用される場合の方法のことである。したがって，ここには，数学の諸概念を社会－経済現象の分析と計画化に適用していくさいの，対象にたいする接近法がすべてふくまれる。

　旧ソ連の経済学と計画論分野でのこうした数理科学的方法の導入は，すでに1920年代，30年代に行なわれ(3)，1950年代以降，とくに部門連関バランス作成の契機となった1957年6月の全ソ統計学者会議以降，顕著になった(4)。その後，1960年の科学アカデミー主催「経済学における数学的方法についての学術会議(5)」，64年3月の「経済学および経済における数学的方法の利用をめぐる円卓会議(6)」（『ソヴェト生活』『経済学の諸問題』『経済新聞』各誌編集部主催）などの一連の会議を経て，数理経済学者のあいだでは，数理科学的方法の導入と定着は国民経済の最適計画化と経済効率の上昇に不可欠である，という共通認識が形成された。

　「数理派」の抬頭は，60年代にはいって社会主義経済学と計画論の方法論議が高揚するなかで生じた現象である。この過程で，数理経済学者の数理科学的方法の使い方は，たんに数学を理論的研究の補助手段（トゥール）とするだけではなく，それを社会主義経済の認識方法として，あるいは経済学と計画論の主要な科学的方法として重視するように変化した。

　この変化は，たとえば部門連関バランスや最適計画法を計画実践という実用主義的観点からのみ評価するのでなく，社会主義経済の基本法則を認識する数理経済モデルとして位置づけていく考え方にあらわれた。社会主義経済を目的論的，有機体的見地からとらえる最適経済機能システム論のシステム的接近法（システム分析，サイバネティックスの援用）も，この変化のひとつのあらわれであった。

「数理派」が部門連関バランス，最適計画法の線型モデルのような数理経済モデルをことさら重視するのは，そもそもモデルというものが経済の機能的連関の認識のみならず，経済諸法則の認識に役だつという考え方に根拠をもつ。経済諸現象および経済実践の成果のモデル化は，「種々の社会現象の本質をある一定の完全さで反映する」ための必然的な環であるというのが，この考え方の基礎にある。「数理派」は，この場合，数理経済モデルを経済学と計画論において許容しうる類型として，もっとも頻繁に用いられた。

　このようなモデルにたいする理解の他に，さらに注目すべき点は，「数理派」のあいだで支配的であったのは次のような見解である。すなわち，モデルが社会的生産の一般法則を反映するかぎり，社会主義経済のモデルは，近代経済学で構築，利用されているモデルと同一であってもかまわず，「事態の本質は，まさに同一の数理経済モデルの基礎上にえられた結論と結果の社会経済的解釈にある」とする理解が，「数理派」の共通認識になった。

　ここにみられるように，「数理派」は，対象のモデル化を媒介しなければ経済現象の本質が解明されないとみなし，また，モデルの構造そのものはモデルの基礎にある経済理論と無関係であるとして，両者をきりはなして考えた。

　他方，システム分析についていえば，それは，経済学のカテゴリーとモデルとによって把握された経済諸法則，機能的連関の作用メカニズムの解明を課題とした。このかぎりでシステム的接近法は，たしかに，対象を個々ばらばらに，機械論的，静態的に考察する立場を拒否し，対象をひとつの合目的的活動をおこなう有機体として，全体的に，動態的にとらえるという正当な観点を一応ある程度は提供していたといえよう。とはいえ，もしシステム的接近法のもつ方法上の意義がこの程度のものであるならば，「それはむしろ今日の科学で常態化している普遍的傾向」にすぎないかもしれない。さらに問題となるのは，ここでいわれているようなシステム的接近法の方法の意義の曖昧性をついて，システム的接近法をほかならぬ経済学と計画論の方法として採用するとしておきながら，じっさいには現代数学の成果（群論，トポロジーなど）を経済学と計画論の理論展開に利用していく「数理派」の姿勢であった。

このように，数理科学的方法は，経済学と計画論の分野で新しい装いと内容とをもって登場した。しかしながら，「数理派」は，多くの場合，抽象的な経済問題の数学的研究に埋没し，かれら自身の分析法を方法論的吟味にかける努力に乏しかった。このため，かつて統計学論争(11)(1948-49, 1950-54)で批判をうけた数理的偏向が，知らぬまに経済学と計画論の理論的発展の障害となってあらわれてくる危険性が，生まれた。

2 国民経済の構造変化と情報理論的接近法

ところで，数理科学的方法が理論の発展に有効であるという考え方，また，もし経済の機能的連関，生産技術的連関を経済変量の量的依存関係におきかえるならば，ここに数理科学的方法を適用しうるという考え方が生まれてくるには，それなりの根拠があった。つまり，これらの考え方は，社会主義の国民経済の大規模化，複雑化がひきおこす管理問題の緊急性のひとつの反映であった。国民経済の大規模化，複雑化とは，さしあたり，生産力の発展，重要基幹産業部門の創出にともなう社会主義的再生産構造の確立，部門間，地域間の相互依存関係の成立，生産連合体の形成による生産の集積，労働の社会化をふくむ生産の社会化および生産の専門化と協業化の進展をさす。国民経済の構造変化がこのように変化した結果，どのような経済課題，政策課題を検討する場合にも，それらの相互連関を考えなければならず，こうした諸点についてある一定の判断をくだすには，経済情報の収集，加工，伝達が不可欠とされた。

このような情報の収集，加工，伝達の過程は，国民経済の計画的運営のひとつの重要な過程である。この過程は，企業内における労働過程の意識的統制においては言うまでもなく，部門内，国民経済全域における管理過程の重要な要因である。そして，社会主義経済のもとでは，国民経済的規模での管理が，生産手段の社会的所有という客観的条件を基礎にはじめて可能となる。労働の社会化の顕著な進展は，管理の社会化を要請し，この管理の社会化は，さらに科学的管理組織，とくにコンピュータ，事務機器，通信網の導入による管理過程の自動化の創出を必要とする。このような客観的基盤が，管理の目的のための情報の整合性を保証する数理科学的方法，システム分析を積極

的に採用する契機となった。また，このような客観的基盤のゆえに，数理科学的方法を積極的に利用する管理工学が独立の個別科学として確立してくる可能性がでてきた。

　しかし，問題は，このような個別科学が生まれてくるという事態にあるのではない。問題はむしろ，経済学と計画論の学問的性格についての検討ぬきに，システム分析，サイバネティックスなどの数理科学的方法をそこに導入していく傾向にあった。

　この関連で，指摘しておきたいのは，管理問題にたいする「情報理論的接近法」とよばれるものがこの傾向をさらに助長したという点である。「情報理論的接近法」は，管理過程を情報処理的側面からのみ一面的にとらえる独特の構想であった。この構想は，現実の計画化と管理における最大の問題点を情報システムの未発達，情報指令の遅延と齟齬にあるとみることの必然的帰結として生まれた。なぜなら，国民経済的管理過程をこうした観点からとらえるかぎり，情報システムの否定的要因の一挙的解消をもたらす（「情報理論的接近法」を採用する論者は，そう考えるのだが）ような情報管理の自動化と機械化は，管理を改善していくための主要な環とならざるをえないからである。「経済改革」（1965年）に前後する一連の企業管理制度，価格体系の改善を，国民経済における情報管理過程の技術的基礎の改革，整備，経済情報体系の統一化の起点としてとらえる考え方，また国民経済における単一の全国的自動管理システムの創設，電子計算機の利用による情報の自動的収集・処理のシステムの広汎な普及などが，共産主義への以降の物質的基礎となるという考え方も，「情報理論的接近法」の特徴であった。

　管理問題にたいする「情報理論的接近法」は，管理の機能をもっぱら国民経済の機能的連関の把握にもとめ，しかも，この連関の把握を情報の収集，加工，伝達の機能にのみ還元する。ここから，管理問題の主眼は，情報の整合性を保証するような数理科学的方法の開発に帰着させられることになった。経済学と計画論が，もしこのような管理問題にたいする一面的アプローチを内容とする「情報理論的接近法」にもとづいて数理科学的方法を利用するならば，結果的にみて後者にたいする過大評価とその適用限界の逸脱傾向もさけられないであろう。「情報理論的接近法」の現実の経済管理にかんする一

第6章　数理科学的経済分析と計画法の方法論的特質　　163

面的把握と理論対象の矮小化も，数理科学的方法を過大評価する思想的土壌となっていることを念頭にいれておくべきであろう。

以下では，この論点を一応ふまえながら，数理経済モデル，システム的接近法に問題を限定して，それらの基本的性格を検討する。

II　部門連関バランス論の「精密性」

1　数学的論理形式の過大評価

この節は，ソヴェト数理経済分析と計画論における数理科学的方法適用の主要な一例として，「部門連関バランス＝社会的再生産の数理経済モデル」論の特徴を紹介し，その方法論上のいくつかの問題点を摘出する。

数理的経済理論の独自性は，この理論における数理科学的方法にたいする特殊な理解にあった。それは，数理科学的方法が経済学ないし計画論の理論体系を精密化し，カテゴリーの体系としての理論を計画化と管理の方策にまで具体化し，とくに経済資源の適正配分と効率的利用という問題を解決するのに有効であると考える立場である。

数理的経済理論は，数理科学的方法の意義をうらづけるために，対象の質的分析と量的分析との統一，および数理科学的方法による理論の精密化を提唱した。これら二点にわたる数理科学的方法の意義づけのもっとも単純素朴な見解は，量的分析を行なう数理科学的方法の導入こそが経済の質的分析をおぎない，理論の精密化を実現するという認識にあらわれた。しかし，この場合，質的分析と量的分析との統一の内実は，ある一定の質的分析の後に，数学的展開にもとづく量的分析が続いて行なわれるということにすぎなかった。しかも，この場合，質的分析は，具体的事実の科学的分析にもとづく社会主義的生産諸関係の解明，社会主義経済の合法則的把握を目的とするのではなく，多くは，マルクス，エンゲルスの古典にもとづく歴史貫通的な経済の一般法則の確認，レーニンの著作からの引用による自説の権威づけ，政府の政策と方針の解説，等々に終わっていた。

これとは別に，「応用数学」的な観さえ呈する数理科学的分析手法の開発，

発展，精密化それ自体が，対象の質的分析と量的分析との統一をもたらすという見解もあった。つまり，数理科学的方法によって経済諸カテゴリーのあいだの相互依存関係を経済変量の関数関係で表現することから出発し，一定の数字的な形式的展開の規則にのっとってこれから解をみちびきだし，もしこの解につじつまのあう経済的解釈を与えることができるならば，それによって対象についての新しい質的認識がえられることになるというのである。

しかし，この数理経済理論の展開をみるに，その最初の段階，つまり数理経済モデルを構成する段階では，経済諸カテゴリーの概念そのものの検討よりも，むしろそれらの量的依存関係が重視された。換言すれば，現実の質的側面を捨象して，その量的，数学的規定性による抽象が行なわれる（ここには，数学的抽象が経済学における抽象とは異なるという点についての方法論的反省が欠けている[19]）。さらに，次に行なわれる論理展開は，まったく数学的形式的な演繹によるものであった。経済的諸現象が概念的に把握されていく過程の論理が，ここに介入する余地はなかった。したがって，演繹による帰結として導出される解は，分析対象についての認識の深化をもたらすものではない。このように，理論全体を数学的形式性が支配し，対象の質的研究を事実上欠いている以上，数理的経済理論に質的分析と量的分析との統一的過程が存在するかのように主張することはできない。

旧ソ連における経済理論分野で数学的な形式論理を重視した代表例は，H．ブハーリンにまでさかのぼることができる。ブハーリンは，かつて『帝国主義と資本蓄積』（1925年）において[20]，マルクス再生産表式の代数的展開を試み，その結論として，いわゆる再生産の均衡法則を定式化した。ブハーリンの最大の理論的難点は，「資本主義的蓄積に内在する矛盾を実現の問題に還元し，（資本主義的矛盾を ——引用者）表式の不均衡の問題と同一視」[21]したことである[22]。しかも，この認識は，再生産表式の代数的展開が事柄の本質解明に適すると考え，代数的展開によって再生産の法則の証明が可能だとみなす見地である。ここにあるのは，経済法則の論証を数学にゆだねるという理論の形式化と社会経済認識の歪曲であった。

ブハーリン流の再生産表式理解は，戦後の旧ソ連の経済学にも形をかえてあらわれた。たとえば，B.C.ネムチーノフは，マルクスの拡大再生産表式

第6章　数理科学的経済分析と計画法の方法論的特質　　165

の数学的演繹からバランス係数を導出し，これを国民経済のつりあい（＝均衡）の尺度とした。ネムチーノフの表式理解は，ブハーリンのそれとまったく共通の難点をもっていた。ネムチーノフ理論の特徴は，表式をたんなる理解モデルとみなすだけでなく，このモデルからえられた国民経済のつりあいを判定する基準，すなわちバランス係数にイギリスの投入産出表からえられた実数を充填し，そのことによって過剰投資による経済の高揚と投資不足による停滞局面の度合を判定したことであった。それによると，1950年のイギリス経済のバランス度は，投資不足で停滞的という診断がでていた。しかし，この時期の現実のイギリス経済において，鉱工業生産指数，固定資本形成などの経済指標は，経済の上昇局面を反映して，上向きを示していた。この事実だけからみても，バランス係数は，現実の経済状態を正しくとらえているとはいいがたかった。

再生産表式からの数学的形式的演繹は，現実の複雑な経済過程を経済諸量の量的依存関係に還元することを意味する。数理科学的方法によって経済法則を論証したり，経済学的命題をひきだそうとする試みは，使用される手法がいかに現代数学の成果をふまえて精密になろうとも，理論を数学的形式主義的に特徴づけるだけでなく，ひいては経済過程，再生産過程を数量的依存関係においてのみ把握する立場，すなわち経済の均衡論的解釈に道をひらくことになった。

2　部門連関バランス論の問題点

同様の言及は，「部門連関バランス＝社会的再生産の数理経済モデル」論にもあてはまる。

部門連関バランスは，4つの象限にわかれ，第Ⅰ象限で社会的生産物（主に労働対象）の生産的消費を，第Ⅱ象限で国民所得の消費と蓄積への利用を，第Ⅲ象限で国民所得の価値構成を，第Ⅳ象限で国民所得の再分配を示す（表6-1）。さらに，部門連関バランスをモデル化し，直接支出係数（投入係数のこと），総支出係数（逆行列係数のこと）を算出することが可能であるとする（表6-2）。もし，将来の国民所得の量と構成を推定することができるならば，この総支出係数を利用して各部門の生産物量の予測計算を行なうこ

166　第II編　経済計画と政策モデル

表6-1　部門連関バランスの形成

		物的生産部門		消　　費		蓄　　積	固定フォンド更新	総計
		1　2　3　・・・ 製　　鉄 鉄用原料		個人的消費	社会的消費 住宅公共部門／教育保健部門／行政部門	流動フォンド／固定フォンド		
物的支出	1 2 3 ・ ・	I (社会的生産物の 生産的消費への 配分)		II (国民所得の消費と蓄積 への利用)				
	減価償却							
賃純銀所得と	賃　銀 利　潤 取引税 その他	III (国民所得の 価値構成)		IV (国民所得 の再分配)				
総　　　計								

とができるというわけである。

　部門連関バランスは，国民所得を物的生産概念でとらえるため，社会的生産を生産的部門と不生産的部門とに分類する基準などは，たしかに資本主義諸国で作成されている産業連関表とは異なっていた。しかし，部門連関バランスは，その表構成，部門分割の原則（部門連関バランスにおける部門分割の原則＝「純粋部門」の原理は，連関表のアクティビティ・ベースの原則と同様に，生産工程別に，つまり同一企業の生産物でも種類が異なれば別々の部門に配分されることを前提する）などの諸点で産業連関表示形式によっていた。[28] また，このバランス表を利用した連関分析の数学的展開は，産業連関分析とまったく同一であった。

　さて，部門連関バランス論は，一時，マルクスの再生産表式論の具体化であり，[29] そのバランス表は従来の国民経済バランス体系（国民経済バランス総括表，社会的生産物の生産，消費，蓄積のバランスなど7つの基本表と1つの付表からなる）[30] にかわるものとして高い評価をえた。部門連関バランスが

第6章 数理科学的経済分析と計画法の方法論的特質

表6-2 直接支出係数表・総支出係数表

(A) 部門連関バランス基本模型

	A_1	A_2	最終生産物	総計
A_1	20	30	30	80
A_2	40	60	50	150
新規造出価値	20	60		
総計	80	150		

(B) 直接支出係数表

	A_1	A_2
A_1	0.25	0.20
A_2	0.50	0.40

(計算方法) 　20÷80　　30÷150
　　　　　　40÷80　　60÷150

(C) 総支出係数表

	A_1	A_2
A_1	1.714	0.571
A_2	1.429	2.143

(計算方法)
　直接支出係数表より
$$\begin{cases} X_1 = 0.25X_1 + 0.20X_2 + F_1 \\ X_2 = 0.50X_1 + 0.40X_2 + F_2 \end{cases}$$
　X_1, X_2について解く
$$\begin{cases} X_1 = 1.714F_1 + 0.571F_2 \\ X_2 = 1.429F_1 + 2.143F_2 \end{cases}$$
(記号)
　X_1……A_1部門産出高
　X_2……A_2部門産出高
　F_1……A_1部門最終生産物
　F_2……A_2部門最終生産物

総支出係数表は，A_1部門の最終生産物が1単位増加したとき，この増加にもとづく直接間接の波及の結果，A_1部門が1.714単位，A_2部門が1.429単位，生産を増加させなければならないことを示す。

　マルクス再生産表式の具体化であると主張する論者は，その含意を表式の二部門分割の多部門分割への詳細化に，実際の統計数値を充塡することの可能性によって経済分析と計画化に直接応用しうることに，つまりバランス表の実践的性格にもとめた。

　事実，部門連関バランスは，諸部門間の生産的連関を抽象的にせよ反映するものであり，このため，それは，社会的総生産物の販路にかんする概略的知識を与えるという点で従来のバランスにはみられなかった長所をもっていた。とはいえ，部門連関バランスの生産連関表示形式は，社会主義的再生産を社会的生産物の生産，分配，再分配という側面に限ってとらえるにすぎず，既存の生産的固定フォンドの稼働状況，生産物滞貨などは，そこには表示されなかった。さらに，部門連関バランスは，技術進歩，労働生産性上昇による経済発展，再生産の不均衡と攪乱，社会主義経済の矛盾などを表示することができなかった。これらのうち，再生産上の齟齬の一要素である滞貨の状況，生産的固定フォンドの部門相互間の流出入の状況などは，バランス表に

なんらかの純粋に形式的改善を加えるだけで反映することも可能であろう。なぜなら，部門連関バランスは，社会的生産物のフロー表示を基礎としているのであるから，もし産業連関表示形式との同一性にこだわらないならば，フロー上のとどこおりの要素，また，フローの面でとらえうる生産物固定フォンドの部門間の移動は，技術的に反映不可能とはいえないからである。[31] これにたいして，部門相互の発展の不均衡，生産的固定フォンド更新のメカニズム，その稼働状況のアンバランスなどは，直接的生産過程ないし社会主義的再生産過程の全社会的連関の構造そのものに根拠をもつので，社会的総生産物の生産，分配，再分配のフロー表示だけからそれらをよみとることはむずかしい。

　部門連関バランスを，社会主義的再生産の本質的連関のすべてをとらえる唯一の具体的表式として絶対化し，経済分析の中枢的地位におくことは，右に述べたように，直接的生産過程ないし社会主義的再生産過程に生じる構造的な諸問題を結果的に無視することになる。同時に，それは，社会主義経済を，いかなる矛盾も再生産上の不一致も存しない均衡のとれたシステムとしてとらえる観点につながるということができよう。

　他方，上述のように部門連関バランスを再生産表式の具体化とみる見解とは異なって，このバランスをその抽象性において再生産表式と同列の数理経済モデルとみなし，モデルとしての数学的精密化，またモデルの数学的展開にのっとり，ある理論的結論ないし経済学的結論についての論証をえようという別の立場があった。この方向の議論は，部門連関バランス論に国民経済計画作成の中枢的地位をあたえ，総支出係数の導出，種々のヴァリアント計算を計画作成過程とみなし，さらにバランスの動態化，固定フォンドを含む拡大部門連関バランスの作成，部門の細分化と統合の問題を，数理統計学的手法，情報理論によって解決することで，計画法を精密化し，理論を発展させうると考えた。この立場からみると，部門連関バランスモデルは，実現問題において均衡状態を想定するマルクス再生産表式と同様に，たとえ理想的平均としての一定の均衡表示を前提するとしても，もし再生産の本質的連関，経済法則を認識しうるように構成されるならば，それはそれとして，十分に理論的意義をもつことになるはずであった。

第6章　数理科学的経済分析と計画法の方法論的特質　169

　そうなると，問題は，部門連関バランスが数理経済モデルとしてどのような社会主義経済の連関を反映しているかという問題に帰着する。簡単にいえば，部門連関バランスモデルは，社会主義的拡大再生産過程における部門相互の生産技術的連関を反映する。この生産技術的連関は，各部門生産物の配分構成においてとらえる産出（バランスの横欄にそって表示される）と，各部門が当該生産物の生産のために購入する費用構成においてとらえる投入（バランスの縦欄にそって表示される）との関係からなる。部門連関バランスモデルの構造パラメータ，すなわち直接支出係数と総支出係数とは，この投入産出構造を基礎に確定される生産技術的連関の指標である。

　部門連関バランス論の論理形式は，総支出係数を介して，所与の最終需要に対応する各部門産出量を決定することにあった。そのさい，部門連関バランス論の中心概念である直接支出係数と総支出係数とは，部門間の生産的連関をある一定の需給方式におきかえた数理経済モデルから数学的手続きをふんで導出される。したがって，数理形式主義におちいらないためには，数学的論理＝逆行列による解決の無時間性，形式性と，現実過程＝諸部門間の複雑な，中断をふくむ需給連鎖との相違について，十分に自覚的でなければならなかった。また，最終需要を所与として部門産出量を算定するという論理形式は，生産の目的が消費にあるという社会主義経済の前提を表現しているにすぎない。それゆえ，部門連関バランスモデルが社会主義的再生産の法則を反映し，構造パラメータが社会主義的再生産の論理的帰結としての均衡法則をあらわすかのようにみなすことは，このモデルにたいする過大評価であった。

　このような過大評価は，モデルがただ前提しているにすぎない再生産の均衡条件を社会主義的再生産の均衡法則にまで増幅して理解するという危険性をもっていた。もし「理論と現実が一対一に対応している(33)」のなら，現象の機能的連関を記述するモデルによって経済構造の基本法則を認識したり，あるいはモデルの操作の帰結を経済法則の帰結として把握することもできるかもしれない。しかし，「もし事物の現象形態と本質とが直接に一致するものならばおよそ科学は余計なものであろう(34)」というマルクスの有名な命題をまつまでもなく，理論と現実とが一対一に対応するという命題はなりたたない。(35)

これまでの考察からもあきらかなように、経済分析と計画論との数理科学的方法の導入は、理論の精密化をただちにもたらすものではなかった。逆に、それは、理論の形式化、したがって理論が現実を歪曲して反映する可能性を、つねにもっていた。それにもかかわらず、数理的経済論は、数学化＝精密化の主張の延長上に「数理科学的方法の導入＝科学性・客観性の保証」というコンセプトを強めていった。節をあらためて、この点を吟味する。

III　最適計画法の「科学性」「客観性」

1　カントロヴィッチの最適計画法

Л. B. カントロヴィッチは、論文「生産組織と生産計画の数学的方法」[36]（1939年）で、自らの開発した最適計画法を科学的生産組織の実現方法と規定した。また、『資源の最適利用の経済計算』[37]（1959年）では、この最適計画法を国民経済的規模の計画化に適用し、線型計画の条件つき極値問題の解決に有効な解決乗数を、客観的必然的評価とよんだ。そこで、線型経済モデルは真に科学性、客観性をもたらすのかという点を吟味することが、この節の課題である。

カントロヴィッチの最適計画論の問題点を論ずるにさいして、あらかじめ次の点を強調しておきたい。それは、カントロヴィッチの最適計画論において、もともとローカルな純粋に技術的な経済問題を解決する手段にすぎなかった数理科学的方法が、国民経済的規模での計画手法となる過程で、数理科学的方法の適用領域の限定性にたいする顧慮がしだいに消滅し、その反面、数理科学的方法にもとづく論理が経済の論理に優越し、この方法の汎用性についての過信が前面にでてきたという事情である。しかも、この過程は、最適計画論の理解としての確立、「数理派」の成立過程と軌を一にしており、数理的計画論がその独自性をそなえてくる過程でもあった。

最適計画法は、既存経済資源の適正配分、生産技術的方法の適正配置を目的とした。最適計画法は、一方で、ある一定のかぎられた生産資源を所与とし、他方で、産出される生産物の数量と品目構成（アソートメント）を計画

課題とし，そこに成立する実現可能な資源の配分計画からもっとも効率的な計画を選択するという問題を解決する方法であった。カントロヴィッチが当初，最適計画法を解決乗数と名づけたことからもあきらかなように，この方法は，数学上の線型極値問題の解決である解決乗数法の応用を特色とした。したがって，この方法の適用のためには，経済計画問題において，①相互依存的諸要因の体系が存在すること，②最適性の評価基準が厳密に規定されること，③既存資源の利用を制約する条件の精密な定式化が可能であること，という3条件が満足されなければならなかった。カントロヴィッチが最適計画法を国民経済的規模の計画化に適用するさいに，これらの3条件を考慮にいれているかどうかは，後述するようにひとつの大きな問題であった。

表6-3 カントロヴィッチ・モデル

生産方法＼製品	製品1	製品2	$k = \dfrac{\alpha_{i2}}{\alpha_{i1}}$
1	α_{11}	α_{12}	$k = \dfrac{\alpha_{12}}{\alpha_{11}}$
2	α_{21}	α_{22}	$k = \dfrac{\alpha_{22}}{\alpha_{21}}$
3	α_{31}	α_{32}	$k = \dfrac{\alpha_{32}}{\alpha_{31}}$
⋮	⋮	⋮	⋮
i	α_{i1}	α_{i2}	$k_i = \dfrac{\alpha_{i2}}{\alpha_{i1}}$
⋮	⋮	⋮	
n	α_{n1}	α_{n2}	$k_n = \dfrac{\alpha_{n2}}{\alpha_{n1}}$

さて，カントロヴィッチが提唱した問題は，わかりやすくいうと次のようになる。いま，n個の生産方法があり，それぞれ製品1，製品2をある単位時間（たとえば1日）にそれぞれα_{i1}，α_{i2}ずつ生産するとする（初期条件）。問題は，この部品のセット数が最大になるように，いかに各生産方法に製品加工を配分しなければならないかということである。$k_i = \dfrac{\alpha_{i2}}{\alpha_{i1}}$は，製品1，製品2の生産における第$i$番目の生産方法の生産性の比率である（表6-3）。$k_1 \leqq k_2 \leqq \cdots \leqq k_n$という関係も存在するとしよう。第$i$番目の生産方法がこれらの製品を生産するために要する時間をh_{i1}，h_{i2}とすると，この問題は，次の数学的問題に帰着する。

1) h_{i1} ; $h_{i2} \geqq 0$
2) $h_{i1} + h_{i2} = 1$
3) $\sum\limits_{i=1}^{n} \alpha_{i1} h_{i1} = \sum\limits_{i=1}^{n} \alpha_{i2} h_{i2} \to \max$

第Ⅱ編　経済計画と政策モデル

解決乗数法というこの問題の解決手段は，次の不等式を成立させる s を発見するという方法である。

$$\sum_{i=1}^{s-1} \alpha_{i1} < \sum_{i=s}^{n} \alpha_{i2}$$

$$\sum_{i=1}^{s} \alpha_{i1} > \sum_{i=s+1}^{n} \alpha_{i2}$$

これは，第 $(s-1)$ 番目の生産方法を製品1にわりあてると製品2の生産量が多すぎ，第 s 番目の生産方法を製品1に充当すると，製品1の生産量が十分かまたは多すぎるという関係を示す。その結果，この問題の解は，$i = 1, 2, \cdots\cdots, (s-1)$ については，$h_{i1} = 1$，$h_{i2} = 0$，つまり，第1番目から第 $(s-1)$ 番目の生産方法は製品1のみを生産し，$i = (s+1)$，$\cdots\cdots, n$ については，$h_{i1} = 0$，$h_{i2} = 1$，つまり，第 $(s+1)$ 番目から第 n 番目の生産方法は製品2のみを生産するという内容をふくむ。第 s 番目の生産方法については，

$$h_{s1} + h_{s2} = 1$$

$$\sum_{i=1}^{s=1} \alpha_{i1} + h_{s1}\alpha_{s1} = \sum_{i=s+1}^{n} \alpha_{i2} + h_{s2}\alpha_{s2}$$

をみたすように，この生産方法の稼働時間を製品1，2の生産に配分すればよい。解決乗数法とは，$2n$ 個の h_{i1}，h_{i2} をもとめる問題を，k_s の発見という問題におきかえる数学的解法である。この乗数は，生産方法の「極大配置[38]のもとで成立する均衡の指標である[39]」。

カントロヴィチは，論文「生産組織と生産計画の数学的方法」のなかで，この方法を3種の工作機械への金属製品の部品製造配分の問題に適用している（表6-4）。注意すべき点は，この段階でカントロヴィチが，最適計画による科学的生産組織を，技術の改善とならんで，職場，企業，部門の活動効率を高めるひとつの方法にすぎないとみなしていたこと，また，最適計画法の適用領域として，機械製造にたいする作業配分，耕地にたいする農作物の配分，輸送の計画化，複合原料の加工，工業資材の合理的裁断などをあげるにとどめ，その利用可能性については慎重な態度でのぞんでいたということである。

第6章　数理科学的経済分析と計画法の方法論的特質

表6-4　カントロヴィッチによる「最適計画」図式（1）

旋盤グループ	台数	各旋盤の生産性		総　生　産　性		最　　適　　解	
		部品1	部品2	部品1	部品2	部品1	部品2
普通旋盤	3	10	20	30	60	26	6
タレット旋盤	3	20	30	60	90	60	—
自動旋盤	1	30	80	30	80	—	80
計						86	86

注）計画課題のアソートメントは、部品1：部品2＝1：1となっている。

表6-5　カントロヴィッチによる「最適計画」図式（2）

企業の型	企業数	一企業あたりの製品別生産能力（千ルーブル）		製造企業型別製品の相対的「必要労働利用度」		最適製造計画			
						製品1		製品2	
		製品1	製品2	製品1	製品2	企業数	総製造額（単位千ルーブル）	企業数	総製造数（単位千ルーブル）
I	3	400	200	0.50	2.0	—	—	3	600
II	2	600	250	0.41	2.4	—	—	2	500
III	9	200	50	0.25	4.0	6	1200	3	150
IV	5	100	15	0.15	6.7	5	500	—	—
V	40	20	2.5	0.125	8.0	40	800	—	—
I〜V	59	93	29.2	0.31	3.2	51	2500	8	1250

注）計画課題のアソートメントは、製品1：製品2＝2：1となっている。

　その後、カントロヴィッチは、この構想を「計画化と経済分析の領域のもっとも広汎な問題に適用する」こと、とくに「資源の最良の利用効果を保証する最適計画を作成する」ことを意図し、より包括的に問題を展開しようとした。そのためにカントロヴィッチが使ったモデルの要約が、表6-5である。[40][41]

　カントロヴィッチが国民経済的規模での最適計画作成に利用した経済モデルの構造は、一企業内の既存設備の作業配分にかんする最適計画に利用した経済モデルのそれと、基本的な点でかわりない。つまり、カントロヴィッチの念頭にあるのは線型計画法の一般的定式であり、この定式を先験的基準と

して現実の具体的経済問題のモデルが構成されるにすぎなかった。国民経済のもつ複雑で多様な特質は、ここでは度外視されていた。

最適計画法の問題点は、数理経済モデルの有用性をモデルの適用対象の性質にそくして逐次検討するという細かい配慮を欠いていることにあった。この点にくわえて、数理科学的方法がそもそも科学的であり、あたかもそれ自身によって客観的な結論を導きだしうるかのような根づよい信仰があったことも看過できない。

最適計画法に由来する解決乗数が生産の科学的組織化を実現すると考え、数理科学的方法をただちに科学的計画法として特徴づけるかのような言いまわしは、疑問である。もともと、最適計画法を科学的とする認識は、最適計画法を企業内の資源配分という問題に適用することが、この問題に目分量とカンで経験的、直観的にアプローチするよりも、はるかに高い効率をもたらすという経験的事実にもとづいて生まれたものであった。この事実は、数理科学的方法がただちに理論の精密性をもたらすという幻想とむすびついて、あたかも科学性が数理科学的方法に本来固有の特性であるかのような、疑問の多い表現をとる土壌となった。

2 客観的必然的評価概念の検討

生産の科学的組織化を実現する解決乗数は、前述のように、カントロヴィッチのもとで、国民経済の最適計画作成というプロセスにおいて、これを実現する客観的必然的評価として登場した。しかし、そのことは、もともと数学的原理にもとづく解決乗数としての最適計画の評価体系が、社会主義経済における客観的法則を反映するかのような印象を与えかねなかった。

客観的必然的評価という概念は、先験的評価、つまり、所与の資源配分の問題とは無関係に恣意的（主観的）に設定される生産物評価（価格）を否定する対立概念であった。たしかに、カントロヴィッチがいう先験的評価という概念には、生産計画とはまったく独立に設定されている旧来の価格体系にたいする批判の意味がこめられていた。しかし、客観的必然的評価が真の意味での客観性を主張するためには、この評価を導出する線型モデルの客観性が問われなければならない。その場合、モデルの客観性の吟味は、第1に、

第6章　数理科学的経済分析と計画法の方法論的特質　175

数理経済モデルの抽象性を承認するとしても，そのモデルが，社会主義経済の機能的依存関係のなかで客観的経済法則とかかわるもっとも本質的なものを表現しているか，第2に，この機能的関係と社会主義経済の基本的経済法則との相互規定関係がはっきりおさえられているか，こうした点を確かめることである。

　とはいえ，すでに考察したように，カントロヴィッチは，国民経済レベルでの最適計画作成のモデル構築にさいして，かつて自ら開発した解決乗数法がいかに矛盾なく，整合的に国民経済レベルの計画に妥当しうるか，という形式主義的態度に終始していた。最適計画法は，国民経済の最適計画作成のさいに，前述した解決乗数法適用の3条件（171ページ参照）を十分満足するモデルをつくりうるか否か，また，線型モデルが社会主義経済の拡大再生産の法則を反映しているか等々，という肝心な点についての反省が欠けていた。

　最適計画法の経済モデルとしての解法が経済計画の対象に固有の性質と無関係にまず与えられ，このモデルによって対象の構造を抽象的に規定するという方法を用いて計画にたいして接近するのは，経済学の理論としてみると，科学的でもないし，客観的でもない。カントロヴィッチの客観的必然的評価の客観性は，このように計画方法論という観点からも肯定しえないが，これを最適計画論の理論内容にそくして考察しても，やはり看過できない重要な問題を含んでいた。というのは，最適計画法に内在している評価は，所与の計画課題をもっとも効率的に達成する生産諸要素の配分指標であり，生産諸要素のあいだに成立する一種の相対的評価であるという性質をもつからである。この相対的評価は，計画課題の品目構成の変化により当然かわりうる。評価は，もしそれが計画課題の内容について客観的に一義的に決まるという仮定がなければ，最適計画モデルの構造によっていろいろな値をとりうる。[43]現実には計画課題は，政策当局がある意味で主観的に選択するものであるから，評価は，事実上，ある特定のモデルの枠内にのみ妥当する非常に限定的なものにならざるをえない。しかも，評価は相対的であり，評価の絶対的基準はモデルのなかにないのであるから，生産諸要素の実際の価格は，価格設定基準のおきかたいかんによって異ならざるをえない。最適計画法は，ある

特定の課題のもとにおける生産諸要素の合理的配分という問題解決のさいに，ひとつの目やすとして役だつ指標を導出することを目的として，その意味で主観的に構成されたモデルにすぎなかった。

さらに，評価体系の客観性の主張は，最適計画法という社会主義経済にとって合理的な方法（最適計画論者はそう考えるのだが）が，効率，資源の適正配分という側面で理解される商品経済的合理性を内容的に継承する，という思想と表裏一体になっていた。

現実の「計画の最適達成への組織的方向づけと客観的評価体系と計画との同時的編成」の過程で「原則的に重要なことは客観的評価の使用による最適計画の編成はバランス的接近と価値的接近との有機的結合にある」ことを強調しながら，カントロヴィッチは次のように述べている。「生産物バランスを考慮した客観的評価の連続的精密化の過程は，資本主義社会における競争の過程と外見は酷似している」，最適計画編成の問題にかんする議論では「市場における現実の競争ではなく，計画上の計算過程における諸計画および諸方法の『競争』を問題としているのである。このようにしてあらゆる物的損失（恐慌など——引用者）なくして遂行されるこの過程は実現される釣合のとれた最適計画をもたらすであろう」と。

この主張のポイントは，最適計画法における解決乗数の発見という計算上のプロセスが，「ある意味では市場価格が需要と供給との相互関係の変化にともなって変動する過程と似ている」というところにあった。最適計画論による計算過程と，全面的な商品交換を前提とする資本主義経済に貫徹する価値法則とを，両者の目的あるいは帰結となる社会的総労働配分，経済諸資源の配分という同一性を根拠にして等置し，価値法則の客観的性格を前提にして客観的必然的評価の客観性をもあわせて指摘するというのが，カントロヴィッチの論法であった。

こうした論法をふまえて，カントロヴィッチは，最適計画論の理論的帰結として，最適計画の双対問題に由来する客観的必然的評価指標は，各生産企業の経済活動にとって経済的刺激の効果をもつばかりでなく，同時に，もし各企業がこの評価にもとづいて自らの収益を最大にするように行動すれば，国民経済的規模での労働支出の最小化をも実現しうる，と構想していた。し

第6章　数理科学的経済分析と計画法の方法論的特質　177

かし，カントロヴィッチは，この構想において，社会主義的計画の計算過程と資本主義経済の市場メカニズムとの歴史的，内容的な区別，両者の本質的，概念的な差異を捨象して，形式的な側面の同一性を重視したのである。

　いうまでもなく，価値法則の客観性は，生産物の価値が抽象的人間労働の対象的形態であり，その価値の大きさが投下される社会的必要労働の継続時間で決まるということ，このことが個別生産者自身の意識から独立して，かれらのあいだの商品交換をつうじて確定されるということにある。線型計画モデルは，このような客観的内容をもたない。むしろ，このような客観的な内容をもたないその形式性のゆえに，価値法則とは関係のないローカルな特殊経済問題から国民経済的計画問題にまで，適用対象の質的，レベル上の相違を考慮することなく，ひとしく同様な数理経済モデルを構成し，これをこれらの問題に利用できるとするのが，最適計画論者の態度であった。カントロヴィッチには，さらに，先の引用からも明白なように，需要調整機能を価値論的接近としてとらえているふしがあるが，これは論理的でなかった。したがって，この主張のうえになりたつ客観的必然的評価と価値法則との結合は，理論的誤りの拡大再生産にすぎなかった。

　客観的必然的評価の客観性の主張は，こうしてみると，きわめて根拠の弱いものであった。それゆえ，最適計画法，線型計画法の科学性，客観性の主張も，理論的正当性をおしとおす合理性をもたなかった。

IV　最適経済機能システム論の「システム的接近法」

1　社会主義経済論へのシステム的接近法の導入

　70年代には，社会主義における国民経済の構造を，ひとつの自立的内的構成をもつ完結したシステムとして考察する考え方がつよまった。[47]この考え方を要請したのは，旧ソ連における社会主義建設の発展段階を「発達した社会主義社会」とする自己規定[48]にもとづく国民経済諸要素の内的連関の究明であった。

　問題にたいするこのようなアプローチは，旧ソ連ではシステム的接近法と

よばれた。システム的接近法は、対象を部分と全体との有機的関連のなかで考察すること、つまり経済を有機的全体において、たとえば生産、分配、消費の交互作用のなかで把握すること、また、経済的社会構成体を歴史的に規定された社会システムとして検討することを特色とした。

かつて東独の哲学者 G. シュティーラーは、このような認識のうえに、さらに「経済は客観的にひとつのシステムを示しているが、それを主体的に計画し管理するさいに媒介となる諸過程（計画と管理の新経済システム、情報システム、経済的テコの総体、等々）も、ひとつのシステムをなしている」(49)と述べ、「社会主義経済体制のシステム的性格の基本的な点は、それが経済諸法則をシステムとして展開させるということにある」(50)と指摘した。シュティーラーには、システム的接近法のなかに一般システム論、サイバネティックスなどをそのままもちこむ姿勢もなきにしもあらずであるが(51)、その問題意識自体は、社会主義経済をとらえる新しい視点として注目された。(52)

マルクスも、資本主義経済の分析にさいして、上述の意味でのシステム的接近法につうずる視点を示している。たとえば、マルクスは、資本主義社会を「有機的体制」のひとつとみなす視座にたって、『資本論』第1巻、第1章「商品」でも、商品経済社会における社会的生産の連関がどのようにして商品交換をつうじて形成されてくるのかという論理を追求している。商品の価値および「経済学の理論にとって決定的な跳躍点である」(53)労働の二重性の概念は、マルクスが「ブルジョア的生産有機体」(54)を、「私的諸労働の複合体」(55)とみなすことによって獲得した認識、つまり「およそ使用対象が商品となるのは、それが互いに独立に営まれる私的諸労働の生産物である」からであり、「私的諸労働は、交換によって労働生産物を介して生産者たちがおかれるところの諸関係によってはじめて実際に社会的総労働の諸環として実証」(56)されるという認識に支えられて生まれてきたものである。マルクスのこの方法を、システム的接近法と名づけることも、それはそれとして可能であろう。(57)そして、このような意味でのシステム的接近法によりながら、社会主義経済についても、この社会に独自の生産的連関および労働の編成様式が社会主義的生産諸関係を媒介にどのように形成されてくるかという論理を析出することは、ひとつの残された課題とされた。(58)

ところで，システム的接近法にたいするこうした客観的，理論的要請を背景に,「数理派」の系譜にたつ理論のなかからも，システム的接近法についての独自の解釈をもった最適経済機能システム論が，旧ソ連科学アカデミー中央数理経済研究所に所属する論者を中心に登場した。それは，管理工学の分野などで展開されているシステム分析，サイバネティックスなどの研究成果を社会主義経済の理論に直接適用した。しかも，理論の全体を一般システム論，サイバネティックスの方法的枠組のなかで考察することを特徴とした。数理科学的方法が，ここでは社会主義経済制度を認識する方法にまで昇格したのである。

最適経済機能システム論におけるシステム的接近法は，まず，社会主義経済制度自体を，垂直的連関（中央計画機関－部門－企業合同－企業）と水平的連関（企業合同間，企業間の連関）との交錯する多段階的システムとするとらえ方にあらわれた。そして，社会主義経済を多段階的システムととらえるこの観点は，経済資源の稀少性の前提，および社会的有用性概念の設定とならんで，最適経済機能システム論を支える3つの命題のひとつであった。社会主義経済の多段階的システムとしての把握は，計画化と管理の過程に最適計画作成のプロセスを具体化する前提条件であった。同時に，それは，社会主義経済制度に，資本主義的経済制度の自然発生的な経済システムとは異なる性格を付与することでもあった。

次に，最適経済機能システム論におけるシステム的接近法は，図6-1のような社会主義経済の見取図のうちにみることができる。この図は，Н. П. フェドレンコが複雑な動態的システムとしての社会主義経済の基本構造を簡略化して示したものである。最適経済機能システム論が経済構造のどこに重点をおいて理解しているかが，これによって一目瞭然である。同時に，そこには，最適経済機能システム論がシステム分析の基本的な要素ないし考え方をどのようにとりいれているかが，端的に示されていた。

図は，全体で社会－経済システムの統一性をえがいている。社会－経済システム全体は，投入の状態（N→Y，M→Y，L→Y）と産出の状態（Y→S）との関係で示される生産システムをサブ・システムとしてふくむ。この生産システムにおける素材フローYSは，逆連関SX(1)をもち，フィードバ

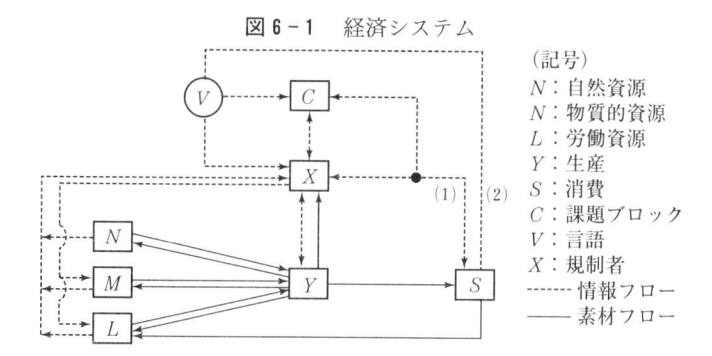

180　第 II 編　経済計画と政策モデル

図 6-1　経済システム

(記号)
N：自然資源
M：物質的資源
L：労働資源
Y：生産
S：消費
C：課題ブロック
V：言語
X：規制者
------ 情報フロー
──── 素材フロー

ック機構をそなえる。他方，生産システムは，種々の情報フローをもち，これは独自に社会主義経済の管理機構を特徴づける情報システムを形成する。すなわち，情報フロー SX(2) にそくして科学・技術的情報，社会的情報，政治的情報，経済発展の情報が流れる。情報フロー YX は，生産統制の多段階性の表示である。素材フロー YX は，経済統制のシステムそのものを構成する。情報フロー XS は，経済情報を他の社会的サブ・システムに伝達するが，これは，そこで政治的，科学・技術的課題を解決することを目的とする。Cは，社会－経済システムによる最適性の尺度にもとづく社会全体の目的の設定であり，課題ブロックと名づけられる。また，このシステムの内部には，言語が存在する。言語によって，計画化と管理の主体は，課題解決のさいに考慮にいれなければならない対象のあらゆる性質を認識する。図は，この関係を，記号Vを介したSX(2)の情報フローでとらえる。

　さらに，この図からもすでにうかがえるように，最適経済機能システム論は，社会主義経済を自動制御システムとしてとらえた。この自動制御システムは，社会主義経済のシステムに内在する調整機構をつうじて，合目的的な活動を行なうものとされた。いいかえれば，自動制御システムという考え方は，最適経済機能システム論における多段階システム，あるいは複雑な動態的システムとしての社会主義経済がどのような機能をもって作動するのか，という関心にもとづく認識のあり方であった。

　最適経済機能システム論では，この自動制御システムは，経済の多段階システムの3つの領域，すなわち中央計画機関と下級経済諸機関との間に，企

業合同間ないし企業間に，あるいは個人的消費領域に成立する商品＝貨幣メカニズムのことにほかならない。フェデレンコは述べている，「商品＝貨幣メカニズムは，あらゆる国民経済の（つまり生産対象の総体の）単一の尺度からみた接近が達成されるような自動制御の性格を保証している。いいかえると，社会的，個人的利害の統一を保証している」。また，「商品＝貨幣メカニズムは，社会主義経済において，生産の領域だけでなく消費の領域でも，逆連関をそなえた『規制者』の役割を遂行する」と。[61]

この構想は，社会主義経済でも，生産物の需給調整が社会の構成員の好みと欲望を，機敏に，連続的にとらえることができるとし，結果的に生産の規制者となることを認めていた。商品＝貨幣メカニズムを利用して，既存資源の効率的，適正な配分，各経済諸機関の利害調整を行ない，社会の構成員の物質的，文化的欲望の充足を達成しようというのである。これが，最適経済機能システム論の目標であった。

2 最適経済機能システム論の方法論的難点

最適経済機能システム論が社会主義経済制度をどのように認識しているかを，以上で要約的にあとづけてきた。ところで，そのシステム的接近法は，これから述べるようないくつかの方法論上の問題点をもっている。しかし，最適経済機能システム論には，経済理論的にみても看過できない難点が含まれているように思えるので，方法論上の問題点にたちいるに先立って，まずこの難点を指摘しておこう。

第1に，社会主義的計画化が上級の計画諸機関と下級生産単位との反復的計画調整としてとらえられている点についてである。この計画化の過程は，商品＝貨幣メカニズムを媒介とする分権的計画編成とよばれる。もちろん，最適経済機能システム論の想定する商品＝貨幣メカニズムは，現実の商品交換の場としての市場を念頭にいれるのではなく（むしろ，資本主義的商品経済同様の市場を社会主義経済制度にくみこむことを主張する「市場社会主義論者」に批判的である），分権的計画編成における情報管理機構が最適計画作成過程で作用する論理構造のことである。しかし，だからといって，商品＝貨幣メカニズムが生産の規制者となるという判断を拒否するわけではな

い以上，最適経済機能システム論は，社会主義的生産の「計画性」の特徴づけにおいて，あるいは計画機関の国民経済的観点にもとづく政策決定が経済の発展を主導していくさいのその役割にたいして，ニヒリスティックな姿勢をとることになる。

　第2に，最適経済機能システム論は，最適計画論を継承し，経済諸資源と生産物の価格が最適計画に内在する客観的必然的評価にもとづいて設定されなければならないとする。最適経済機能システム論の価格概念は，抽象的人間労働の凝固物としての価値に規定されるのではなく，それが経済的諸資源および生産物の社会的有用性を反映しているというところに重点をおく。つまり，生産物の価格は，その生産物の生産に支出されている社会的必要労働時間とは無関係に，社会的需要が大きいものには高い価格が，反対に小さいものには低い価格が成立し，また同じ原理で，人間労働がまったく投下されていない自然資源にも価格がつく。そして，このような価格機構こそが，社会の構成員の物質的，文化的欲望を，稀少資源の効率的，適正な配分を実現しながら最大限にみたすというのである。このかぎりで，最適経済機能システム論は，労働価値説を事実上放棄している。

　以上，最適経済機能システム論について，経済理論的に納得のいかない点をとりあえず列挙したが，このような理論的難点が生じてくる原因は，最適経済機能システム論に独自なシステム的接近法にある。

　問題は，経済学と計画論との一般的方法として，すでに紹介したような最適経済機能システム論の独自なシステム的接近法が妥当な方法といえるかどうかである。このシステム的接近法の内容にたいして，ただちに次のような疑問がわく。第1に，多段階システムとしての社会主義経済制度の把握は，計画と管理の制度一般についての現象論的な表象にはなりえても，このようなシステム的な把握が社会主義的生産諸関係を媒介として概念的にとらえられてはいないこと，もしくは概念的にとらえるという姿勢の乏しいこと，また，この制度そのものの歴史性の認識が欠けていること，等の欠陥に気づくのである。第2に，経済構造の分析は，たんに投入と産出との量的依存関係の考察にとどまっており，経済学の対象としての直接的生産過程，社会的再生産過程の分析，生産様式の分析に相当するところは，ブラック・ボックス

となっており，このため，生産諸関係の分析は，経済学の研究に入りようがないという欠陥をもっている。第3に，自動制御システムとしての商品＝貨幣メカニズムは，もともと生産関係的側面を反映する概念でありながら，ここでは，たんにシステムを自動的に制御するフィードバック機構として説明されているにすぎない。

　最適経済機能システム論におけるシステム的接近法は，こうして，理論の方法が対象によって規定されるという原則からはなれ，システム分析，サイバネティックスという特定の研究領域についての分析用具を経済学と計画論の研究方法として適用する。確かに，これらの科学は，制御と管理の一般的，形式的側面を研究対象とする。しかし，そこにおける分析は，たとえ適用領域の対象の性質にかかわらない一般的同一性の側面を抽象しているとはいえ，そこからただちに，システム分析とサイバネティックスとが経済学と計画論の本来の方法となりうることにはならない。システム分析とサイバネティックスとは経済学と計画論の本来の方法にはなりえない。なぜなら，最適経済機能システム論が前提とするこの方法は，システム分析およびサイバネティックスをあらゆる科学領域に普遍的に適用可能な科学の方法と考え，この思考方法に合致するように対象の認識に向かい，そのために，この思考方法に合致しない対象の構造や性質の考察を欠落させるからである。

　このかぎりで，最適経済機能システム論におけるシステム的接近法は，分析－総合，下向法－上向法，等々のような対象の認識方法を問題とするのではもとよりなく，そこには対象の構造と性質を解明するのにふさわしい方法を確立するという観点を欠く。いわば，方法が対象から疎外されているのである。

　最適経済機能システム論におけるシステム分析，サイバネティックスが他の数理科学的方法のなかから経済分析と計画法の方法として採用されるのは，それが対象の「構造」を分析するのに適しているという判断にもとづく。とはいえ，システム分析は，対象の質的分析をつうじた客観的合法則性の把握という対象についての具体的な認識を，ブラック・ボックスの設定によって避け，変換とよばれる投入状態と産出状態との対応関係を対象認識の中軸にすえた。この認識は，「工学における自動制御と調整に用いられる理論的図

式自体」を「ある状態では社会－経済過程に用いることができるという判断にもとづいて」，国民経済の計画化と管理にかんする理論に，「作用システムの機能にかんする普遍的な科学」としてのサイバネティックスを適用することが可能であるという思考方法による。[64]

みられるように，ここでの「構造」は，多くの諸システムの最大公約数としての，それゆえ諸システムの固有の歴史性と法則を捨象した制御と管理の量的，形式的側面であるにとどまった。したがって，このように理解されたシステム的接近法は，確かに，従来のようなたんなる線型の方程式体系では説明しきれない対象の「構造」を認識しようとしている点で，ひとつの新しい問題提起となった。しかし，すでにみたように，このシステム的接近法がそれだけでは対象に内的な，質的構造と性質，対象の合法則性の把握に到底せまりえないというかぎりでは，従来の数量主義的手法と同様の限界をもつ。

一般にシステム分析，サイバネティックスも，他の数理科学的方法と同様に，純粋思惟の産物ではもちろんなく，経済学および計画論をふくめた社会科学，さらに，とくに自然科学や工学などの個別諸科学の研究成果に多くを負うており，そこからそれ自身の研究領域の深化と発展の滋養をたえず吸収している。したがって，システム分析，サイバネティックスが逆にまた経済学と計画論にとって補完的な知識を提供することは，十分ありうる。とはいえ，この方法の意義と有効性の基準は，それが経済諸現象の本質，あるいは法則の認識に具体的にどれだけ寄与するかということにあるのであって，このことからはなれて，システム分析とサイバネティックスが経済学と計画論の基本的地位につき，具体的な対象の研究に代替することはありえない。[65]

おわりに

社会主義経済の発展，生産の社会化の進展，生産過程の連続性を保証する管理過程の自動化の促進は，数学の諸概念の管理工学という学問領域における応用形態として，その領域での数学的モデル化，システム分析，サイバネティックスなどの登場を必然的なものとした。科学的研究の一分野としての

それらの意義は，今後ともますます強まるであろう。わたしは，その点を疑うものではない。しかし，同時に，数学的モデル論，システム分析，サイバネティックスなどの数理科学的方法が，その学問的性格についての無理解とそれの分析手法についての過大評価とを背景にして，あたかも科学一般の，とりわけ社会主義経済学と計画論の，基本的方法となりうるかのような幻想はまた，あとをたたない。この幻想を払拭するためには，数理科学的方法の適用の仕方に焦点をあてて，その「精密性」「科学性」「客観性」にたいする信仰の真偽を問うことが肝要である。本章は，これまでの考察で，このような観点から旧ソ連の経済理論，計画論のなかでもっとも代表的な部門連関バランス論，最適計画論およびその延長上の議論である最適経済機能システム論をとりあげ，それらに含まれる方法論的難点を摘出した。

　数理科学的方法が，もしその適用領域，それによる客観的実在の反映可能性の限界を十分にわきまえて使用されるならば，それは，経験的，現象論的レベルの認識に整理と確認を与える役割をもつこともできよう。たとえば，部門連関バランス論についても，連関分析の論理形式には問題点が多く，また，表形式を社会主義的拡大再生産表式と規定するのも一面的であるが，もしこの点さえふまえておけば，表そのものから——もっぱら使用価値視点からの考察になるとはいえ——部門（生産物）相互のむすびつきの強さ，弱さを知ることができる。また，カントロヴィッチの最適計画法も，これを国民経済的規模の計画化の中心にすえるのは，上述したように不適当であるように思われるが，企業内における現存生産設備の稼働，各商店に必要な品目をとりそろえるための商品の配分，金属，木材，皮革などの裁断，原料のなかの有用成分の総合的利用，各工場への発注の配分などの経済問題の解決には有効であろう。

　数理科学的方法は，このように，ある種の経済問題を解決する道具として一定の意味をもつ。しかし，それは，この道具を適用する問題の性格が，対象の質的側面を捨象して考察してもなんらさしつかえなく，かつ対象の量的側面が，使用される数理科学的方法の性格に近似的にせよ合致するような特定の場合にかぎられる。とはいえ，客観的経済法則の把握，生産諸関係の分析を自己の課題とし，また，これらを自己の理論の前提にするところの経済

学と国民経済的規模での計画論の分野では，対象の質的側面を捨象してもさしつかえないような問題は少ない。それゆえ，数理科学的方法が有効な領域は，ローカルな経済課題でしかも純粋に技術的性格の問題か，あるいは政策，計画実務の領域などにかぎられており，したがって経済学と計画論の側からみると，その方法は理論構築に必要な現象論的なデータを提供するなど，補助的役割をもつにすぎない。

　数理科学的方法の意義と限界についてのこのような確認は，この方法を経済学と計画論に適用することによって理論の「精密性」「科学性」「客観性」が保証されるとみなしたり，そもそも数理科学的方法一般が精密性，等々の属性を本来的にもつとする見解を否定する。

　数理科学的方法の適用限界の逸脱ないしそれの乱用，また，数理科学的方法を経済学と計画論との一般的方法として承認することは，すでにいくつかの先駆的業績があきらかにしているように，数学の学問的性格にたいする誤解の他に，経済学が対象とする社会－経済現象の本質にたいする無理解と，この無理解を生みだす世界観的基礎の欠陥とにもとづく。旧ソ連の経済学と計画論とは，必ずマルクス＝レーニン主義的世界観にたつことを「宣言」しているが，理論が真にこの世界観的基礎にもとづいて構成されているかという点に疑問をいだいて，あらためて理論の方法論的性格を検証する作業は，ほとんどみられない。数理科学的方法の過大評価は，もしそれがただ単純に評価の問題にすぎないのであれば，それによって失うものは少ないかもしれない。しかし，数理科学的方法は，この過大評価にもとづいて，経済学と計画論との理論展開を代行したり，それが導きの糸となるほどに理論的内容そのものに深くはいりこんだ。そうであるかぎり，問題は，たんなる数理科学的方法の評価をめぐる論議をこえて，経済学と計画論との方法論的性格の検討にまでおよぶのは当然である。

　さいごに，最適経済機能システム論について，その数理科学的方法に依拠した経済学がどのようにその性格を変えたかという点にふれておきたい。

　最適経済機能システム論には，社会主義経済システムの機能的分析についての強い問題意識が存在する。しかし，このシステム論は，社会主義経済における客観的法則の把握，経済学の対象となる生産関係の具体的分析にたい

して非常にネガティブである。たとえば,社会主義経済における商品=貨幣カテゴリーの存在根拠の理論的説明,国民経済の管理の経済的内容の究明といった論点をとってみても,それらは,客観的合法則性の存在をまずみとめ,生産関係,所有関係の具体的な分析との関連で考察されなければ,とうてい問題の本質にせまりえない性格の問題である。それにもかかわらず,最適経済機能システム論は,経済学の課題をこのように設定すること自体が伝統的,「記述的」経済学のあしき傾向である(最適経済機能システム論によれば,従来の経済学は,経済諸法則を羅列的に記述し,また経済現象をたんに説明しているにすぎないので「記述的」であるという)としてしりぞけ,経済学は合理的経済行動のノルマチーフをさし示す「構成的経済学」にならなければならないと主張した。そして,注意しなければならないのは,「構成的経済学」の方法論が数学とサイバネティックスの導入によって質的によりゆたかになり,モデル化の方法が経済学をしだいに実験科学に転化させ,このことが経済学を構成的にする主要因になるとまじめに考えられたことがあったということである。[66]

　科学の方法を規定するのは,結局のところ,その対象である。最適経済機能システム論は,その理論的淵源を最適計画法という数理的計画論にもち,また,数理科学的方法によって理論そのものを装備していた。この点からみて,最適経済機能システム論では数理科学的思考方法およびそれと結びついた社会経済構造にたいする見方が,逆にこの理論の対象を選択し,規定していたことになる。つまり,このシステム論は,対象と方法との倒錯した規定関係を特色としていた。その結果,経済カテゴリー,理論全体が形式化し,実験科学的志向の対極において客観的合法則性の究明の放棄を事実上,肯定する経済学が生まれたのである。

注
（１）　議論の動向をつたえるものとして次の文献を参照。芦田文夫『社会主義的所有と価値論』青木書店,1976年。ヴェ・シュクレドフ,岡・西村訳『社会主義的所有の基本問題——経済と法——』御茶の水書房,1973年。西村可明「社会主義経済理論の諸問題・商品生産論」野々村一雄編

188　第Ⅱ編　経済計画と政策モデル

　　　『社会主義経済論講義』青林書院新社，1975年。飯盛信男『生産的労働の理論——サービス部門の経済学——』青木書店，1977年。山本正「ソヴェト経済学界における数学的方法利用の動向——エヌ・ペ・フェドレンコ編『経済＝数学モデル』（1969年）の検討を中心として——」（1）（2）（3）『法経論集』第39号，40号，41号，1977－78年。
（2）　64年ごろまでの文献は，Математико-экономические методы и модели : библиографический указатель, Иэд. "Наука", 1964. に詳しい。
（3）　Г. А. Фельдман. К терии темпов народного дохода. "Плановое Хоэяйство", № 11—12, 1928. Л. В. Канторович. Математические методы организация и планирования производства, Лениград, 1939.
（4）　望月喜市「ソヴェト経済学における数学利用」大崎平八郎・木原正雄編『社会主義経済学の生成と発展』青木書店，1965年。岡稔「社会主義経済学における数学利用——ソヴェト経済学界の最近の動向について——」『思想』第428号，1960年。
（5）　Математические методы в экономике. "Вопросы Экономики", № 8, 1960. 山田耕之介訳「経済における数学的方法——《経済学の諸問題》1960年8号——」『立教経済学研究』第15巻第2号，1961年。
（6）　Экономики и математики за круглым столом, 1965. 是永純弘「ソヴェト経済学における数学利用論争にかんする資料」『経済志林』第34巻第1号，1965年，第35巻第1号，1967年。
（7）　Под рел. Л. И. Абалкина. Методологичекие проблемы политической экономики социализма, 1976, стр. 83.
（8）　Под ред. Л. И. Абалкина. там же, стр. 87.
（9）　И. В. Котов. Преименение математических методов в экономике и политическкая экономия социализма, 1972.
（10）　佐藤敬三「サイバネティックスと一般システム論」『科学と思想』第6号，1972年，65ページ。
（11）　統計学論争については，統計研究会訳編『ソヴェトの統計理論　Ⅰ，Ⅱ』農林統計協会，1952－53年。有沢広巳編『統計学の対象と方法』日本評論社，1956年，参照。
（12）　グビシアニ著，岩尾裕純監訳『組織と管理（上）』ミネルヴァ書房，1974年，134－143ページ。
（13）　岡稔「社会主義経済にかんする若干の新しい概念と接近法について」『社会主義経済論の新展開』新評論，1975年，140ページ。
（14）　ヴェ・グルシコフ，ヴェ・モーイエフ著，田中雄三訳『コンピュータと社会主義』岩波書店，1976年，におけるグルシコフの立場は，この

第 6 章　数理科学的経済分析と計画法の方法論的特質　189

「情報理論的接近法」である。
(15)　是永純弘「システム分析とモデル論批判」『経済』1974年 5 月号，166ページ。
(16)　「経済学が自らに課せられている課題を解決するためには，その方法を改善し，実生活を研究し，言葉の完全な意味での精密科学となり，最新式の計算機械を広く利用し，国民経済の計画化に光を投じる投光器にならなければならない」(ア・エヌ・ネスメヤノフ)。
(17)　是永純弘「数学的方法の意義と限界」『講座・マルクス主義哲学 3』青木書店，1969年，301ページ。杉森滉一「現代経済学と数学的方法」『講座・現代経済学批判 I』日本評論社，1975年，115ページ。
(18)　ソ連の数理的計画論における数学的手法の発展の跡を詳細にフォローした，アルフレッド・ゾーバーマン (Alfred Zauberman, *Mathematical Theory in Soviet Planning*, OUP for the Royal Institute of International Affairs, 1976) にたいするマイケル・エルマンのコメント (*"Soviet Studies"* vol. XXIX, July, 1977, No.3, pp.468-469.)。
(19)　数学的抽象の特質については，岩崎允胤・宮原将平著『現代自然科学と唯物弁証法』大月書店，1973年，455-461ページ。数学的抽象と社会科学における抽象との差異については，是永純弘，前掲論文，参照。
(20)　Н. Бухалин. Империализм и накопление капитала, 1925. (友岡久雄訳『帝国主義と資本の蓄積』同人社，1928年)。
(21)　岡稔「再生産をめぐる論争史」『講座・資本論の解明（第 3 分冊）』理論社，1952年，145ページ。
(22)　再生産表式をめぐる論争のなかで，19世紀末から20世紀前半にかけて行なわれたものがとくに有名である。この論争には，ブハーリンはもとより，トゥガン・バラノフスキー，ローザ・ルクセンブルク，グロスマン，カウツキー，オットー・バウアーらが登場している。しかし，レーニンを例外として，多くは再生産表式の過大評価，誤解におちいっている。そのレーニンは，マルクスの再生産（表式）論の価値について次のようにのべている。「マルクスの理論の科学的価値は，その理論が社会的総資本の再生産と流通との過程を解明したことにある。さらにまた，マルクスの理論は，生産の巨大な増加がそれに照応する人民の消費の増加を伴わないという，資本主義に固有な矛盾が，どのように実現されるか，ということをもしめした。……この理論からは，社会的総資本の理想的に円滑な，そして均衡のとれた再生産と流通が行なわれるばあいでさえ，生産の増加と消費の制限された限界とのあいだの矛盾は不可避であるという結論が出てくる。そのうえ実際には，実現の過程は，理想的に円滑

的な均衡をもってすすむのではなくて、ただ『困難』、『動揺』、『恐慌』等々のなかでのみすすむのである」（「ふたたび実現理論の問題によせて」『全集』第4巻，91ページ)。ちなみに、再生産表式をどのように理解するかは、社会的総資本の運動としての資本主義的生産様式の性格とその内的矛盾との関連をどのように把握するかという点の試金石であったが、20年代ソ連の経済学者の多くは、ブハーリン流の均衡論的理解の影響のもとにあった。世界で最初の国民経済バランスといわれるソ連邦1923／24年国民経済バランスも、この影響をまぬがれることができなかった。

(23) ヴェ・エス・ネムチーノフ「経済学の研究における数学利用」『マルクス経済学の数学的方法（上）』青木書店，1960年，39ページ。

(24) ヴェ・エス・ネムチーノフ，前掲論文，44ページ。

(25) 横倉弘行『経済学と数量的方法』（青木書店，1978年）は、ソ連における最近の数理的計画論，部門連関バランス論の研究を批判的に分析し、とくに1972年バランス表の未公表部分を推計している点で示唆にとむ。とはいえ、マルクス再生産表式の次のような理解については、疑問なしとしない。すなわち、マルクスの再生産表式論のきわだった特徴は、「それが一種の均衡理論であること」であり（126ページ）、表式では「諸個別資本の相互依存関係が、均衡論的に分析されている」から「再生産表式の代数学による展開は意味をもつ」（127ページ）と。このような再生産表式論の理解では、ブハーリンのそれとおおきな違いがないように見えるが、どうであろうか。

(26) В. В. Коссов. Межотраслевой баланс как экономико-математическая модель, "Межотраслевой баланс производства и распределения продукции экономического района, 1964. М. Р. Эйдельман. Межотраслевой баланс общественного продукта, 1966.

(27) この部門連関バランス模型は、山田喜志夫『再生産と国民所得の理論』評論社，1966年，252ページ、からの引用である。

(28) 山田喜志夫，前掲書，252－254ページ。

(29) たとえば、オスカー・ランゲ「投入産出分析にかんする若干の考察」『マルクス経済学の数学的方法（上）』青木書店，1960年，233ページ。

(30) В. А. Соболь. Очерки по вопросам баланса народного хозяйства, 1960.

(31) 部門連関バランスへの固定フォンド表示の試みを紹介，検討したものとして、野沢正徳「部門連関バランスの諸形態と固定フォンド（1）（2）（3）」『経済論叢』第101巻第2,4号，第102巻第3号，1968年，がある。

(32) 野沢正徳「静学的産業連関論と再生産表式（2）」『経済論叢』第99巻第4号，1967年，54ページ。

第6章　数理科学的経済分析と計画法の方法論的特質　　191

- (33) 横倉弘行，前掲書，125ページ。
- (34) 『マルクス＝エンゲルス全集』第25巻，第2分冊，大月書店，1047ページ。
- (35) 今日では，新実証主義者といえども，もはや理論的レベルの命題の経験的レベルの命題への単純な還元可能性を信じてはいない。См. В. С. Швырев. Неопозитивистская концепция эмпирического значения и логический анализ научного знания, В сб.: Фильной Логики 1962, стр. 318, 319.
- (36) Д. В. Канторович. Математические методы организации и планирования производства, 1959.（「生産組織と生産計画の数学的方法」『マルクス経済学の数学的方法（下）』青木書店，1961年。以下，カントロヴィッチ論文①と略）。
- (37) Л. В. Канторович. Эконмический расчет наилучшего использования ресурсов, 1959.（吉田靖彦訳『社会主義経済と資源配分』創文社，1965年。以下，カントロヴィッチ論文②と略）。同様の内容の論文として，Л. В. Камторович. Дальнейшее развитие математических методов и перспективы их применения в планировании и экономике, 1959.（「数学的方法の発展と計画化や経済学における利用の展望」『マルクス経済学の数学的方法（下）』青木書店，1961年。以下，カントロヴィッチ論文③と略）。
- (38) カントロヴィッチ論文①，34－36ページ。
- (39) カントロヴィッチ論文①，37ページ。
- (40) カントロヴィッチ論文③，74ページ。
- (41) カントロヴィッチ論文②，第1章。
- (42) カントロヴィッチ論文②，26－28ページ。
- (43) このことは，客観的必然的評価の安定性にかんする定理（客観的必然的評価は一定の安定性をもつ，すなわち課題条件の僅かな変化にさいして，客観的必然的評価の比率は，原則として，変化せずに残るか，あるいは著しく変化することはない〔カントロヴィッチ論文②，44－45ページ〕）にもかかわらず，指摘できるであろう。
- (44) カントロヴィッチ論文②，180ページ。
- (45) カントロヴィッチ論文②，181ページ。
- (46) カントロヴィッチ論文③，87ページ。
- (47) ソ連におけるシステム的接近法にかんする研究書は60年代後半から急速にふえている。代表的文献をかかげる。И. В. Блауберг, З. Г. Юдин. Становление и сущность системного подхода, 1973. В. Н. Садовский. Основние общей теории систем, 1974. А. К. Семенов. Методы системного аналиэа структу народного хоэяйства, 1974. この他，科学アカデミー自然科学と技術の歴史

第II編　経済計画と政策モデル

研究所からは，年報Системные исследованияが1969年より発刊されている。
(48)　この規定の主観性については，多数の論稿，また部分的指摘がある。藤田勇「現代社会主義国家論」『現代と思想』第2号，1970年，111ページ。長砂実「『発達した社会主義社会』論について」『商学論集』（関西大学）第17巻第3号，1972年。新美治一「現代ソビエト社会主義国家論——『国家の一層の強化』のテーゼを素材にして」『現代と思想』第18号，1974年，76—77ページ。佐藤経明「過渡期論と『発達した社会主義』論」門脇彰・荒田洋編『過渡期経済の研究』日本評論社，1975年。小野一郎「ソ連社会主義の発展段階規定の系譜と『発達した社会主義社会』段階規定」小野一郎・篠原三郎編『社会主義的所有と管理』有斐閣，1976年，など。但し論者によって，その論拠はかなり異なり，これをめぐって論争がある。
(49)　Gottfried Stiehler, *System und Widerspruch —— zur Dialektik in der sozialistischen Gesellschaft*, 1971.（石川晃弘・山方重光訳『システムと矛盾——社会主義社会における弁証法——』青木書店，1977年，89ページ）。
(50)　シュティーラー，前掲書，90ページ。
(51)　シュティーラー，前掲書，79ページ。
(52)　1950年代後半から60年代にかけて東独の哲学界は，サイバネティックスの過大評価（サイバネティックスが従来の弁証法的唯物論に代替するかのような主張）をひとつの顕著な特色とした。これには，サイバネティックス導入の立役者G.クラウスの新実証主義的，数学主義的見地がつよく影響している。サイバネティックス過大評価の傾向は，コージング編『マルクス主義哲学』（1967年）にもあらわれている。

　なお，東独におけるサイバネティックスとシステム論の評価についてのこうした理論的深化をつたえる比較的新しい注目すべきものとして，次の著作がある。B. Heidtmann, G. Richter, G. Schnauß, C. Warnke, *Marxistische Gesellschaftsdialektik oder ,,Systemtheorie der Gesellschaft"?*, 1977. この著作のなかで「現象と本質のカテゴリーからみた社会弁証法と社会システム論」と題するワルンケの論文は，システム論を過大評価し唯物弁証法にとってかえる見地（かつてのG.クラウスのような），およびシステム論にたいしてこれを頭から否定してかかるニヒリスティックな態度のいずれとも異なり，システム論を唯物弁証法のなかに正しく位置づけるという課題を積極的にたてている。彼女によれば，構造的－機能的接近としてのシステム的思考は，現象の領域に属し（ヘー

第6章　数理科学的経済分析と計画法の方法論的特質　193

ゲルにおける「現象の法則」)，この位置づけが，たとえばマルクスにおいても，生産の領域を「根拠」とし，トタリテートとして現象する流通の領域にかかわって，いかされているという。今後，システム論を検討していくさい，ワルンケの議論は，十分に考慮にあたいする論点を示している。

(53)　『マルクス＝エンゲルス全集』第23巻，第1分冊，大月書店，56ページ。
(54)　同書，106ページ。
(55)　同書，98ページ。
(56)　同書，98ページ。
(57)　См. В. П. Кузьмин. Принцип системности в теории и методологии К. Маркса, 1976.
(58)　この意味で，社会主義社会の生産＝結合生産様式の特徴づけをマルクスの資本主義的生産様式分析のなかに追跡しようとする次の論稿は，注目に値する。中西新太郎「マルクスの社会主義像と結合生産様式論」東京唯物論研究会編『唯物論』第51号，1978年。
(59)　Обсуждение проблемы оптимизации планирования и управления социалистической экономнкой "Экономика и Математические Методы" том 3, вып. 2, стр. 318.
(60)　Математика и кивернетика в экономике, 1971, стр. 166.
(61)　Н. П. Федоренко. О раэработке скстемы оптимального Функционирования экономики, 1986, стр. 36—37.
(62)　以下の分析は，是永純弘「システム分析とモデル論批判」『経済』1974年5月号，同「『情報社会科学』構想批判」『唯物論』第5号，汐文社，1975年，に負うところがおおきい。
(63)　わたしは，別稿で「数理派」の経済理論が一般にこのような性格をもっていることについてのべた。岩崎俊夫「ソヴェト数理的計画論における社会主義経済構造把握の特徴について——最適経済機能システム論，生産関数論を中心に——」『経済学研究』(北海道大学) 第28巻第3号，1978年。
(64)　Oskar Lange, *Wstep do Cybernetyki Ekonomicznej*, 1965. (佐伯道子訳『経済サイバネティックス入門』合同出版，1969年) 序論。
(65)　この点を次の引用とあわせて理解されたい。「サイバネティックスは，客観的実在の情報制御という側面のもつ運動法則を反映するものであるがゆえに，自動制御機械の向上のために有効であるばかりでなく，生物体の研究にさいしても……かなり有効な手段ともなりうる。しかし，こうした研究のなかでサイバネティックスを利用するにあたっては，つねに対象領域に応じて利用の限界を逸脱しないように注意することが必要

である。サイバネティックスは，弁証法的唯物論にとってかわることはできないのはもちろん，他のどんな個別的科学にもとってかわることはできない。サイバネティックスは一般理論であり，他の個別的科学の対象とする特殊な運動形態の法則をそれ自身によって解明することはとうていできない」（岩崎允胤・宮原将平『現代自然科学と唯物弁証法』大月書店，1972年，439－440ページ）。

(66) 岡稔訳「構成的経済学」『経済研究』（一橋大学）第16巻第4号，1965年，334ページ。

第III編　国民経済計算体系の方法と課題

第7章　国民経済計算体系(93年)の基本性格

はじめに

　SNA（System of National Accounts［国民経済計算体系］を簡略した呼称）は，国民経済全体に関わるマクロ的諸指標が整合的に連結する総合的統計体系である。この体系の目的は，一国の限られた期間の国民経済における経済循環を総括的に示すことにある。その基幹は，所得を中心とする付加価値（産出額から原材料や部品などの中間投入額を控除したもの）の発生，分配，支出を記録する GDP（Gross Domestic Product：国内総生産）統計である。SNA は，この GDP 統計に産業相互の結びつきを中間需要と中間投入とのクロスで示す産業連関表や国民資産（実物資産，金融資産）の増減についての情報を提供する国民貸借対照表などの統計のエッセンスを内容的に取り込み，連結した体系である。SNA に盛り込まれた統計は，国民経済のマクロ的動向の分析にはもちろん，経済政策，経済計画の策定に幅広く活用されている。

　SNA の国際的な基準を定め，各国の経済計算体系がこれに準ずるよう推奨しているのが国連である。その国連基準が，1993年に改訂された。この章では経済学の理論・方法と統計とがどのように相互に結びつくのかという問題意識をもって，しかし考察の直接的対象は SNA に限定して，SNA とは一体どんな統計なのか，どのような考え方，理論，方法がこの統計を支えているのかを検討する。この課題は具体的には，①SNA のような経済循環を総括的に表示する統計体系は客観的経済現象の何をどのように具体的に表現したものなのか，②今回の SNA 改訂に変わった部分は何でありそれらはどう評価されるべきなのか，③SNA の基本的枠組みの意義と限界はどこにあるのかを明らかにすることによって果たされる。

課題をSNAの基本性格の解明に限定するとしても，SNAそのものの統計技術的な点に拘泥するのでは事の本質を見失なう。視野を広げて，経済循環を統計によって把握することの意味をどう考えるべきなのか，それがよってたつ経済理論，方法的原則はどのようなものなのか，SNAでは経済理論・方法と統計がどのように結びついているのかといったことにも言及する必要がある。本章ではわたしはこうした諸点を強く意識し，SNAの基本性格を立体的に明らかにする。結果的には，視点の提示で終わっているかもしれない。しかし，SNAをめぐる解説文献が統計技術的な説明で終始していることが多い現在，こうした視点の提示は重要であると思われる。

I SNAの原理と構造

1 勘定体系としてのSNA

SNAの大枠と骨格は，93SNAを例にとって説明すると概略次のようである。SNAは，経済循環の構造を示すマクロ的諸勘定の包括的，統一的枠組みである。それが目指すところは，それぞれに独立の淵源と構成をもつ国民所得統計，産業連関表，資金循環表，国民貸借対照表，国際収支表の内容を整合的な勘定体系に統合することである。SNAがとらえる経済循環は，取引（実物取引，金融取引，移転取引）を中心とするフローとその結果であるストックとからなる（図7-1）。フローとは，一定期間内の生産の量あるいは取引の量をさす。ストックとはある一時点の資産や負債の残高である。取引は「制度単位間の相互の同意による相互作用である経済フロー，あるい

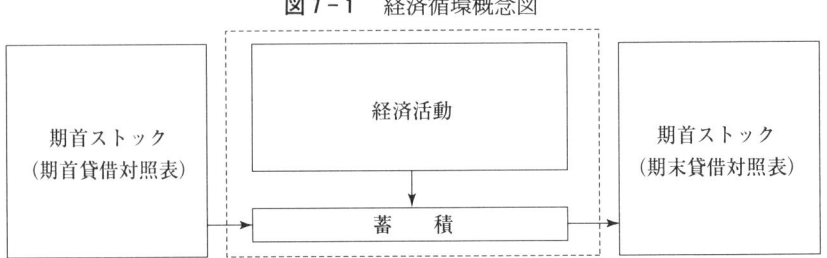

図7-1 経済循環概念図

は制度単位が…取引のように扱うことが分析上有用な制度単位内部の作用である経済フロー」(United Nations [1993] p. 72) と定義される。取引はその性質によって財貨・サービス取引，分配取引，金融的手段の取引などに分類可能である。これらの取引は，企業会計の形式を模して構成された勘定体系に記録，計上される。

取引は基本的に，二つの経済主体の間に成立する。93SNAでは経済主体は，制度単位で分類される。制度の定義は「財貨および資産を所有することができ，負債を負うことができ，それ自身の権利で他の単位との経済活動および取引に従事することのできる単位」(United Nations [1993] p. 3) である。制度部門は，①非金融法人企業部門，②金融法人企業部門，③一般政府部門，④対家計民間非営利団体部門，⑤家計部門の5つの制度部門と海外部門とからなる。93SNAにおける取引の記録は，基本的にこれらの制度単位に立脚して行なわれる。企業について述べるとその制度単位は法人である。他方で93SNAには生産活動の分析のために経済主体の活動別分類の余地が残されている。そこでは，事業所が同一の生産活動を行なう同質的生産単位として採用される。「単一の所在地に位置し，唯一の(非補助的な)生産活動が行なわれるか，あるいはまた主要な生産活動が付加価値の大半を占める企業または企業の一部」(United Nations [1993] p. 116) が事業所である。産業は，この事業所から構成される。

SNAは，一定地域の一定期間の経済活動である取引を中心とした経済循環とそれに付随して出てくる所得循環や金融的請求権・被請求権の増減などをフローとストックとの両面から総括的に把握する統計表である。体系は，大きく分けてフロー勘定とストック勘定とから成る(表7-1)。体系の中枢である総合勘定体系にそくして解説すると，フロー勘定は以下の諸勘定から成る [( )内はバランス項目]。①生産勘定，②所得分配・使途勘定，②-1 所得第一次分配勘定，②-1-1 所得発生勘定(営業余剰，混合所得)，

表7-1 93SNA勘定体系

フロー勘定	財貨・サービス勘定 生産勘定 所得分配勘定 所得使途勘定 蓄積勘定
ストック勘定	期首バランスシート バランスシートの変動 期末バランスシート

200　第Ⅲ編　国民経済計算体系の方法と課題

図7-2　93SNAにおける生産勘定および所得分配・使途勘定

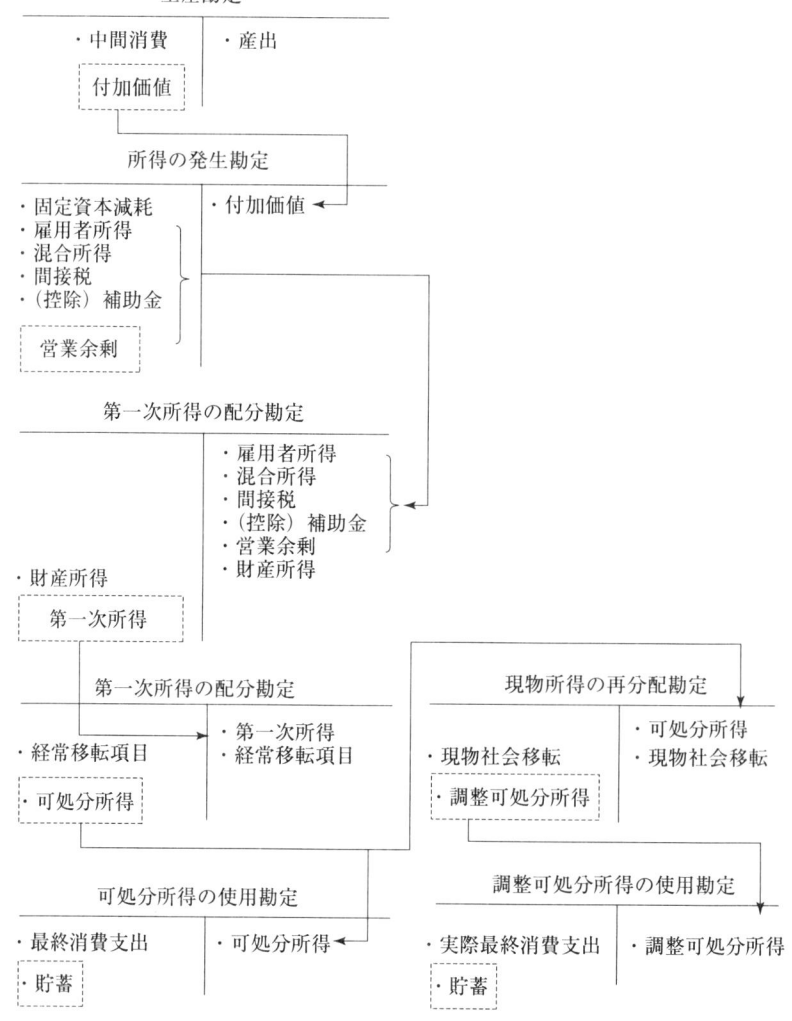

生産勘定
- 中間消費
- 産出
- 付加価値

所得の発生勘定
- 固定資本減耗
- 雇用者所得
- 混合所得
- 間接税
- （控除）補助金
- 付加価値
- 営業余剰

第一次所得の配分勘定
- 雇用者所得
- 混合所得
- 間接税
- （控除）補助金
- 営業余剰
- 財産所得
- 財産所得
- 第一次所得

第一次所得の配分勘定
- 経常移転項目
- 第一次所得
- 経常移転項目
- 可処分所得

現物所得の再分配勘定
- 現物社会移転
- 可処分所得
- 現物社会移転
- 調整可処分所得

可処分所得の使用勘定
- 最終消費支出
- 可処分所得
- 貯蓄

調整可処分所得の使用勘定
- 実際最終消費支出
- 調整可処分所得
- 貯蓄

注）点線で囲まれているのは，バランス項目である。
出所）白川一郎・井野靖久『SNA統計見方・使い方』東洋経済新報社，1994年，167ページ。

②-1-2　第一次所得配分勘定（第一次所得バランス），②-2　所得第二次分配勘定（可処分所得），②-3　現物所得再分配勘定（調整可処分所得），②-4　所得使途勘定（貯蓄），③蓄積勘定，③-1　資本勘定，③-2　金融勘定，③-3　その他資産変動勘定，③-3-1　その他資産数量変動勘定，③-3-2　再評価勘定，④海外勘定，④-1　経常勘定，④-2　資本勘定，④-3　金融勘定，④-4　その他の資産量変動勘定，④-5　再評価勘定。ストックに関する勘定として，⑤貸借対照表勘定がある。

　生産勘定では，付加価値の発生が示される。生産勘定の外部には財貨・サービス勘定が設定される。これは一種のダミー勘定で，内容的には国民経済が経済活動の結果どれだけの財貨サービスを提供したかを記録する。所得分配・使途勘定のうちの所得発生勘定から所得使途勘定までの諸勘定は，所得の発生にはじまって分配・再分配を経てその使用にいたる循環を追跡する。図7-2は生産勘定と所得分配・使途勘定との連結関係を表したものである。資本勘定，金融勘定，その他の資産変動勘定から構成される蓄積勘定は資産ストックに付加される資産フローをとらえる。このうち資本勘定は資本形成，資金調達・運用などの非金融資産のフローを，金融勘定は金融資産のフローをそしてその他の資産変動勘定は災害など不測の事態にともなう非金融資産と金融資産のフローを示す。

　さらに一国の国民経済の枠を越えた取引は，海外勘定で示される。この勘定も，資本調達勘定同様，実物取引と金融取引をとらえる。実物取引には財貨・サービスの輸出入，要素所得の受取・支払などの経常取引が記録される。金融取引は，海外からの資本移転を把握する。この勘定は対外資産の純増，対外負債の純増の記録で完結する。

　ストックのデータを記録する貸借対照表勘定には，各期末ごとの資産と負債の残高が複式簿記の方式によって借方と貸方とのバランスで示される。ここでは再評価勘定が分割されキャピタル・ゲインとキャピタル・ロスとが別個に把握可能である。

2　93SNA の特徴

　新しい SNA は，第27会期国連統計委員会（1993年2月22日～3月3日）

で承認された。案が発議されてから10年をこえる作業の成果であった。引き続き同年7月に開催された国連経済社会理事会では各国が同案に準拠してSNAを整備する旨，勧告があった。これに先立つSNA（従来「新SNA」と呼び慣わされてきた）は1968年2月の第15回国連統計委員会で採択，勧告された68SNAである。したがって93年のSNA改訂は，実に四分の一世紀ぶりのそれであった。

　国連レベルでSNA改訂が公の場で具体的に日程にのぼったのは，1983年開かれた第23会期国連統計委員会である。この委員会は初めて本格的改訂作業の具体化を提起し，1990年までに改訂作業を完了すること，そのための作業プログラムを企画する機関として事務局間作業部会を設置することを確認した。以来改訂作業は種々の困難をのりこえ，当初目標の1990年より3年遅れで，1993年に上記の原案が第27会期国連統計委員会に上程され，採択された。もっとも改訂に向けた議論は，83年が最初ではない。さかのぼれば，それは68SNA見直しの気運に呼応して開かれた1979年の第20会期国連統計委員会の開催に端を発する（しかし，68SNA見直しと問題点の洗い出し，すなわちSNA改訂の動きは既に1975年にカラカス［ヴェネズエラ］で開催された地域間セミナーに始まっていたとのこと）。次いでこの直後に国連統計局主催で2回の専門家会議が開かれ（1980年4月，1982年3月），改訂に向けた議論が始まった。ここではSNA改訂が体系の明確化，他の統計の国際基準との整合性などを中心とした小幅なものにとどめられるべきとすることを中心とする改訂作業の方針が煮詰められた。とくに82年の会議では改訂の羅針盤をつとめたR.ラグルズ（Richard Ruggles）の『ラグルズ・レポート』が公にされ注目された。改訂に関わる主要論点はこのレポートに含まれ，なかでも93SNAに実現した提案，すなわち実物と金融との二分法による部門分割を拒否し，勘定体系を制度部門別の分割で一貫させようとする見地がここで具体的に表明にされた。

　93SNAを68SNAと比較しどこがどのように変わったのか，その主要な点については次節で触れる。しかし，ここでSNA改訂に予め全体的な評価を与えるならば，その理論的・方法論的枠組みはそれ以前のそれを踏襲しており，そこにドラスティックな原則的な点での変更はない。経済主体間の市

場取引に焦点をあてて経済循環を捉える経済観,生産境界・資産境界の枠組みについての理念,体系を論理的構築物として構成する方法論,従来の基本原則は改訂にさいしてもゆるぎなく継承されている。先に述べたように改訂のねらいは,当初（1980年前半）SNAの更新（replacement）,明確化（clarification）と簡単化および関連する他の諸統計システムとの調和（harmonization）に主眼が置かれ,小規模な改訂にとどまるものと考えられた。しかし,紆余曲折を経てまとまった93SNAに接すると,改訂は単なる部分的な手直しにとどまらず,多岐にわたる大がかりなものであった。確かに,改訂までの経過時間の長さにもあらわれているように作業は大規模に展開され,したがって細部にわたる変更点はことのほか多かった。この点を重視する論者は,改訂がいかに大幅なものであったかとの印象をもつようである。その点を認めることにやぶさかではない。しかし,そこに理論,方法,原理の基本的枠組みのパラダイム転換があったとは言えない。それらは基本的に,踏襲,継承されているとみるべきである。以下ではそうした観点から論点整理を行なう。

93SNAと68SNAとの主な相違点は,次の諸点にある。第1に,勘定体系の基本構造の相違がある。93SNAで体系の中心に据えられた完全勘定系列（生産勘定,所得分配・使途勘定,蓄積勘定［資本勘定,金融勘定］のフロー勘定から貸借対照表のストック勘定まで）は,68SNAよりも一貫性をもって統合された。このことは,生産勘定を含め全ての勘定が制度部門別で構成されている点にあらわれている。この点は実物と金融の二分法に従って実物面を記録する諸勘定（生産勘定,消費支出勘定）が活動分類で部門分割され,金融面を記録する諸勘定（所得勘定,資金調達勘定,国民貸借対照表）の部門分割が制度部門で行なわれた68SNAと決定的に異なる点である。この措置により生産,分配,資本調達は,統一された部門分類のもとに体系的に把握できるようになった。

このことと関連して,93SNAでは所得の分配・再分配過程のより詳細なかつ連続的な把握を可能にする配慮がある。93SNA所得分配・使途勘定は,68SNAで生産勘定に属していた所得発生勘定とそれに加えられた所得・支出勘定とからなる。68SNAから引き継がれた後者の勘定は93SNAで4つ

の勘定に区分され（①第一次所得配分勘定［所得発生勘定，第一次所得稼得勘定］，②第二次所得配分勘定，③現物所得再配分勘定，④所得使途勘定）勘定記録の詳細化はかられた。しかも，これらはバランス項目で連鎖する諸勘定の体系であり，そこでは所得の発生から所得の最終的に使用にいたる経路が仔細に示される。

　第2は，投入－産出体系，産業連関表の位置づけの相違である。投入－産出体系は，SNAの不可欠な構成要素である。しかし，68SNAと93SNAとでは，その位置づけは変わっている。すなわち，投入－産出体系は68SNAではその中核にあり，体系の中心をなす生産勘定を支援するものであった。しかし，生産勘定の部門分類を制度部門別にあらためた93SNAでは，投入－産出体系（経済活動別部門分類）の位置づけは相対的に低められた。93SNAの投入産出表は，供給表（supply table），使途表（use table），正方投入産出表（symmetric input-output table）の3つの表からなる。前二者，すなわち供給表，使途表には産業間の現実の連関を実態にそくして写し出そうというねらいがある。これに対し，正方投入産出表は伝統的な産業連関分析が可能なように供給表と使途表にもとづいて作成される。供給表で示されるのは産業別の財とサービスの供給源である。表を行にそって読むことによって，各産業の財とサービスの供給状況がわかる。また，この表を列にそって数字をおうと各産業による財とサービスの産出構成がわかる。この表は68SNAではV表（経済活動別財貨サービス産出表：行に産業，列に商品を並べ各産業のプロダクト・ミックスを表示する）に相当し，日本の現行国民経済計算では「経済活動別財貨およびサービス産出表」という名称で呼ばれている。使途表では，行にそって生産物の使用が列にそって各産業による財貨およびサービスの価額と付加価値額の構成とが示される。この表の産業の中間消費の部分は68SNAのU表（経済活動別財貨サービス投入表：行に商品，列に産業を並べ各産業の中間投入を記録する）である。各生産物の部門ごとの中間消費と最終消費は，前者から知ることができる。各産業部門の投入構成，付加価値構成は後者から知ることができる。

　第3に，93SNAは生産領域を細部で若干変更した。生産領域の定義と範囲とはここまでは基本的に68SNAのそれを踏襲している。とはいえ，細部

では若干の変更があった。それによって，部分的に生産境界の範囲は拡大した。自己勘定生産における財の生産は従来その材料が一次生産物の場合に限って生産領域に含められていたが，93SNA でこの制限ははずされた。住居の所有者によるその修理，維持の経済活動，穀物の貯蔵，水の運搬といった経済活動も新たに生産領域に組み入れられた。以上について詳しくは次節第2項および8章3節，4節で再論する。

　第4に指摘しなければならないのは，資本概念の変更である。93SNA は，固定資本形成の範囲を拡大した。すなわち，次に掲げるものを新たに固定資本形成に含めることで合意があった。それらは，①鉱物探査，②コンピュータ・ソフトウエア，③文学・芸術作品等の制作，④民間に転用可能な軍事用耐久消費財，である。これらのうち，68SNA で中間消費として扱われていた鉱物探査（探査，試掘などの費用）は，93SNA ではそれが成功したものであるかそうでないものにかかわらず固定資本形成に含まれることになった。ソフトウエアは市場で購入されたものか内部で開発されたものかを問わず，企業で1年以上無形固定資産として生産に使われるのであれば固定資本形成に含まれることになった。固定資本形成の項目に入る文学・芸術作品の制作については，それが販売目的に制作されたものに限られること，作品完成後も生産へ寄与すると考えられる部分に対する費用がやはり固定資本形成にカウントされるようになった。さらに大部分の軍事用耐久消費財（空港，港湾，道路，病院など）への支出が消費に算入されていた68SNA の考え方と異なり，93SNA からはそれらが民間への転用が可能であるか，民用目的に利用可能であれば固定資本形成に含められる。破壊的兵器，その発射，投下のための設備，施設の購入に支出される費用は，消費支出である。最後に，社会資本の固定資本減耗は68SNA に記録されることはなかったが，93SNA では他の固定資産と同じように計上できることになった。

　第5は環境・経済統合勘定の設定である。これは，93SNA に初めて導入されたサテライト勘定のひとつである。サテライト勘定とは SNA の基幹体系を支える理論や方法になじまないものの，経済分析に必要な特定分野の情報整備に重きをおく補完的勘定である。サテライト勘定の設定は環境，技術開発，教育などの分野に予定されている。これらのうち高い優先順位で奨励

されたのは，環境・経済統合勘定である。この勘定設定の意図は，限りある環境のなかでの持続的経済発展という考え方のもとに経済と環境の内的連関，環境悪化，天然資源枯渇の経済的測定を考慮に入れ，持続可能な国内純生産 (Sustainable Net Domestic Product) という集計量を予定していることにある。

以上のような体系全体に関わる大きな変更点の他に，新しい概念（用語）の導入，既存の概念（用語）の変更，廃止がある。新規に導入された概念として重要なのは，国民総所得（GNI）である。これは第一次所得の全制度部門の合計で，その大きさはいわゆるGNPと変わらない。後者が生産面からみた概念で国民が生産した粗付加価値の合計であるのに対し，前者は所得面からみた概念で国民が受け取る所得の合計である。要点は，GNIが所得で測定されることである。

他にも93SNAの家計部門勘定と統合部門勘定の生産勘定に個人企業主の所得にかかわる混合所得（mixed income）という新しい概念の導入が見られる。その意味するところは個人企業主の営業活動からあがる所得が雇用者所得と営業余剰の二つの所得タイプの特徴をあわせもつ点にある。これらは68SNAでは営業余剰として一括されていたが，93SNAで新たに概念化された。

また，93SNA所得分配・使途勘定のサブ勘定である所得使途勘定（use of income acoount）には二つの消費支出の概念，すなわち最終消費支出（final consumption expenditure）と現実最終消費（actual final consumption）の概念が導入された。前者はある制度部門が支出した負担額としての消費支出で，費用負担という観点からとらえられた消費支出概念である。後者はある制度部門が実際に享受した便益に対する支払額としての消費支出で，これは便益享受という観点からみた消費支出概念である。関連して現物社会移転（social transfers in kind）という概念が，所得分配・使途勘定のサブ勘定としての現物所得再分配勘定に初めて登場した。これは例えば一般的個別消費のなかで政府がその費用を負担するが，家計がその便益を受けたときに，政府から家計へと現物移転したと考えられる財・サービスの受け払いを記録するために新設された用語である。68SNAには，この概念のもとに設定され

る勘定は存在しなかった。

　間接税，直接税も93SNAで名称変更された。間接税は生産物税（taxes on products），その他の生産間接税（other taxes linked to production）に，直接税は所得，富等賦課経常税（current taxes on income, wealth, etc.）に改められた。

II　経済循環とSNA

1　経済統計の特徴

　SNAは国民所得統計がその前身であり，一国の経済循環の総括的把握がその目的にあるマクロ統計である。SNAは同時に，その作られ方に関してみるといろいろな調査統計，業務統計をもとに，一部推計もまじえて編成された総合加工統計である。この統計は社会経済現象の認識にどのような意義をもち，経済分析にどのような役割をもつのであろうか。

　この問題を考えるにあたり，迂遠なようではあるがまず統計あるいは統計指標が現実の経済・社会の認識にとってどのような役割を果たすのかについて簡単な説明を行なっておきたい。理解を容易にするために結論を先どりして与えるならば，統計指標は経済現象にあらわれる特徴を数量的に診断する道具のようなものであるということができる。このことは統計指標一般に言えることであるが，とくにその対象である経済現象の徴候に鮮明に反応するようにつくられた失業率や物価指数などの経済統計指標にあてはまる。経済現象の特徴の認識道具としての統計指標のこの機能と役割は，健康診断の際，いろいろな検査，たとえば体温や血圧を測るとか，血液検査を行なって検査値を出すなどして身体の健康状態を点検することに例えられる。健康診断のさいに得られる数量的データから人は，健康に関わる特徴を認識できる。それらによって人は比較的症状の軽いうちに健康上の問題点について一定の認識をもつことができ，適切な治療を受けることができる。さらに定期的診断を受けることで人は健康的な状態にあるときの自身の生理系の数値について正確な知見を持つことができ，それらを健康管理の指針にすることができる。

ここでもし体温が平常値を越えたり，血圧が正常値からはずれると，それらは身体の変調の目安にされる。それが継続的に現れたり，突発的に異常な値が示されると発病の疑いがあると診断され，本格的な診察，検査が必要になる。

経済現象の徴候を統計指標で点検，診断する場合にもこれと似た事情がある。経済に関する統計指標の値は，物価指数にしても株価指数にしても，はたまた失業率にしても，経済の動きと変化に敏感な反応を示す。それらは経済現象を全体的に分析し，的確な診断を行なうのに不可欠である。定期的な分析をつうじて経済現象の諸側面についての関連データが時系列的に集積されれば，不測の病状がでる前にそれを予防することができる。この作業は，経済運営の舵取りに不可欠である。そして，それは政策当事者がルーティンの業務として常日頃行なっていることである。

統計の中には，諸統計指標を多面的に活用して経済現象のなかの個別的徴候を把握するのにとどまらない，経済循環の構造と動態を全体的に把握することに主眼をおく統計がある。本章が扱うSNAはその代表である。

SNAを利用した経済現象の把握は，物価指数や失業率といった諸統計指標を使ったそれとどう異なるのであろうか。SNAはこれまでにも触れてきたように国民経済全体の活動の前提であり結果であるストックおよびフローとを経済主体間の取引に焦点を絞り，かつ勘定という形式を借用して経済循環の態様そのものの統括的な把握を目的に編まれた統計（体系）である。この統計によって可能なのは，経済循環のマクロ的鳥瞰であり，ストックの更新とそれを媒介するフローとが円滑に遅滞なく進行しているかどうかの追跡である。企業経営に貸借対照表や損益計算書，家計のきりもりに家計簿が必要なように国民経済にとってSNAはなくてはならない計算書である。SNAに固有のこの特徴は，個々の統計指標が経済現象のある特定の一部についてのみ有効であるのとは全く対照的である。

経済循環の仕組みは，血液循環のそれに例えられることがある。身体が健康であるとき，体内の生理系はバランス良く機能しており，血液循環を含む体内の循環システムは順調に進行している。順調に進行する血液循環は，身体の組織の単位である細胞への養分や酸素の安定的供給，老廃物や二酸化炭

素の排泄を支える内蔵の諸機能の促進と活性化に貢献する。それはバランスのとれた生理系，体内の代謝活動のバロメータである。もしこのバランスがくずれ，循環がとどこおると動脈硬化といった現象が引き起こされ，身体は不調，不順をきたす。

　ひとつの有機的システムとしての国民経済におけるモノ（生産物）とカネ（貨幣）の循環には，以上のような血液循環のシステムと似た面がある。一定の期間に新しい価値がそこから作り出される経済はモノとカネの循環からなり，その円滑な循環は健全な経済の条件である。この過程は経済活動とも経済循環とも呼ばれ，経済主体間の取引の集合である。具体的にみると経済主体のひとつである企業は原料，労働力を購入し，生産過程でこれらを生産設備と結びつけて生産物を生産しこれを市場で販売する。企業はこの一連の過程で原料や労働力に対しては支払いを行ない，生産物の販売に対しては見返りが入ってくる。また家計という経済主体にも，それを中心にして似たようなモノとカネの流れがある。家計は企業に労働力という商品を提供し，その対価として賃金を受け取る。家計は労働力の再生産のために消費財を購入する。ここにもモノとカネとの一連の流れがある。何らかの事情によってもたらされたモノとカネの循環の不具合は，経済の低迷，不調の徴候である。景気の変化，物価上昇，失業率の増大など経済の負の現象は，バランスを失した経済循環の反映である。現実の経済循環はこのように企業，家計などの経済主体が相互に依存しあい，入り組み合う複雑な過程の総体である。

2　SNA 編成の理論と方法

　統計指標による分析を身体の健康診断とのアナロジーで解説したり，経済循環の仕組みを血液循環のそれになぞらえて特徴づけ，そうした側面をとらえる統計の意義を強調するという説明の仕方は分かりやすいが，限界がある。なぜなら，こうした意義づけだけでは社会経済現象を量的に測定する統計値と生理現象の観測結果である検査値との相違が明瞭でなく，前者に固有の機能と役割との積極的意義がなお不明だからである。

　統計には，観測値や検査値と決定的に異なる点がある。統計は何よりもまず，社会経済現象を統計調査を実施することに数量的にとらえたものである。

多くの統計は，自然科学での観測や検査の結果データと異なるいくつかの特徴をもつ。そのうちの一つは統計の作り手とその利用者とが人格的に別であるという点である。ここから統計の利用者の側からその現実性を問うという調査統計に固有の問題，換言すれば統計の信頼性，正確性という問題がでてくる。統計の信頼性，正確性の問題とは，一般に調査統計である政府統計の現実性を判断する二つの視点ないしは基準，換言すれば調査過程の理論的過程と技術的過程に関わる統計の現実性のことをいう。これらは，統計の現実性を調査対象である集団の理論的規定あるいは調査票作成の理論ないし方法と結びつけて問題とする統計の信頼性に関わる視点，それを調査票の運用の関わりで検討する統計の正確性に関わる視点という二つの視点である。統計の現実性を問うこの理論的方法論的視点は，社会経済現象の数量的認識手段である統計に接する場合に必ず必要とされる。統計の現実性は，以上の認識に基づいて点検されなければならない。統計を作成する調査では統計（ないし統計指標）の概念的枠組み，定義に関わる理論および方法論が必要である。理論的方法論的枠組みが曖昧であると，信頼性の高い統計はでてこない。また，調査は調査票を使って行なわれることが多く，かつ調査者も被調査者も具体的利害関係をもった人間であるので，調査票の配布から回収，集計のプロセスに起こりうる諸々の難点，ありうる調査拒否や虚偽の申告の問題がクリアされなければならない。統計の現実性を点検するときには統計そのものの背後にある調査過程の諸問題について十分な検討がなされなければならない。

　SNAの基本的性格づけを行なう時にも総合加工統計であるこの統計の現実性，その信頼性と正確性の点検が不可欠である。総合加工統計は，種々の調査統計や業務統計，また必要なところでは一部独自に得られた推計値が加工，編集されてできあがった統計である。総合加工統計は調査統計そのものではない。したがって，調査統計の現実性を問う視点はそのまま総合加工統計のそれを問う視点ではない。例えば調査統計の信頼性を吟味する際に必ず必要な調査票の検討という作業は，総合加工統計のそれを行なうときには直接問題にならない。しかし，調査統計の現実性を問う上記の二つの視点そのものは，総合加工統計のそれを問うさいにも有効である。総合加工統計は，

第7章　国民経済計算体系(93年)の基本性格

その加工，編集にさいし独自の理論や方法に，また特殊な推計方法に依拠する。それはまた，独自の加工技術を前提する。前者を検討してSNAの統計としての現実性を問うのが信頼性を検討する視点であり，後者を検討してその現実性を問うのが正確性吟味の視点である。

　SNA統計の現実性を判断する二つの視点とそれらの意義は，以上の考察から明らかである。以下ではこれら二つの視点のうち，93SNAの理論的，方法論的枠組みの確認を行なう。正確性に関する視点からのこの統計の検討は，別の機会にゆずる。その理由は第1に本章の中心課題がマクロ統計とその理論・方法との関連を検討することにあるからであり，第2に93SNAについては現在その原理の大枠が示されたばかりで，SNA作成に関わる統計技術的検討の素材がでてくるのはまだ先のことだからである。その正確性の検討という課題は各国が新しい枠組みのSNAの作成に実際に入り加工，組み替えという統計技術上の経験が蓄積されて初めて問題になる。そこで正確性に関する視点からこの統計を評価することは今後にゆだねざるをえない。以下では，93SNAの理論的，方法論的原理の確認を行なうことに考察の対象を限定し，この統計の信頼性を判断する材料を提供する。

　統計と経済学の理論との関係を明らかにすること，統計の作成に経済理論がどのように指導的な役割を果たすのかを明確にすることが，この章の最初に掲げた課題のひとつであった。93SNAがどのような経済理論に導かれて組み立てられたのかは，必ずしも明示的でない。一般的に言われているのはそれが，理論よりも実用性や有用性を重視する80年代の保守主義的経済観の産物であり，全体として制度的な枠組みのもとに構成された体系であるということである。くわえて93SNAの体系は，その構成に明確な道筋を与える理論的指導者に恵まれることなく産みおとされたともいわれる。これは，かつて68SNAが53SNAに代わって登場したとき，均衡成長モデルに適う社会勘定行列（SAM：Social Account Matrix）の設計や一般均衡論の実証分野での特殊理論としての産業連関分析という分野で業績をあげていたケンブリッジ学派のストーン（Richard Stone）が強力なリーダーシップをとった事情と対照的である。このような事情があるとはいえ，SNA改訂はある特定の経済理論への転換に導かれたと断定できるほど明確でない。それでも，68

SNAと93年のそれとが共通に前提している経済観はある。以下にそれを示す。

　SNAの理論的枠組みとも言える経済観は，次のようなものである。SNAでは，一定期間の一国の経済活動から産み出される付加価値の大きさ，そしてその発生，配分，支出とその経路とが定められた集計量で測定される。経済活動は，基本的に経済主体間の取引の集合である。連鎖する取引の場合は，経済循環とみなされる。この体系における集計量は市場で取引される財とサービスの価値である。また，必ずしも市場を経由しなくても政府，非営利団体が提供する非市場的サービスの価額や持ち家の帰属家賃も計測の対象である。それらは実際には市場で取引される対象ではないが，あたかも市場を経由する取引があったかのように擬制して体系に計上される。これを帰属計算という。いずれにしても体系の基本は，経済活動を市場での財とサービスの取引からなる集計量とみなし，それでもって一国の国民経済の活動の総体を計測するという点に集約できる。これを実現するのが連結するフローとストックの諸勘定である。問題は，これらの諸勘定がカバーする経済活動の具体的範囲である。生産境界，資産境界といわれるのがこの問題である。

　SNAが定める生産領域は，既述のように，家計内でその構成員により自己消費にあてられたり，提供される家事サービス・個人サービス以外の，生産されたすべての財とサービスあるいは資産を作り出す経済的生産（活動）である。「経済的生産は財・サービスを生産するために労働，資本，財・サービスの投入物を用いる制度単位の，統制と責任のもとに行なわれる活動」(United Nations [1993] p. 123) である。しかし「同一の家計内で自己の最終消費のための家事サービスあるいは個人サービスを生産する家計活動に対しては，有給の担当者を使って生産されるサービスを除いて，生産勘定は作成されない」(United Nations [1993] p. 124)。以上の定義から生産境界には，具体的には，①他の生産単位に提供される全ての財・サービスの生産（それが貨幣的取引の対象であるか，非貨幣的取引の対象であるかは問われない），②自己勘定生産にまわされる財・サービス，すなわち家計が自己消費目的にあてる財・サービスの生産，③政府，非営利期間などによって提供される全てのサービスの生産および有給の被雇用者によって行なわれる全ての財・サ

ービスの生産が入る。したがって生産という概念には具体的には有形の財の生産はもちろん，通信サービス，プログラム開発，理髪店の散髪など無形の財やサービスの生産が含まれる。SNAの基本概念であるGDPは，こうした生産活動によって生み出された付加価値の合計額（当然のことながら資産価格の変化にともなって発生するキャピタル・ゲインやキャピタル・ロスはGDPにも付加価値にも含まれない）である。93SNAの生産境界の基本的規定は，細部における若干の変更があるものの従前のSNAの考え方の延長線上にある。

93SNAの背後にある理論の基本的枠組みが従来のSNAのそれから大きくはずれるものでなかったとしても，SNA改訂に至る過程にはそうした説明できないファクターが随所に出てきていたことに目を向ける必要がある。これらのファクターとは経済主体間の市場での財とサービスの取引にのらない環境，技術開発，教育，保健といったものである。改訂には予想以上の時間がかかった理由のひとつはそうしたファクターの処理，扱いが議論の俎上にとりあげられ，体系を支える理論そのものが問われたからである。結果的に，これらは体系の中枢とは別の勘定（しかし中枢体系との整合性ははかられている），すなわちサテライト勘定で取り扱われることで落着した。

次にSNAは，独自の論理的構造をもった統計であることに注意する必要がある。それはひとつにはSNAの枠組みが公理論で基礎づけられていることである。それは公理的方法に導かれた論理的構築物としての体系である。ここでいう公理的方法とは経済主体，対象，活動，所有，取引などの証明を要しない，自明とみなされる公理を計算体系の基礎的概念として与え，現実経済の記述をこれらの諸概念の自己完結的な勘定体系として，形式論理的に矛盾なく構成する方法のことである。公理は厳格に定立され，体系は公理の無矛盾性と相互独立性を前提に構成される。豊富で多様な内容をもつ現実の経済循環は，体系のなかで統一的な階層構造をもつものとして表現される。倉林義正（1989）はその第1章で，国民経済計算論を公理論的接近という視点から研究したO.オークルスト（Odd Aukrust），J.ベナール（Jean Bénard）らの業績に着目し，SNAを論理的構築物として捉えその構造を明らかにすること，すなわちその公理論的基礎を問題にすることの重要性を指摘し

た。そこではSNAの計算構造の公理論的基礎を解明するとして，主体と対象に関する公理，活動，所有，状況，取引に関する公理，実物的循環に関する公理，金融的循環に関する公理，両者の循環の結合に関する公理が明示され，その上で経済循環を構成する取引がいくつかのカテゴリーに分類される。さらに概念と概念とを結合したり，取引の金額を合算するための操作に関する公理系が示され，SNAの構造を浮き彫りにする。

公理論にもとづく体系の枠組みは，客観的実在の多様性と統一性を論理の形式化と抽象化とを極限までにつきつめて構成されたものである。この体系を客観的事実の総括的認識という観点から合理的に解釈することは可能である。公理論に基礎づけられた体系に対する積極的評価がこれである。しかし他方で，公理論は形式性と抽象性および無矛盾性と自己完結性を極度に重視する。これが行き過ぎるといったん構成された公理系はそれに固有の諸公理の変更，追加，削除によって次々に体系の衣替えを行ない，それが体系の合理的展開とされる悪しき形式主義にながれる。また，体系の無矛盾性，自己完結性が重要視されるあまり，客観的現実から生じる体系変更の要請は体系の維持という観点から拒否されることが起こりうる。こうした点への方法論的配慮は，SNAを含め公理的方法が適用される分野ではとくに留意されなければならない。

おわりに

本章は国民経済を対象とする包括的な統計体系である国民経済計算の基本性格を改訂が成ったばかりの93SNA（国連基準）に焦点をあてて明らかにした。SNAの基本性格を示すという冒頭に掲げた課題は，その勘定体系の構造を示し，68SNAと対比し，また改訂の経緯をたどり，その理論的方法論的基礎を点検するという順序で果たされた。限られた紙幅でこれらの検討がどれだけ十分にかつ分かりやすくなされたかというと，心もとない部分もある。不十分な点は，今後の課題とせざるをえない。ただ，この時点で言えることで，わたしが一番強く感じることは，SNAを支える経済理論や方法

論の輪郭がそれほどはっきりしたものではないにもかかわらず，体系のロジックは強固であるということ，強固でありながらしかしそれさえも不変なものでないことが具体的に出てきたことである。

　一例を挙げれば，本文中で述べた生産境界の問題の取り扱いである。この問題はSNAを支えるいくつかの部分のなかでも根幹を成す部分であるが，この部分についてSNAは家計内でその構成員のために提供される家事サービス，個人サービスもこの体系に含めるべきとする考え方を拒否し，基本的に従来の考え方を踏襲した。理由は簡単である。すなわち，そうした部分も仮設的取引として体系に取り組むと，市場経済のマクロ分析を目的とするSNAのコンセプトがこわれ，体系が無意味になるからである。SNAの理論と方法は，ことこのことに関していえばすこぶる頑健であり，保守的である。もっとも，この保守性を貫くのにも限度はある。サテライト勘定の導入をはかって，中枢体系におさまらない部分への対処を図ったことはその証左である。その意味で，93SNAを評価するさい，このサテライト勘定が設定された意味は非常に大きいのではなかろうか。確かにこの勘定の設定は，一見，理論や方法的枠組みに抵触する部分への便宜的な対応のように見える。しかし，それはSNAの今後の展開の方向を予感させる一つの鍵である。

【参考文献】

桂　昭政（1992）『国民経済計算と経済厚生』桃山学院大学総合研究所
倉林義正（1989）『SNAの成立と発展』岩波書店
作間逸雄（1980）『国民経済計算』東洋経済新報社
白井一郎・井野靖久（1994）『SNA統計見方・使い方』東洋経済新報社
武野秀樹・山下正毅編（1993）『国民経済計算の展開』同文舘
J. R. Hicks (1971), *The Social Framework, An Introduction to Economics*, 4th ed.（ヒックス著，酒井正三郎訳『経済の社会的構造――経済学入門――』同文舘，1972年）
United Nations et al. (1993), *System of National Accounts 1993*.

第8章　国民経済計算体系と女性労働

はじめに

　女性に関する統計の不備は，1975年の国際女性年で採択された「世界行動計画」の中ではじめてまとまった形で指摘された。以来，女性統計への改善に向けた取り組みは国連およびINSTRAW（インストロー）やILOなどの国際諸機関で急速に進められた。その内容は，各国労働統計指標の性別表示の促進，統計調査過程や調査票の点検と改善，国際比較可能な女性統計指標の体系化として要約できる。国際標準職業分類の改訂で女性が従事する職業へ一定の配慮がなされたこと，ILOによる経済活動人口の定義の一部変更が女性の経済活動の特性を考慮してなされたこと，さらにSNAの改訂で女性の経済活動の評価が議論にのぼったことなどが，こうした国際的取り組みのうちに数えられる。

　本章でわたしは，以上のうち最後に掲げた点に関わって，経済活動人口をSNAと直接結び付けて定義づけることがはたして妥当なのかを検討する。しかし，この問題を検討するためには，そもそもSNAで女性労働がどのように評価されてきたのかという点について一定の認識をもたなければならない。また，SNAで生産概念がどう扱われるのか，経済活動がどのように表現されるのか，それらとの関連で個々の具体的な女性労働がいかに体系の中に位置づけられるのかを明らかにしなければならない。

I　問題の所在

　SNAと女性労働との関わりが直接問題とされる契機となったのは，1982

年10月のILO第13回国際労働統計家会議で改訂された経済活動人口の定義のなかにSNAの生産の範囲と経済活動人口の関連が明示的に唱われるようになってからである。この定義の中で「(経済活動人口は) 特定の期間内に国連の国民経済計算およびバランスの体系において定義されている経済的な財とサービスの生産のために労働を提供するすべての男女」であると述べられている。[1]

SNAの目的は，経済単位が生産と消費というプロセスに関わる結果生じる取引を勘定の体系によって記録することにある。SNAを推奨する人たちによれば，ある一定期間における経済活動全体は，SNAによって包括的に把握可能である。また，SNAは生産に寄与した国民の活動を関連する諸勘定に計上することができるともいわれる。このことの当否を判断するには，生産の範囲をどのように定義づけるか，定義に基づいて個々の諸活動を経済活動としてどこまで認めうるのか，統計調査でどのような形式の調査票によって諸活動を評価するのか，などといった諸点が明確になっていなければならない。

SNAの生産の範囲は，「全ての財の生産，市場で取り引きされるサービスの生産ならびに他の経済単位に所得フローを発生するサービスの生産」と定められている。生産の範囲に関するこの定義では経済活動としての生産は，経済活動を行なう人口の性を特定することなく定められている。しかし，諸経済活動を具体的に指標化するさい，女性の労働には測定上の固有の困難がつきまとう。ここから女性の経済活動が68SNAで過小評価されてきたという議論がでてくる。

この議論は，次のような内容のものである。女性は男性と比べ，「家計」(SNAの制度部門別分類のひとつであり，そこには個人企業も含まれる。以下で家計という場合はこれを指す) という小規模な生産単位で断片的かつ非定型な仕事につくことが多い。そうした労働の提供は，しばしば無償で，収入の見返りがないままになされる。それらは経済活動とみなされず，SNAの枠組みから除外される。こうした事態は途上国の家計の管理下にある小規模生産単位やインフォーマルセクターでの活動形態の取り扱いに，また途上国，先進国を問わず家計内でその構成員のためになされる財とサービ

スの生産への女性の関わり方の評価に典型的に表れる。しかし，社会的分業という視点から考えれば，上記のような女性の活動は社会的に不可欠な労働であり，富の生産に多大な貢献をしている。女性のそうした社会的貢献の程度は，SNA に反映されてしかるべきである。現在は，それが十分になされていない。

　以上のように問題を整理すると，SNA と女性労働という問題について，論点は 2 つにしぼられる。第 1 は，そもそも SNA が何をどのようにとらえる体系なのかを確認することである。現行の経済活動人口の ILO による定義が SNA の生産の概念に準拠している以上，その内容を理解するには SNA の性格を吟味しておく必要がある。第 2 は，第 1 の点をふまえ，経済活動人口を女性労働の特殊性も考慮にいれて定義づけるときに，SNA の生産の定義に一元的に依拠することが妥当なのかを検討することである。

　次節以降では以上の 2 つの論点のうち前者に，すなわち SNA の性格を明らかにし，そのこととの関わりでそこに女性労働をどのように反映させるかという問題がどのように系統的に検討され，了解されてきたのかという点に重きをおいて議論が展開される。わたしはこの検討を進めるにつれ，上記の第 2 の論点に否定的な結論をもつようになった。この論点に対するわたしの考え方をあらかじめ明確にしておくことは重要であると思われる。

　わたしの結論は，SNA の生産の範囲に準拠して経済活動人口を定義づけ，それは SNA の生産の範囲に準拠して経済活動人口を定義づけ，それをもとに女性労働の大きさを測定することには無理があるのではないかということである。なぜなら，SNA は基本的に市場取引に焦点をあてて経済循環を把握する体系であり，そこからはみでる部分にも一部配慮があるが，体系の枠組みは後者を十全に反映する構成をもたないからである。経済活動人口が SNA に準拠して定義される限り，個々の人間の活動は市場に提供される財とサービスの生産にかかわる活動か否かという基準に照らして評価されることになる。もちろん，SNA には非市場取引にかかわる活動が帰属という取り扱いのもとに部分的に取り入れられ，その限りで非市場的生産に関わる活動も経済活動人口として規定される余地はある。しかし，非市場取引を全面的に SNA に取り込むことは SNA の政策的効果を減ずるものとみなされ，

敬遠される。このことの確認は重要である。

　誤解のないように付け加えると，別の視点に立つならばSNAの生産の範囲は決して狭く限定されているわけではない。物質的生産部門の活動も非物質的生産部門の活動も区別なく全て生産とみなすという意味では，むしろ生産の定義は広すぎる。SNAの生産の範囲の規定によれば，農業や工業部門での経済活動も文学・芸術作品の原作に関する著作・創作活動も等しく生産活動ということになる。しかし，問題なのはSNAの生産の範囲がこのように広義に規定されているにもかかわらず，途上国での，あるいは先進国での一部の女性労働の成果がそこに含まれず，それらが経済活動人口の構成部分として評価されないということである。

　いずれにしても経済活動人口をSNAの生産境界と直結させることには無理というのがわたしの見解である。それはとくに女性労働が経済発展に果たしている貢献の程度を測定する場合に表面化する。生産境界の基準を緩和して女性の活動を正当に評価するには，無報酬の労働をも正確に把握しうる経済指標体系がSNAの次元とは別個に考えられるべきなのではなかろうか。

II　SNA改訂と女性労働統計改善との関わり

　前章で詳しく触れたようにSNAは1993年2月に改訂された。[2] 約10年間，国連を含む関連諸機関は，改訂作業に精力的に取り組んだ。ここでは改訂作業と並行して進んだ女性労働統計改善の国際的取り組みを念頭に，作業の経緯を整理する。

　改訂されたSNAの国連基準に先立つ基準は，68SNAと呼ばれる。[3] 68SNAはその名の示すとおり1968年の第5回国連統計委員会で採択され，4分の1世紀の長きにわたって各国のSNA作成の指針として採用されてきた。93年の改訂は，当初は68SNAの基本精神を受け継ぎ，定義や分類の調整，途上国の統計事情に配慮した体系の部分的変更，他の諸統計との調和などにポイントが絞られていたが，採択された新基準は随所に大きな変更の手が加えられた。

改訂にいたる道のりは平坦でなかったようである。68SNA の見直し作業のため専門家会議の招集を決定したのが1979年の第20会期国連統計委員会で，翌年第 1 回専門家会議が開かれている。1983年開催の第23会期国連統計委員会では1990年までに関連統計との調和を主眼においた改訂を完了すること，そのための作業プログラム企画の機関として事務局間作業部会を設置することが確認されている。改訂作業は，①68SNA の問題点を整理する段階，②改訂にむけ個別のトピックスを検討し方向づける段階，③改訂作業を集約し改訂案をまとめる段階の 3 段階をふんで進められた。以来，当初の目標を 3 年間延期した10年目の1993年，ようやく改訂 SNA の最終草案と事務局間作業部会の修正案とが第27回国連統計委員会に上程され，その議案の採択が勧告された。国連経済社会理事会は 7 月，この勧告を受けて決議を採択した。

概略以上のように進められた一連の改訂作業に無視できない影響を及ぼしたのは，女性の経済活動に関する統計指標改善に向けての国際的取り組みと成果である。その端緒は国際女性年（1975年）の世界会議で採択された「世界行動計画」における女性に関する統計の不備の指摘とその改善に向けた提言にまでさかのぼることができる。93SNA に向けての具体的提言としては，国民経済計算や GDP に女性の貢献を，彼女たちの活動に対する対価としての報酬があるなしに関わらず，反映させるべきであるとしたナイロビ将来戦略会議（1985年）の勧告が記憶に新しい。重要なのはその後の女性に関する統計と統計指標の開発の国際的取り組みが SNA 改訂作業と時間的に並行したこと，種々の国際的機関が適宜 SNA の改訂に女性労働の実情とその成果を反映させるよう努力すべき旨を提言したことである。

主として女性労働統計の改善という視点から SNA の改訂に関与した国際機関は，INSTRAW と ILO である。女性に関する統計の充実に向けた取り組みは，INSTRAW の活動全体のなかで大きな比重をしめる。それというのもこの機関は，現在女性のおかれている状況を改善するためにはその状況を客観的に反映する統計を収集し，作成することが要になるという認識のもとに諸活動を行なっているからである。女性に関する指標の利用可能性を高めるための概念と手法の開発に関する研究は，そうした取り組みのひとつとして注目に値する。1986年10月には SNA 改訂との関連で組織された「女性

の所得およびインフォーマルセクターへの参加と生産の測定に関する専門家グループ会議」がINSTRAWによって招集され，INSTRAWはここでSNAと女性の活動，とくにインフォーマルセクターでの活動というテーマを討議する場を提供した。SNAと女性労働との関わりを検討したこの会議は，先に示したSNA改訂作業第2段階で専門家グループによる問題解決のための会議の一環として開かれた。

　議論の結果確認されたのは，次の諸点である。(7) ①途上国の女性の活動が深く関わるインフォーマルセクターに明確な定式を与えること，②家計部門をたとえば農業と非農業のように細区分すること，③既存のSNAの生産境界は基本的な勘定の計算のためには保持されるべきであるが，境界の定義と根拠とがより広く理解され，国際的勧告が国民勘定にも経済活動人口のデータにもより広く一貫して適用されるよう努力すべきであること，水くみといったようなものについてはSNAの境界基準を緩和するよう考慮すべきこと，④女性の活動と生産は，可能な限り，国民勘定の補足表として示されるべきこと。

　最終的に，専門家グループが到達した結論は，SNAの既存の生産区分がそのまま適用されれば途上国の女性の活動の多くがSNAに含められるとの確認である。このことの確認のもとでなお，SNAおよびナイロビ将来戦略の実現に向けて次の提案がなされた。まず，SNA改訂のために要請される当面の活動として，①SNAの生産境界の輪郭を明確化すること，②SNAの世帯部門の細分割を行なうこと，がとりあげられた。また，③国民勘定に関する別の活動としてGDPあるいは拡大GDPを性別で推計するためのガイドラインと分析的研究が準備されるべきこと，④国民勘定のために使われる推計手続の性的偏りが研究されるべきこと，⑤各国が定期的に家事労働による付加価値をSNAの原則にしたがって推計するべきことが確認された。

　第24会期国連統計委員会は，1986年専門家グループの会合の結論と提案の検討を行ない課題の整理と展望を示したが，93SNAの生産境界に関する認識は専門家グループの結論と同じところに落ち着いている。

　他方，ILOは冒頭にふれたとおり，経済活動人口をSNAの生産概念と整合性をもたせる方向を明確にうちだした。このこととの関わりでILOは，

経済活動人口の大きさをいかに正確に把握するかに努力している。ILO の顕著な動きとして，わたしが注目するのは，インフォーマルセクターの定義づけとそこでの活動形態の測定に関する調査研究の蓄積，また雇用と開発部門のスタッフメンバーである R. アンカーによって行なわれた経済活動人口の定義と測定方法に関する調査である。

　前者のインフォーマルセクターについて，ILO はそこにしめる女性労働の比重が大きいことに注目し，その概念化と定義づけに努力している。ILO は，この作業を遂行する過程で SNA の枠組みを基礎におき，フォーマルセクターとの一貫した比較分析の可能性を追求した。第14回国際労働統計家会議（1987年）と労働統計に関する専門家会議（1992年）は，インフォーマルセクターを定義するのに最も適当な調査単位が経済的生産単位である（個人あるいは仕事ではなく）という結論を出している。

　また，アンカーは，途上国における女性の経済活動に関する統計が脆弱であるとの認識のもとに，このようなところでは多元的な経済活動人口（有給労働力，市場向け労働力，ILO 定義の労働力，拡大労働力）の定義が有効であることを確認するために，実際にインドで地元調査研究グループとの協力のもとにメソッド・テストを行なった。調査の結果が示したことは，調査における質問表の構成，質問の仕方が経済活動人口率に大きな影響を与えること，既存の定義のもとに公表されていた以上に多くの女性が経済活動とみなしてよい仕事に従事していること，したがって従来方式では女性労働の経済的貢献への過小評価が十分ありうること，などであった。

　以上，駆け足で SNA 改訂作業の経緯とそこへ女性労働をいかに反映させるかという点に関する論議の経緯およびその解決方向について整理してきた。議論がこのように煮つまってくると，そもそも SNA は何をどのように反映する統計体系なのかについて知っておく必要がある。次節では，この点を明らかにする。SNA の基本的枠組みについての正確な認識をもてば，そこにどの程度女性の活動を反映することができるのかも自ずと定まってくるであろう。

III　SNAと経済活動

　SNAは，前章でも触れたが，非常に特殊な論理構造をもった統計である。その特殊性は，SNAの計算構造が公理論的基礎，すなわち計算の前提として経済主体，対象，活動，所有，取引などについての一定の約束ごと（公理）から出発して構成されることにある。このことを理解した上で，SNAは経済循環すなわち経済単位間の財とサービスあるいは資産の取引を企業会計の勘定形式に模して構成された統計表と性格づけられる。

　具体的に紹介すると93SNAはコアになる勘定体系とサテライト勘定と呼ばれるサブ体系とからなる。前者はフロー勘定とストック勘定とが整合的に統合された体系で，体系を構成する全ての諸勘定が相互に矛盾なく連関しあう完全接合的なシステムである。後者は特定の部門や活動の関連データを多角的に表示する補完システムである。

　行論との関わりでコア体系のフロー勘定を説明する。経済単位は制度部門として非金融法人企業部門，金融法人企業部門，一般政府部門，対家計民間非営利団体部門，家計部門（個人企業を含む）の5つの部門と海外に大きくグループわけされる。経済循環のフローは，財貨・サービス勘定，生産勘定，所得分配・使途勘定，蓄積勘定，海外勘定といった諸経済勘定に記録される。財貨・サービス勘定は，財とサービスの購入と販売に関連する実在取引を中心に記録する。生産勘定は，経済的生産活動を記録の対象とする。以上の2つの勘定の記録対象となる財貨・サービスの範囲をいかに定めるかという問題は，一般に生産境界の問題と呼ばれる。

　経済活動として評価されにくいのは，家計部門で遂行される女性労働である。家計という単位で，主として女性によってになわれる家事サービスや個人サービスはSNAのなかにどう位置づけられるのであろうか。このことを点検するためには，問題をもっと具体的に家計内部で自己消費や自己資本形成にあてられる財とサービスあるいは資産の生産がSNAでどのように処理されるのかという点に焦点をあてて示す必要がある。

　次に，取引とは「2経済単位間で両者の合意のもとで行なわれる相互作用

であり、それによって一方の経済単位あるいは双方の経済単位が、財、サービスあるいは資産を他方の経済単位に提供する」ことと定義され、SNAが反映する中心的取引は経済単位の間に客観的に成立する取引で、この取引は実在取引とよばれる。実在取引は貨幣的取引と非貨幣的取引とに区別することができる。財とサービスの取引の見返りに貨幣取引を随伴するものは貨幣的取引であり、そうでないものは非貨幣的取引である。

SNAはこれらの実在的取引の他に「現実世界には起こっていないが会計目的では起こっていると見なされる」仮設的取引をも想定して、勘定体系を組み立てている。この仮説的取引は3種類あり、このうちのひとつは単一の経済単位の内部に生じると仮定される単位内取引（農家の自家消費など）であり、もうひとつは物々交換のように貨幣を媒介としない取引であるが、その取引の大きさを測定するためにあたかも取引が貨幣の介在によって成立しているかのように仮定される取引（この測定は帰属計算という方法によって行なわれる）、そして最後にこれも実際の取引としては存在しないがあたかもそれがあるかのように仮定されるリルーティング（社会保障負担金の企業部門から家計部門への振り替えのようなもの）である。問題は、この種の仮設的取引がどこまでSNAに反映されるかである。一般的に言って、SNAは経済単位間の市場取引を映し出すのにふさわしい形式で構成され、仮設的取引の表示は二義的に取り扱われている。女性労働によって生み出される活動の成果（とくに途上国の自己勘定生産のもとでの財とサービス）の少なからぬ部分は市場を経由することなく消費され、仮設的取引による処理に委ねられる。結果として、SNAによる女性労働の活動の評価はせばめられる。

家計、非営利機関、政府などのように、生産だけでなく最終消費にも関わる経済単位の生産勘定には、仮設的取引という帰属化された取引の記録も可能とされる。上記の家計内部で女性の活動によって生み出される成果の一部は、この仮設的取引としてSNAに反映される。

いま、家計という経済単位をとりあげてこの自己勘定生産というものがいかなるものか、その生産のどの部分がどのような形でSNAの対象となるのかを整理しておきたい。自己勘定生産とは家計内でその同一の家計内の構成員の消費に向けられる生産物の生産のことである。途上国でしばしばみられ

第8章　国民経済計算体系と女性労働　225

る自営農業を営む農家は，自己勘定生産の典型例である。この場合，生産者たる農家は全面的に自己勘定生産にたずさわっていることになる。先進諸国では生産単位のこのような存在の仕方は稀であり，一般的な形はその生産物の大部分を他の経済単位に販売し，ごく一部の労働が自己消費分に投入され，この部分が自己勘定生産として計上される。SNAでは自己勘定生産にたずさわる経済単位は，生産者であると同時にそれ自らが生産した財とサービスの消費者でもあると見なされ，この両者の間に取引があったと仮定される。

　このように仮設的取引の想定のもとに，自己消費あるいは自己資本形成にあてられた全ての財は，生産物の産出として勘定に記入される。しかし，同じ家計内で自己消費のためにあてられる家事サービス，個人サービスは生産物の産出と見なされず，勘定体系の記録からはずされる。もっとも，後述のようにこれらの家事サービスや個人サービスが有給の家事使用人などによって行なわれた場合に限り，それらは生産領域に属するものとされる。

　SNAで生産領域に含められるのは，結局家計内部でその構成員によって提供された消費目的のサービス（住居，家計耐久消費財の修理と維持を含む）以外の「生産された」すべての財とサービスあるいは資産ということになる。したがって実在取引を構成する貨幣的取引と非貨幣的取引の対象となる財とサービスの生産は，また家計内で行なわれる自己消費目的の財の生産はその全てが仮設的取引として取り扱われることによってSNAの生産勘定の対象となる。

　以上のコア体系におさまりきらない現実の活動はサブ体系のサテライト勘定への記入に委ねられる。これは，コア体系ではある経済主体の活動が代表的活動に限定して取り扱われるが，これにならって多義的性格をもつ取引も一元的に規定されてしまうという限界を補うための措置である。この措置は国連基準のSNAとして1993年改訂版に初めて導入されることとなった。

　93SNAでは女性労働を評価するという観点から，コア体系における生産境界の一定の見直しがなされたのであるが，体系全体の性格に由来する制約から依然として経済的生産の境界に含めることのできない部分も少なくない。そのような場合はサテライト勘定で補完するというのが93SNAの考え方である。「インフォーマルセクターにおける女性の収入ならびにその参加と生

産の測定に関する専門家グループ」の次のような指摘は，その端的な表現である。「経済的生産の境界には含められない家庭内活動についての『枠外』の勘定を定期的に編集することが必要」であり「これらの勘定はできるだけ多くの国で定期的な作業として編集され，できる限りSNAと整合的であるのが良い」と。[12]

IV 93SNAの生産境界（家計における諸活動との関連で）

前節では，SNAが経済循環のどのような面をどのように反映するかという原則について，女性による労働の投入のウエイトが高い家計の生産活動に焦点をあてて示された。このことをふまえ，本節ではSNAで家計の個々の活動がどのように扱われるかを確認する。

生産領域の範囲をどのように限定するかという点に関して93SNAの考え方は，次の2点に絞られる。第1は生産領域の定義の大枠は変更せず基本的に従来のそれを継承すること，第2は自己生産について概念の明確化をはかることである。93SNAが生産領域と定めるのは，①他の生産単位に提供される全ての財とサービスの生産（それが貨幣的取引の対象であるか，非貨幣的取引の対象であるかは問われない），②自己勘定生産にまわされる財，すなわち家計が自己消費目的にあてる財の生産，③政府，非営利機関などによって提供される全てのサービスの生産および有給の被雇用者によって行なわれる全ての財の生産である。これに対し家計内の構成員により自己消費にあてられる家事サービス・個人サービスは生産領域から除外される。

以上の93SNAの生産領域の規定は，従来のそれと基本的に変わらない。しかし，細部では若干の変更がみられる。本章の主題との関連でとくに重要なのは，自己勘定生産のもとでの生産である。たとえば家計による財の自己勘定生産について，生産された財が非一次生産物の材料を使用しているという理由で生産領域から除外されることはなくなった。この代表的な例としてあげられるのは履物の生産活動である。従来それは木材（一次生産物）で作製されたものであれば経済活動，ゴム製（非一次生産物）であれば非経済活

動とみなされていたのであるが，93SNAでは両者とも経済活動として取り扱われるようになった。これは生産領域の規定に付されていた制約条件，すなわち使用される原材料が同一の生産単位で生産された一次生産物でなければならず，産出物の若干が販売に供されていなければならないという条件がとりはずされたからである。このような処理の仕方が導入されたことによって，一次生産物の加工や自己消費のための非市場生産物の生産は，それらの加工や生産に使われる材料が一次的性質をもつか非一次的性質をもつかに関わりなく，一国のその種の財の供給に重要な貢献がなされていれば生産境界に入り，経済活動として評価されることになった。同様に自己消費のための非一次生産物の生産も，生産者がこれらの財の一部を市場に売るかどうかということと関係なく，生産境界に含められるようになった。

これとは別にもし所与の国である種の生産活動の自己勘定生産がその総生産にかなりの割合をしめるならば，その生産活動も生産領域に属するものと認められるにいたった。ここでいうある種の生産活動とは非一次生産物で作られた手工業製品など68SNAで生産領域から除外されていた諸活動である。また，「穀物の貯蔵」は穀物を生育し，生産する過程の一部と解釈され生産領域に含められることになり，従来サービス活動とみなされていた「水の運搬」は利用可能な水の製造とみなすように改められ，果実や野菜の集荷と同じように生産領域に含められることになった。

したがって，同一の家計内の構成員のための次のような諸活動は，全て93SNAの生産の範囲のガイドラインでは経済活動として評価される。[13]

①生産物の貯蔵を含む農産物生産，いちご類やその他の野生の作物の採集，林業，木材伐採とたきぎの収集，狩猟業と漁業，②岩塩の採掘，泥炭の切り出し，水の運搬のような，その他の第一次生産物の生産。③農産物の加工。つまり脱穀と製粉，家畜のとさつ，獣皮の加工，肉製品と魚肉製品の生産と保存，バターやチーズなどのような乳製品の生産，ビール・ワイン・アルコール類の生産，脂肪種子の圧搾，かごやござを編むことなど。④その他の種類の加工。布を織ること，婦人・子供服と紳士服の仕立て，履物類の生産，陶器・家庭用品・耐久財の生産，家具や備え付け家具の作成など。

女性が以上の仕事に従事する比率は，かなり高い。

生産境界の拡大は，この他にも住居，農業建築物の修理と維持に関する部分に見られる。修理や建て替えはもしそれが固定資本形成と見なされるほどの内容のものであれば，以前にも生産境界に含められていたのであるが，93SNAでは規模がそれほどでなくとも，もしその修理や維持が住居の所有者によって行なわれるならば生産活動として取り扱われることになった。

家計内で家計の構成員によって提供されるサービスは，SNAでどのように評価されるのであろうか。この種のサービスは，以下のようなものである。①家計により占有されている住居の清掃，修理。ただし，持ち家に住む人により行なわれる修理は除かれる。②家計の目的で使用される乗り物を含む，家計の耐久消費財及びその他の家計の財の清掃，修理，維持。③食事の調理と給仕。④子どもたちの世話，訓練，教育。⑤病人，虚弱者，老人の世話。⑥家計の構成員の財の，家計の乗り物を使った輸送。以上のようなサービスの提供は家計内の構成員によって行なわれる場合と，家事使用人などをやとってなされる場合と2通り考えられる。

結論を示せば，SNAでは雇用された有給の家事使用人などによってこれらの家事サービス，個人サービスが提供された場合に限って，生産領域に含められ，そこに投入された労働は経済活動とみなされる。しかし，家計内の構成員によってそれらが遂行された場合，それらは生産領域から除外される。家事サービス，個人サービスの取り扱いのこのような区別のポイントは，それらの提供によって，他の経済単位に所得がもたらされるかどうかという点にある。有給の家事使用人を雇い彼らによって家事サービス，個人サービスが提供される場合には，その見返りとして報酬が与えられる。それらが生産領域に含められるのは，そこに所得の発生が認められるからである。

家計内の構成員によるこの種のサービスの提供は，途上国でも先進国でも女性にまかされていることが少なくない。しかし，SNA基準で経済活動人口を定義づける限り，それらの経済的評価は見送られる。

おわりに

　本章の課題は，経済活動人口を SNA と直結させて定義づけることの妥当性を，SNA によって女性労働を客観的に評価可能なのかという視点から検討することにあった。この課題に接近するためにまず SNA の枠組みと SNA 改訂の経緯について分析し，次いで SNA の基本性格を明らかにすることによってそこに女性労働の経済的貢献をどの程度反映しうるのかを整理した。

　その結果，明らかになったことは次のとおりである。SNA は独自の厳格な枠組みをもっている。SNA は定められた分類基準にしたがって反映される対象としての経済主体とその活動を特定し，一定の論理的約束のもとに経済主体間の取引を勘定形式で表現するという構成をとる。このように SNA に固有の論理構成は特殊なものであり，それによって与えられた生産境界の枠組みに現実の動態的かつ非定型的な労働の態様を形式的に固定するのは，もともと無理な事柄である。

　一例をあげると家計内でその構成員のために提供される家事サービス，個人サービスは SNA の枠組みにとりこまれないが，そのことを説明する理由としてあげられているのは，そこまで仮設的取引としての帰属フローの範囲をひろげると，市場経済のマクロ分析を目的とする SNA の構成がバランスを失し，体系自体が無意味になるという弁明である。この弁明の背景には，SNA の枠組みにもとづく制約から離れて，もし経済厚生の経済指標という観点にたつならば，家事サービスや個人サービスをも生産領域に含めることが可能なのだという了解がある。これは SNA の原則なり論理構成が便宜的に組み立てられていることを物語るひとつの有力な証左である。

　SNA の生産境界がひとつの基準を示していること，その基準によって経済活動人口の定義を与えることができるという考え方を絶対視することはできない。経済活動人口の定義は現実の労働の態様をふまえ，分析目的に照らして多義的に編成されるのがよい。労働統計の指標としてこのことが追求されなければ，女性労働を統計に客観的に反映させようとしてきたこれまでの

国際的論議は実りないものと化してしまうのではなかろうか。

注
(1) ILO, *The Thirteenth International Conference of Labour Statistician, Resolution Concerning Statistics of the Economically Active Population, Employment, Unemployment and Underemployment*, October, 1982.
(2) United Nations Secretariat, *Revised Systems National Accounts: Draft Chapters and Annexes, Provisional*, ST/ESA/STAT/SER. F/2/Rev. 4, March-August, 1992. 経済企画庁経済研究所国民所得部訳『改訂国民経済計算体系（暫定版）上，下』1993年3月。
(3) United Nations Secretariat, *A System of National Accounts, Studies in Methods F*, No. 2, Rev. 3. United Nations, 1968.
(4) 議論の経過を知るのには，次の邦語文献資料が利用しやすい。①倉林義正『SNAの成立と発展』岩波書店，1989年，第10章。また，改訂のプロセスを知るうえで比較的入手の容易な資料として以下のものを参照。②「SNA見直しの動向と問題Ⅰ」経済企画庁・国民所得部編『季刊 国民経済計算』No. 76，1988年1月。③「SNA改訂の現状と動向（その1）──改訂SNA最終草案をめざして──」経済企画庁・国民所得部編『季刊 国民経済計算』No. 92，1992年2月。④「SNA改訂事業の進展」経済企画庁・国民所得部編『季刊 国民経済計算』No. 82，1989年7月。⑤「改訂SNA草案」経済企画庁・国民所得部編『季刊 国民経済計算』No. 91，1991年11月，No. 92，1992年2月。⑥「SNA改訂の現状と動向（その2）──改訂SNA最終草案をめざして──」経済企画庁・国民所得部編『季刊 国民経済計算』No. 96，1993年3月。⑦「SNA改訂事業の進展」経済企画庁・国民所得部編『季刊 国民経済計算』No. 91，1991年11月。
(5) United Nations (1985), *Report of the World Conference to Review and Appraise the Achivements of the United Nations Decade for Women : Equality, Development and Peace*, Nairobi, 15-26 July 1985. (United Nations Publication, Sales No. E. 85. IV. 10).
(6) 詳しくは，法政大学日本統計研究所（1993）『インストローと女性に関する統計（統計研究参考資料 No.40）』参照。
(7) *Expert Group on Mesurement of Women's Income and Their Participation in the Informal Sector*, EAS/STAT/AC. 29/8-INSTRAW/AC, 3/8, 21 October.
(8) 93SNAを展望しながら経済活動人口の測定を論じたILOの資料とし

て，次のものがある。

 Ralf Hussmanns, Farhad Mehran and Vijay Verma (1992), *Surveys of Economically Active Population, Employment, Unemployment and Underemployment : An ILO Manual on Concepts and Methods*, ILO, Geneva.

(9) Richard Anker (1988), M. E. Khan and R. B. Gupta, *Women's Perticipation in the Labour Fource : A Methods Test in India for Improving its Measurement*, ILO, Geneva,.

(10) 倉林義正『SNAの成立と発展』岩波書店，1989年，第1章，参照。

(11) 武野秀樹・山下正毅編『国民経済計算の展開』同文舘，1992年。「改訂SNA第1次草案」経済企画庁・国民所得部編『季刊　国民経済計算』No. 82, 1989年7月，「SNA改訂の現状と動向（その1）改訂──SNA最終草案をめざして──」経済企画庁・国民所得部編『季刊　国民経済計算』No. 92, 1992年2月，も参照。

(12) 「女性がSNAにふくめられる必要（Women Need to be in the System of National Accounts : INSTRAW NEWS, No. 9, 1987 Winter)」法政大学日本統計研究所，上掲資料，62ページ。

(13) 「SNA改訂事業の進展」経済企画庁・国民所得部編『季刊　国民経済計算』No. 82, 1989年7月，120ページ。

あとがき

　本書のテーマは，経済循環論，ないし経済表式論による既存の経済的統計分析，経済計算の批判的検討である。経済循環を示した統計，あるいは統計指標体系は，国民経済の現状把握，経済分析，政策立案，経済計画に欠かせない。このことは経済システムが資本主義的なそれであろうと，あるいは旧ソ連のような社会主義的なそれであろうと変わらない。くわえてどのような統計にも統計指標にも，それらを成り立たせるモラル・サイエンスとしての経済学のベースがある。理論なき計測，理論なき分析はありえない。わたしはこの点を意識して本書の編集を行なった。

　わたしは本書で現行国民経済計算体系および産業連関表にもとづく統計的な経済分析，経済計算を，それらを支える経済理論にたちかえって検討し，批判的に問題を提起した。個々の問題点は議論が散漫になるのを避け可能な限りcrucialかつessentialな形で提起されている。なお，不要な誤解を避けるために以下の点を強調しておきたい。しばしば，本書におけるようなcrucialかつessentialな議論を展開すると，あたかも検討の俎上にのった分析手法なり経済計算の有用性を全面的に否定するものと受け取られがちである。しかし，それはわたしの意図するところではない。経済理論が十分に対象の認識にいたっていない場合には，それらにかわる手法が当面見込めない場合，暫定的に既存の手法なり計算方法に頼らざるをえない場合には，それらは試算値をはじき出す程度の意義はもつであろう。しかし，これらの場合にさえ，わたしたちがよく経験しているように，経済分析はそれで終わるのではなく，むしろそこから始まるのである。

　わたしは今後とも繰り返しこのような問題提起を行なっていきたい。とくに近年，コンピュータの進化，発展とともに懸念される，経済理論をおろそかにした統計分析については，持続的に批判の視点をもちたい。また，現実認識に必要な統計指標体系の在り方を研究課題のひとつとして考えていきたい。

　最後に，本書の各章と旧稿とは以下のような対応があるが，本書に収録す

あとがき　233

るにあたっては各章とも標題の変更，部分的な加筆，修正，削除を行なった。また，文中，人名については敬称を省略した。ご了承をお願いしたい。

① 「産業連関的経済分析の方法と課題」『統計学の思想と方法』北海道大学図書刊行会，2000年。（第1章）
② 「産業連関分析と経済予測―― RAS 方式による投入係数修正の妥当性について ――」『経済学研究』（北海道大学）第30巻1号，1980年。（第2章）
③ 「産業連関表にもとづく剰余価値率計算と社会的必要労働量による価値量規定命題」『経済論集』（北海学園大学）36巻4号，1989年。（第3章）
④ 「日本の経済計画と産業連関モデル――モデルの整合性をめぐって――」『経済論集』（北海学園大学）35巻2号，1987年。（第4章）
⑤ 「民主的計画化のマクロ計量モデルに関する一考察――検討：モデル・政策・理論の「整合性」――」『立教経済学研究』（立教大学）45巻4号，1992年。（第5章）
⑥ 「数理科学的経済分析と計画法の方法論的特質――モデル・システム・計画化――」『科学の方法と社会認識 [実践的唯物論の方法と視角（上）]』汐文社，1979年。（第6章）
⑦ 「経済学の理論・方法とマクロ統計――93年 SNA（国民経済計算体系）の基本性格」『現代経済学への誘い』八千代出版，1998年。（第7章）
⑧ 「国民経済計算体系（SNA）と女性労働――経済活動人口の定義と生産境界の規定との関連をめぐって――」『女性と統計――ジェンダー統計論序説――』梓出版社，1994年。（第8章）

主要参考文献・資料一覧

Marx, K. *Grundrisse der Kritik der Politischen Ökonomie.* (Rohentwurf) 1857-1858, Anhang 1850-1859, Dietz Verlag, 1953.（マルクス『経済学批判要綱Ⅰ』[1957-1958]（1）大月書店，1958年）

―― *Zur Kritik der Politischen Oekonomie,* 1859. Kark Marx-Friedrich Engels Werke, Band 13, Institut fur Marxismus-Lenismus beim ZK der SED, Diez Verlag, Berlin, 1961.（マルクス『経済学批判』国民文庫，1970年）

―― *Das Kapital,* Band Ⅰ，[1. Aufl], Verlag von Otto Meisner, 1967.（[極東書店復刻版] 岡崎次郎訳『資本論第1巻初版』国民文庫）

Engels, F. *Herrn Eugen Dühring's Umwälzung der Wissenschaft. Philosophie. Politische Oekonomie. Sozialismus.* Leiptig. 1878.（エンゲルス「オイゲン・デューリング氏の科学の変革・哲学・経済学・社会主義」『マルクス＝エンゲルス全集』第20巻，大月書店）

Anker, R., Khan, M. E. and Gupta R. B (1988), *Women's Perticipation in the Labour Fource : A Methods Test in India for Improving its Measurement,* ILO, Geneva.

Arrow, K. J. and Hoffenberg (1959), *A Time Series Analysis of Interindustry Demands.*

Chenery, H. B. and Clark, P. G. (1959), *Interindustry Economics.*

Hicks, J. R. (1971), *The Social Framework, An Introduction to Economics,* 4th ed.（ヒックス著，酒井正三郎訳 [1992]『経済の社会的構造――経済学入門――』同文舘）

Hussmanns, R., Mehran and Verma, V. (1992), *Surveys of Economically Active Population, Employment, Unemployment and Underemployment: An ILO Manual on Concepts and Methods,* ILO, Geneva.

ILO (1982), *The Thirteenth International Conference of Labour Statistician, Resolution Concerning Statistics of the Economically Active Population, Employment, Unemployment and Underemployment.*

Lange, O. (1965), *Wstep do Cybernetyki Ekonomiczne.*（佐伯道子訳『経済サイバネティクス入門』合同出版，1969年）

Leontief, W. W. (1951), *The Structure of American Economy, 1919-1939, An Empirical Application of Equilibrium Analysis,* 2nd ed.,（山田勇・家本秀太郎訳 [1959]『アメリカ経済の構造』東洋経済新報社）

―― (1970), "Environmental Repercussions and the Economic Structure : An

Input-Output Approach," *Review of Economic Statistics,* No. 52, 1970.

Morgenstern, O. (1963), *On the Accuracy of Economic Obsevation,* 2nd completely revised edition, Princeton, Prinston University Press. (浜崎敬治・山下邦男・是永純弘訳『経済観測の科学』法政大学出版局, 1968年)

Rasmussen, P. N. (1956), *Studies in Intersectorial Relations.*

Stiehler, G. (1971), System und Widerspruch-zur Dialektik in der sozialistischen Gesellschaft. (石川晃弘・山方重光訳『システムと矛盾——社会主義社会における弁証法——』青木書店, 1977年)

Stone, R. and Brown, J. C. (1962), "A Long-Term Growth Model for the British Economy, ch.10" Geary R. C. (ed.) *Europe in Future.*

Stone, R. and Croft, G. Murrary (1959), *Social Accounting and Economic Models.* (家本秀太郎・渋谷行雄訳 [1954]『社会会計と経済モデル』東洋経済新報社)

Stone, R. and others (1963), *A Programme for Grouth, (2) Input-Output Relationships, 1954-1966.*

United Nations Secretariat (1968), *A System of National Accounts, Studies in Methods* F, No.2, Rev.3. United Nations.

―― (1992), *Revised Systems National Accounts: Draft Chapters and Annexes,* Provisional, ST/ESA/STAT/SER. F/2/ Rev.4, March-August.

United Nations et al. (1993), *System of National Accounts 1993.*

United Nations (1985), *Report of the World Conference to Review and Appraise the Achievements of the United Nations Decade for Women: Equality, Development and Peace,* Nairobi, 15-26 July 1985. (United Nations Publication, Sales No. E. 85. IV. 10).

Zauberman, A. (1976), *Mathematical Theory in Soviet Plannning,* OUP for Royal Institute of International Affairs.

Абалкин, Л. И. (под ред.) (1976), Методологические проблемы политической экономики социапизма

Блауберг, И. В., Юдин З. Г. (1973), Становление и сущность системното подхода

Блюмин, И. Г. (1959), Кризис современной буржуазной политической экономии. (平館利雄・宮崎義一訳『近代経済学の再検討(上)(下)』東洋経済新報社, 1961年。

Бухалин, Н. (1925), Империализм и накопление капитала. (友岡久雄訳『帝国主義と資本の蓄積』同人社, 1928年)

Кантрович, Л. В. (1959a), Математические методы организации и планирования производства. (「生産組織と生産計画の数学的方法」『マルクス経済学の数学的方法(下)』青木書店, 1961年)

―― (1959b), Дальнейшее развитие математических методов и переспективы их применения в планировании и экономике.（「数学的方法の発展と計画化や経済学における利用の展望」『マルクス経済学の数学的方法（下）』青木書店，1961年）

—— (1959c), Экономический расчет наилучшего использования ресурсов.（吉田靖彦訳『社会主義経済と資源配分』創文社，1965年）

Коссов, В. В. (1964), Межотраслевой баланс как экономико-математическая модель, "Межотраслевой баланс производства и распределения продукции экономического района."

Котов, И. В. (1972), Применение математических методов в экономике и политическая экономия социализма.

Кузимин В. П. (1976), Принцип системности в теории и методологии К. Маркса.

Немчинов, В. С. (под ред.), Применение математики в экономических исследованиях.（岡稔訳『マルクス経済学の数学的方法（上）（下）』青木書店，1961年）

Садовский, В. Н. (1974), Основание общей теории систем.

Семенов, А. К. (1974), Методы системного анализа структура народното хозяйства.

Соболь, В. А. (1960), Очерки по вопросам баланса народного хозяйства.

Федоренко, Н. П. (1968), О разработке системы оптимального функционирования экономики.

Эйдельман, М. Р. (1966), Межотраслевой баланс общественного продукта.

Математика и кивернетика в экономике, 1971.

Обсуждение проблем оптизации планирования и управления социалстической экономикой. "Экономика и Математические Методы" том 3, вып. 2.

朝倉啓一郎（1994）「産業連関表の基本構成について——産業連関分析の成立過程」『統計学』（経済統計学会）67号。

——（1997）「日独の産業連関システム——経済構造表の作成と分析——」川口雅正・濱砂敬郎編『現代経済システムの諸問題』九州大学出版会。

有沢広巳編（1956）『統計学の対象と方法』新評論。

家本秀太郎（1964）「産業連関論における問題点」『国民経済雑誌』第110巻第1号。

泉弘志（1976）「剰余価値率・剰余労働率の概念と推計法」『大阪経大論集』109・110号。

——（1976）「『高度成長』過程における剰余価値率・剰余労働率の推移」『大阪経大論集』117・118号。

——（1980）「剰余価値率・剰余労働率と財政・金融」『大阪経大論集』133号。

——（1984）「産業連関表による労働生産性・剰余価値率の国際比較」『現代の階級構成と所得分配』有斐閣。

——（1992）『剰余価値率の実証研究——労働価値計算による日本・アメリカ・韓国経済の分析——』法律文化社，1992年。

市村真一（1957）『日本経済の構造』創文社。

井村喜代子・北原勇（1957-1960）「日本資本主義の再生産構造分析試論(上)(下)」『三田学会雑誌』第57巻第12号，第58巻7，9，10号，第59巻6，10号，第60巻5，7，8号。
岩崎俊夫（1978）「ソヴェト数理的計画論における社会主義経済構造把握の特徴について——最適経済機能システム論，生産関数論を中心に——」『経済学研究』（北海道大学）28巻3号。
―――（1979）「産業連関分析の有効性について」『経済学研究』（北海道大学）29巻3号。
―――（1979）「数理科学的経済分析と計画法の方法論的特質——モデル・システム・計画化——」『科学の方法と社会認識（実践的唯物論の方法と視角(上)）』汐文社。
―――（1980）「産業連関分析と経済予測—— RAS方式による投入係数修正の妥当性について——」『経済学研究』（北海道大学）第30巻1号。
―――（1982）「産業連関的価格論の批判」『経済分析と統計的方法』産業統計研究社。
―――（1982）「産業連関分析の有効性に関する一考察——その具体的適用における問題点——」『研究所報』（法政大学・日本統計研究所）7号。
―――（1983）「産業連関表の対象反映性」『経済論集』（北海学園大学）30巻4号。
―――（1986）「産業連関分析」経済統計学会編『社会科学としての統計学（第2集）』産業統計研究社。
―――（1987）「日本の経済計画と産業連関モデル——モデルの整合性をめぐって——」『経済論集』（北海学園大学）35巻2号。
―――（1989）「産業連関表にもとづく剰余価値率計算と社会的必要労働量による価値量規定命題」『経済論集』（北海学園大学）36巻4号。
―――（1992）「ソ連における国民経済計算体系の方向転換」『経済学研究』（北海道大学）41巻4号。
―――（1992）「民主的計画化のマクロ計量モデルに関する一考察——検討：モデル・政策・理論の「整合性」——」『立教経済学研究』（立教大学）45巻4号。
―――（1994）「国民経済計算体系（SNA）と女性労働——経済活動人口の定義と生産境界の規定との関連をめぐって——」『女性と統計——ジェンダー統計論序説——』梓出版社。
―――（1998）「経済学の理論・方法とマクロ統計——93年SNA（国民経済計算体系）の基本性格」大塚勇一郎編著『現代経済学への誘い』八千代出版。
―――（2000）「産業連関的経済分析の方法と課題」『統計学の思想と方法』北海道大学図書刊行会。
今井賢一（1961）「投入係数の変化と産業連関分析」『経済研究』（一橋大学）12巻

4号.
内田忠夫・栗林世・矢島昭・渡部経彦（1966）『経済予測と計量モデル』日本経済新聞社.
大崎平八郎・木原正雄編『社会主義経済学の生成と発展』青木書店.
大住荘四郎（1997）『入門 SNA ──国民経済計算で読む日本経済』日本評論社.
大西広（1989）『「政策科学」と統計的認識論』昭和堂.
─── （1991）「『「政策科学」と統計的認識』への批判に応えて」『統計学』（経済統計学会）60号.
大屋祐雪（1988）「社会科学のなかの統計学」『経済学研究』（九州大学）第54巻第4・5合併号.
───編（1990）『現代統計学の諸問題』産業統計研究社.
岡崎不二男（1968）「技術変化と投入係数修正」『近代経済学講座3』有斐閣.
───・金子敬生（1964）『産業連関の経済学』春秋社.
置塩信雄（1959）「剰余価値率の測定」『経済研究』（一橋大学）10巻4号.
───・野沢正徳編（1983）『日本経済の数量分析（現代資本主義叢書　第24巻）』大月書店.
───他（1982）『日本経済の民主的改革と社会主義（「講座・今日の日本資本主義」第10巻）』新日本出版社.
岡稔・宮鍋幟・関恒義（1963）「社会主義諸国の産業連関バランス」『経済研究』第14巻第3号.
岡稔（1952）「再生産をめぐる論争史」『講座・資本論の解明（第3分冊）』理論社.
─── （1960）「社会主義経済学における数学利用──ソヴェト経済学界の最近の動向について──」『思想』428号.
─── （1963）『計画経済論序説』岩波書店.
川上則道（1991）『計量分析・現代日本の再生産構造』大月書店.
桂昭政（1992）『国民経済計算と経済厚生』桃山学院大学総合研究所.
金子敬生・岡崎不二男（1964）『産業連関の経済学』春秋社.
金子敬生（1967）『経済変動と産業連関』新評論.
─── （1977）『新版・産業連関の理論と適用』日本評論社.
───編（1976）『産業連関分析』有斐閣.
菊地進（1986）「計量経済学批判の方法と課題」『統計学』（経済統計学会）49-50合併号.
木下滋（1980）「地域における公共投資の波及効果」『岐阜経済大学論集』第14巻第3号.
行政管理庁（1979）『昭和50年産業連関表──総合解説編──』.
───主幹（1979）『昭和50年産業連関表・部門別作業報告書』（全4巻）.

── 他編（1969）『昭和40年産業連関表作成作業報告』。
── 他編（1974）『昭和45年産業連関表作成作業報告』。
── 他編（1979）『昭和50年産業連関表』。
── 他編（1984）『昭和55年産業連関表』。
行政管理庁統計基準局（1964）『昭和35年産業連関表作成作業報告』全国統計協会連合会。
行政管理庁・経済企画庁経済研究所他（1980）『昭和40-45-50年接続産業連関表──総合解説編──』。
経済企画庁編（1965）『中期経済計画』大蔵省印刷局。
経済企画庁・国民所得部編『季刊 国民経済計算』各号。
── 編（1992，1993）「SNA改訂の現状と動向──改訂 SNA最終草案をめざして──（その1）（その2）」『季刊 国民経済計算』No.92, No.96。
── 訳（1993）『改訂国民経済計算体系（暫定版）上，下』1993年3月。
── 編（1979）『新SNA入門』東洋経済新報社。
経済審議会統合部会・経済計画基本問題研究会編（1969）『日本の経済計画──経済計画基本問題研究委員会報告』。
経済審議会計量委員会編（1977）『経済計画のための多部門モデル──計量委員会第5次報告──』大蔵省印刷局。
── 編（1980）『新経済社会7ヶ年計画のための多部門計量モデル計量委員会第6次報告』大蔵省印刷局。
── 編（1986）『計量委員会第7次報告──中・長期経済分析のための多部門計量モデル──』大蔵省印刷局。
── 編（1989）『計量委員会第8次報告──中・長期経済分析のための多部門計量モデル──』大蔵省印刷局。
── 編（1990）『経済構造調整の計量分析──計量委員会第9次報告──』大蔵省印刷局。
倉林義正・作間逸雄（1980）『国民経済計算』東洋経済新報社。
倉林義正（1989）『SNAの成立と発展』岩波書店。
黒田昌裕，辻村江太郎（1974）『日本経済の一般均衡分析』筑摩書房。
是永純弘（1965，1967）「ソヴェト経済学における数学利用論争にかんする資料」『経済志林』34巻1号，35巻1号。
──（1989）「書評──大西広『「政策科学」と統計的認識論』」『統計学』（経済統計学会）57号。
──（2001）『経済学と統計的方法』八朔社。
── 編著（1975）『現代経済学の方法と思想（講座・現代経済学批判 I）』日本評論社。

近昭夫（1973）「いわゆる『統計学＝反映・模写論』への疑問」『統計学』（経済統計研究会）26号，1973年5月。
―――（1986）「統計基礎論――二つの問題をめぐって――」『統計学』（経済統計学会）49-50合併号。
―――（1987）『統計的経済学研究――計量経済学の成立過程とその基本問題――』梓出版社
斉藤光雄（1973）『一般均衡と価格』創文社。
坂田幸繁（1987）「産業連関モデルと『構造』分析――レオンチェフ『クローズド・システム』の視点から」『経済学論纂』（中央大学）28巻2号。
作間逸雄（1980）『国民経済計算』東洋経済新報社。
佐藤敬三（1972）「サイバネティクスと一般システム論」『科学と思想』第6号。
佐藤博編著（1975）『現代経済学の源流――学説史的研究――（講座・現代経済学批判 II）』日本評論社。
佐和隆光・黒田昌裕・土志田征一・刈屋武昭（1991）『計量経済学・入門』JICC出版局。
佐和隆光（1991）『これからの経済学』岩波書店。
宍戸駿太郎他（1965）「経済計画と計量モデル」『講座・日本経済2』日本評論社。
白井一郎・井野靖久（1994）『SNA 統計見方・使い方』東洋経済新報社。
杉森滉一（1975）「現代経済学と数学的方法」『講座・現代経済学批判 I』新評論。
鈴木多加志（1983）『新 SNA からみた日本経済』東洋経済新報社。
総務庁他編（1989）『昭和60年産業連関表』全国統計連合会。
―――編（1994）『産業連関表：平成2年』全国統計連合会。
高須賀義博（1968）『再生産表式分析』新評論。
竹内啓編（1976）『統計学の未来』東京大学出版会。
武野秀樹・金丸哲（1997）『国民経済計算とその拡張』勁草書房。
武野秀樹・山下正毅編（1993）『国民経済計算の展開』同文舘。
武野秀樹（1970）『国民経済計算の基礎』東洋経済新報社。
谷山良三（1975）「RAS 方式について」『経済研究』20巻1号。
通商産業省産業構造研究会編（1965）『日本経済の予測と計画――産業連関計画による分析』東洋経済新報社。
通商産業大臣官房調査統計部編（1957）『日本経済の産業連関分析』東洋経済新報社。
―――編（1962）『昭和30年産業連関表による日本経済の産業連関分析』創文社。
土居英二（1981）「公共投資の二類型と波及効果の比較」『統計学』（経済統計研究会）第40号。
―――・浅利一郎・中野親徳編著（1996）『はじめよう地域産業連関分析』日本評

論社。
統計研究会・経済統計研究会訳編（1952, 1953）『ソヴェトの統計理論Ⅰ, Ⅱ』農林統計協会。
中村浩（1968）「国民所得統計の正確性について」『現代の経済と統計（蜷川虎三先生古希記念）』有斐閣。
中村洋一（1999）『SNA 統計入門』日本経済新聞社。
長屋政勝（1967）「レオンチェフ理論の均衡論的性格―― L. Walras, G. Cassel の一般均衡論よりみたレオンチェフ理論の学説史的検討――」『北大経済学』11号。
――― （1968）「投入係数の学説史的系譜」『統計学』第18号。
――― （1969）「産業連関表における投入係数について」内海庫一郎編『社会科学のための統計学』評論社。
――― （1974）「産業連関論」山田喜志夫編著『現代経済学と現代（講座・現代経済学批判 Ⅲ）』日本評論社。
成島辰己（1992, 1994）『情報化時代の統計学（上）（下）』法政出版。
新飯田宏（1978）『産業連関分析入門』東洋経済新報社。
二階堂副包（1960）『現代経済学の数学的方法』岩波書店。
蜷川虎三（1932）『統計利用に於ける基本問題』岩波書店。
日本経済新聞社，日本経済データ開発センター編『経済分析のためのデータ解説（新版）』1976年，第 4 版。
野沢正徳（1966, 1967）「静学的産業連関論と再生産表式(1)(2)」『経済論叢』98巻 6号，99巻 4 号。
――― （1968）「部門連関バランスの諸形態と固定フォンド(1)(2)(3)」『経済論叢』101巻 2・4 号，102巻 3 号。
――― （1986）「数量モデル分析と統計学・蜷川理論(1)」『経済論叢』138巻 1, 2 号。
芳賀寛（1994）『経済分析と統計利用――産業連関論および所得分布論とその適用をめぐって――』梓出版社。
濱砂敬郎（1980）「経済計画における統計利用」『経済学研究』（九州大学）45巻 4・5・6 号。
――― （1982）「マクロ経済的計画値の基本性格」『経済学研究』（九州大学）47巻 2・3 号。
――― （1992）「産業連関表のデータ構造の分析」濱砂敬郎・時永祥三編『経済データベースと経済データ・モデルの分析』九州大学出版会。
――― ・ウェルナー・ノイバウアー（1995）「経済構造の変化とドイツの産業連関計算」九州大学国際経済構造研究会『経済・経営構造の国際比較試論』九州大学出版会。
広田純・山田耕之介（1957）「計量経済学批判」『講座・近代経済学批判 Ⅲ』東洋

経済新報社。
法政大学日本統計研究所（1993）『インストローと女性に関する統計（統計研究参考資料 No.40）』。
望月喜市（1965）「ソヴェト経済学における数学利用」大崎平八郎・木原正雄編『社会主義経済学の生成と発展』青木書店。
森嶋通夫（1956）『産業連関論入門』創文社。
宮沢健一（1963）『経済構造の連関分析』東洋経済新報社。
――編（1974）『三訂・日本の経済循環』春秋社。
山田耕之介（1996）『経済学はどんな学問であるか――経済学の現状と三つの文献について――』（私家版）。
山田喜志夫（1957）「産業連関論の検討」『統計学』第 7 号。
―――（1974）『現代経済学と現代（講座・現代経済学批判 III）』日本評論社。
―――（1968）『再生産と国民所得の理論』評論社。
山田貢（1978）「労働力の価値を労働時間で測りうるか――泉氏への回答――」『統計学』（経済統計学会）34 号。
―――（1982）「日本の経済計画と計量経済学」山田貢・近昭夫編著『経済分析と統計的方法』産業統計研究社。
―――（1983）「労働時間による剰余価値率の推計についての若干の問題」『統計学』（経済統計研究会）44 号。
―――（1987）「経済計画の整合性とは何か」『大東文化大学経済論集』40 巻 2 号。
―――（1992）「理論的（本質的）概念の統計による実証について――剰余価値率の計算をめぐって」『大東文化大学経済論集』55 巻 3 号。
山田弥（1972）「計量経済学批判における若干の問題点(1)」『立命館経済学』21 巻 5 号。
―――（1980）「政策科学と計量モデル(1)(2)」『立命館経済学』29 巻 3 号，30 巻 2 号。
山本正（1977，1978）「ソヴェト経済学界における数学的方法利用の動向――エヌ・ペ・フェドレンコ『経済＝数学モデル』(1969 年)の検討を中心にして――(1)(2)(3)」『法経論集』39 号，40 号，41 号。
―――（1984）『数量的経済分析の基本問題』産業統計研究社。
横倉弘行（1978）『経済学と数量的方法』青木書店。
―――（1990）『産業連関分析入門』窓社。
吉田忠（1974）『統計学――思想史的接近による序説――』同文舘。
―――（1975）「日本の経済計画と国民所得勘定(1)(2)」『経済論叢』115 巻 4・5 号，116 巻 1・2 号。
―――（1975，1976）「日本の経済計画と国民所得勘定(1)(2)」『経済論叢』115 巻 4・

5号，116巻1・2号。
———（1976）「計量経済学批判」『統計学』（経済統計研究会）30号。
———（1981）『数理統計の方法――批判的検討――』農林統計協会。
米田康彦・新村聡・出雲雅志・深貝保則・有江大介・土井日出夫（1988）『労働価値論とは何であったのか』創風社。
渡部経彦・宍戸駿太郎（1970）「レオンチェフ・モデルの経済計画への適用」建元正弘・市原真一『日本経済の計量分析』東洋経済新報社。

事項・人名索引

ff はページの継続を表す
[ ] は省略されていることもある

アルファベット

GDP（国内総生産）　197, 213, 220ff
GNI（国民総所得）　206
GNP（国民総生産）　206
ILO　216ff, 220ff
INSTRAW（インストロー）　216, 220ff
OECD　25
RAS 方式　54ff, 105
SNA　197ff, 210ff
　53――　211
　68――　111ff, 116, 202ff, 211ff, 214, 219ff, 227
　93――　198ff, 211, 213ff, 223ff
　――改訂　197, 202, 211
U 表　28, 113ff, 127, 204
V 表　28, 114ff, 127, 204

ア 行

アクティビティ・ベース　20, 166
アンカー　222
インターネット　22
インフォーマルセクター　217, 221ff, 225
インフレ［ーション］　130, 144, 146ff, 155
エンゲルス　88, 163
エンジニアリング・データ　61ff
オークルスト　213
オープン・レオンチェフモデル　29, 103
オットー・バウアー　189
閾値　43ff
泉方式　73ff
意図せざる在庫　110, 126ff, 132, 151, 154
一次生産物　205, 226ff
　非――　226ff
一般システム論　178
一般均衡論　107, 120, 123ff
［一般］政府［部門］　109, 118, 131, 138, 148, 199, 206, 212, 223
一般的相互依存関係　30, 99, 110, 117
影響力係数　15, 30ff, 50

カ 行

カウツキー　189
カントロヴィッチ　170ff
キャピタル・ゲイン　201, 213
キャピタル・ロス　201, 213
クラウス　192
グロスマン　189
ケインズ的総需要管理政策　24
コア体系　223, 225
コブ・ダグラス型生産関数　139
コモディティー・フロー法　116
コンピュータ　22, 81, 161
海外［部門］　109, 118, 136
仮設的取引　215, 224ff
仮設部門　28
仮想現実　13, 15, 19ff, 23
価格関数　125
価値　73ff, 80ff, 182
　――視点　53, 68
　――法則　176ff
　――論　75, 80
加工度効果　57
加工度変化修正係数　57, 59, 64ff
可変資本　67ff
家計［部門］　109, 118ff, 131ff, 138, 206, 209, 212, 217, 221, 224ff, 228
家計簿　208
家事サービス　212, 215, 225, 228ff
貨幣的取引　223ff
　非――　224ff
過剰資本　147ff, 153
過剰流動性　147ff
解決乗数［法］　170ff
海外勘定　201, 223
外生変数　109, 111, 120, 131, 136
株価指数　208
感応度係数　15, 30ff, 50
環境・経済勘定　205ff
環境問題　35, 50

事項・人名索引

管理通貨制度　147, 149, 155
企業会計　199, 223
企業［部門］　109, 118, 125, 131ff, 138, 141, 209
帰属計算　212, 224
技術進歩　67, 69
「記述的」経済学　187
客観の視座　47ff, 51
客観的必然的評価　170, 174ff
逆行列係数　15, 19, 24, 53, 80, 137, 165
　　——表　15, 28, 30
供給表　204
競争輸入型　18
凝縮化された投入産出構造　43ff
業務統計　207, 210
均衡産出分析　15
近代経済学　69, 72, 135, 160
金融法人企業部門　199, 223
経済活動人口　216ff, 221, 228
経済厚生　229
経済社会基本計画　30, 70, 103
経済社会発展計画　30, 70, 103
経済主体　112, 131ff, 138, 199, 208ff, 213, 225, 229
経済循環　15, 23, 30, 67, 112ff, 121, 131ff, 140ff, 150, 197, 208, 218, 223
経済的生産単位　222
経済統計学　81
経済統計指標　207
経済民主主義　130ff, 146, 155
経済予測　53, 69ff
計量経済学　49, 101, 131, 133, 135, 154
現実最終消費　206
現物社会移転　206
個人サービス　212, 215, 225, 228ff
固定資本　83
　　——形成　165, 205, 227
　　——マトリックス　28, 83
雇用マトリックス　28
雇用表　28, 78, 87
公理　213ff, 223
　　——的方法　213
　　——論　213ff, 223
構成的経済学　187

構造パラメータ　103, 169
構造方程式　103, 111
行列計算　19
購入者価格評価表示　28
鉱工業生産指数　103ff, 165
国際収支表　112, 198
国際女性年　216, 220
国際標準職業分類　216
国際労働統計家会議　217
国勢調査　76
国富調査　78, 83
国民勘定　221
国民経済バランス体系　166
国民経済計算［体系］　111ff, 122, 127, 131, 197ff, 204, 213, 216, 220
国民所得　107, 116, 134, 165ff
　　——統計　103, 112, 116, 198, 207
国民貸借対照表　112, 118, 197ff
国連　197, 216
　　——経済社会理事会　202, 220
　　——統計委員会　201ff, 219ff
穀物の貯蔵　205, 227
混合所得　206

サ　行

サイバネティックス　159, 162, 178, 183ff, 192ff
サテライト勘定　205, 213, 223, 225
システム的接近法　159ff, 178ff
システム分析　159ff, 183ff
シュクレドフ　187
シュティーラー　178, 192
スカイライン分析　14, 30ff, 36ff, 50
スタグフレーション　148
ストーン　71, 211
ストック勘定　199, 223
ソヴェト数理統計学派　158
ゾーバーマン　189
再生産表式　164ff
　　マルクス——　31, 164, 167ff
最適経済機能システム論　159, 177ff
最適計画　172ff
　　——法　159ff, 170ff
　　——論　158, 170

事項・人名索引

財貨・サービス勘定　201,223
財政投融資　147
［産業］連関モデル　14,99ff
［産業］連関表　13ff,63,74ff,99ff,112,197ff
　　延長――　26ff
　　国際――　21,26ff,31,40,50
　　地域――　21,26ff,31,50
　　接続――　26ff
　　――の記述的利用　14ff,23,29ff,42,50
　　――の推計的利用　29,50
［産業］連関分析　13ff,53ff,73ff,100ff,136ff,166,185,204
　　ケインズ型――　13ff,21,24,42,44,51
　　質的――　14,42ff,51
暫定的総生産額　58,62
暫定的中間需要額　58,62
暫定的中間投入額　58,62
使途表　204
使用価値視点　53,68,185
市場価値論　75
紙幣減価　147
資金循環表　112,118,198
資本の論理　138,149
資本論　75,79,89ff,178
事業所　199
自己勘定生産　205,212,224ff
自己資本形成　223,225
自己消費　212
持続可能な国内純生産　206
自動制御システム　180,183
自由度修正済決定係数　132
失業率　125,141,207ff
実在取引　223ff
社会科学方法論　50
社会階層別計量モデル　138,140,155
社会勘定行列　211
社会主義経済　161,167ff
社会的再生産　31,74,106,141,147,151,154,165
社会的生産物　72,165ff
社会的必要労働　75,79ff,177
　　――時間　75,77,79ff,182
社会的有用性　182

社会統計学　47,49,51,142
　　――派　130
取引　14,112ff,199,208ff,212,223,229
需給バランス式　14ff,18,105,107
需給均衡　141
収穫不変　20,106
周期的過剰生産恐慌　153
就業構造基本調査　78,83
所得,富等賦課経常税　207
所得分配・使途勘定　199ff,203,223
女性労働　218ff,221
商品＝貨幣メカニズム　181,183
昭和50年代前期経済計画　30,99
消費関数　105,110,119,123,132
消費財生産部門　31
剰余価値　67,76,138
剰余価値率　73ff
　　物的――　76,78
情報　161ff,180
情報理論的接近法　161ff
新経済社会発展計画　30,70,103
数学的抽象　164
数理科学　47
　　――的方法　158ff,162ff,170,185
数理形式主義　48,169
数理経済モデル　130,160,177
数理統計学　47ff
世界行動計画　216,220
整合性　101,131ff,143
制度部門　199,202ff,206,223
政策科学　130,133ff
正方投入産出表　204
生産の範囲　217ff
生産勘定　199,203,212,223ff
生産関数　104ff
生産技術的連関　169
生産境界　203,205,212,215,219,221,223,226ff
生産者価格評価表示　28
生産手段生産部門　31,154
生産諸要素間の非代替性　20,106
生産物税　207
生産領域　204,212
説明変数　132

事項・人名索引　247

線形計画［法］　170, 174
全ソ統計学者会議　159
双対問題　176
総合加工統計　14, 210
総合的産業構造転換政策　24ff
総支出係数　165, 169
損益計算書　208

　　　タ　行

ダービン・ワトソン比　132
ダミー勘定　201
デフレータ　149ff
トゥガン・バラノフスキー　189
多部門モデル　30, 108ff, 116ff
多部門需給調整型モデル　99, 127
対家計民間非営利団体部門　199, 223
貸借対照表　208
代替効果　57
代替変化修正係数　57, 59, 64ff
単純最小二乗法　103, 111
単純労働　77, 88ff, 93
蓄積勘定　201, 203, 223
逐次近似　14, 57, 69
逐次的波及　137
中間投入率　15
中期マクロモデル　29, 101ff
中期経済計画　14, 29ff, 54, 101, 106ff, 154
中期多部門モデル　99
抽象的人間労働　90ff, 182
調査統計　207, 210
調査票　210, 216ff
超長期多部門モデル　99
長期多部門モデル　99
直接支出係数　165, 169
定義式　103
定差方程式　133
投下労働量　76ff, 81ff
投入係数　15, 20, 25, 53ff, 62, 120, 131
　　――の安定性　18, 20, 79
　　――の固定性　20ff, 70, 100, 106
　　――の修正　20, 54ff, 64, 70ff, 105
　　――の不変性　18, 20, 31, 100, 106
投入－産出体系　204
統計の信頼性　15, 29, 48, 210

統計の正確性　15, 29, 48, 210
統計解析法　47
統計学論争　161
統計調査　48, 217
　　――論　47ff
統計的テスト　132, 134, 136
統計的認識論　139ff
統計的方法　47
統計利用論　47, 49
独占資本　130, 141ff, 153ff
　　――主義　141, 147, 150

　　　ナ　行

ナイロビ将来戦略　220ff
ネムチーノフ　165, 190
内生変数　111, 118, 123, 136

　　　ハ　行

バランス係数　165
ヒックス　215
フィリップス・リプシー仮説　139
フェドレンコ　179, 188
ブハーリン　164, 189
ブラック・ボックス　25, 182ff
フレーター法　61, 72
フロー勘定　199, 223
プロダクト・ミックス　60, 204
ベナール　213
波及効果分析　14, 18ff, 21, 28, 144
反映・模写論　48ff
非金融法人企業部門　199, 223
非結合生産　106, 115
微分方程式　133
標準誤差　132
品目構成（アソートメント）　170, 175
不換銀行券　147, 149, 155
不変資本　67
付加価値　105, 199, 201, 212ff, 221
　　――法　116
部門別均衡産出量　14
部門連関バランス　159ff, 165ff
　　――論　158, 163ff
複雑労働　77, 88ff, 93
物価指数　207ff

248　事項・人名索引

物［質］的生産部門　76,219
　　非——　219
物的財貨生産分野　76ff
分権的計画編成　181
平均増加倍率法　61,72

マ 行

マーク・アップ原理　132,139
マーク・アップ率　144ff,149ff,152
マクロ計量モデル　30,99,103,130ff
マクロ統計　207
マネー・サプライ　146
マルクス　84,85ff,163,169,178,193
　——経済学　73ff,137
モデルビルディング　133,154
モデル思考　134
毎月勤労統計調査　77
水の運搬　205,227
民主的計画モデル　130ff
民主的計画化　130ff
名目的物価騰貴　147

ヤ 行

輸入関数　55,105,132
輸入表　28
有効求人倍率　125

有効需要　103,147
　——政策　14,24
　——創出　146,155
予測精度　104
予測力　23,71,100

ラ 行

ラグランジュ未定係数法　61ff,72
ラグルズ　202
　——レポート　202
ランゲ　190
リルーティング　224
レーニン　163,189
レオンチェフ　25,36
　——逆行列　18,25,103,110
ローザ・ルクセンブルク　189
流通必要金量　147
連立方程式［体系］　14ff,18ff,77ff,101,
　106,127,131,133,136
労働強度　77,82
労働生産性　66ff
労働統計　222,229
労働力調査　78,83,103

ワ 行

ワルンケ　192ff

[著者紹介]

岩崎　俊夫（いわさき　としお）
東京都に生まれる.
1974年　北海道大学経済学部卒業.
1979年　北海道大学大学院経済学研究科博士課程単位取得退学,
　　　　北海道大学経済学部助手, 北海学園大学経済学部講師,
　　　　同助教授, 同教授を経て,
1991年　立教大学経済学部教授, 現在に至る.
専　攻　経済統計学
著　書　『女性と統計──ジェンダー統計論序説』（共著）梓出版社, 1994年.
　　　　『統計学の思想と方法』（共著）北大図書刊行会, 2000年, 他.
訳　書　ヴェ・コトフ著『現代経済システムの再検討』（共訳）梓出版社, 1983年

統計的経済分析・経済計算の方法と課題

2003年3月15日　第1刷発行

著　者	岩　崎　俊　夫
発行者	片　倉　和　夫

発行所　株式会社　八　朔　社
東京都新宿区神楽坂2-19 銀鈴会館内
振　替　口　座　・　00120-0-111135番
Tel 03-3235-1553　Fax 03-3235-5910

©岩崎俊夫, 2003　　　印刷・藤原印刷／製本・みさと製本

ISBN4-86014-013-3

◉大村泉／宮川彰・編
新MEGA第Ⅱ部関連内外研究文献
マルクス／エンゲルス著作邦訳史集成　　　6300円

マルクスの現代的探究　　　2718円
　　——メガ(MEGA)の継続のために——

◉大村　泉著
新MEGAと《資本論》の成立　　　7282円

◉宮川　彰著
再生産論の基礎構造　　　6000円
　　——理論発展史的接近——

◉鈴木春二著
再生産論の学説史的研究　　　4800円

20世紀社会主義の諸問題　　　2800円

◉大石高久著
マルクス全体像の解明　　　5500円

◉山内　清著
価値形態と生産価格　　　6000円

◉是永純弘 著
経済学と統計的方法　　　6000円

定価は税抜き価格です

- ふくしま地域づくりの会・編
  地域産業の挑戦　　　　　　　　　　　　　2400円
  　10周年記念シリーズ1

- 新家健精／星野珙二・編著
  情報化と社会　　　　　　　　　　　　　　2800円

- デニス・S・ガウラン／西田司・編著
  文化とコミュニケーション　　　　　　　　1748円

- 福島大学教育学部50周年記念著書刊行会・編
  21世紀の教師教育を考える　　　　　　　　3000円
  　福島大学からの発信

- 長崎総合科学大学長崎平和文化研究所・編
  ナガサキの平和学　　　　　　　　　　　　3398円

- 加藤敬弘
  環境と経済学　　　　　　　　　　　　　　3000円

- マルティン・フント著／橋本直樹・訳
  『共産党宣言』はいかに成立したか　　　　2600円

- ハンス・モドロウ著／宮川彰・監訳
  ドイツ，統一された祖国　　　　　　　　　2200円
  　旧東独首相モドロウ回想録

- 横山英信
  日本麦需給政策史論　　　　　　　　　　　7800円

- 伊藤昌太
  旧ロシア金融史の研究　　　　　　　　　　7800円

定価は税抜き価格です

八朔社　福島大学叢書学術研究書シリーズ

田添京二
①サー・ジェイムズ・ステュアートの経済学
A5判上製／442頁／1990年1月／5,800円[938571-09-9]

現代理論経済学にとっても重要なS.J.ステュアートの理論構造と背景を，ステュアート研究第一人者がその内面に則し究明。

小暮厚之【英語版】
②OPTIMAL CELLS FOR A HISTOGRAM
A5判上製／102頁／1990年10月／6,000円[938571-13-7]

データ解析に必須のヒストグラムをめぐる数理的問題を漸近理論，コンピュータ・シミュレーションなど最新の研究成果から解説。

珠玖拓治
③現代世界経済論序説
◆世界資源経済論への道程
A5判上製／214頁／1991年8月／2,800円[938571-17-X]

森林など天然資源をめぐる世界政治経済論をライフワークとした著者の労作。資本主義の危機への警鐘。

相澤與一
④社会保障「改革」と現代社会政策論
A5判上製／246頁／1993年4月／3,000円[938571-29-3]

「臨調行革」の社会保障「改革」を批判，労働問題とともに生活問題や社会保障をも基本に据えた社会政策論の再構築を試みる。

安富邦雄
⑤昭和恐慌期救農政策史論
A5判上製／380頁／1994年8月／6,000円[938571-43-9]

恐慌期の救農政策の形成と消滅，福島県の救農政策，重化学工業論など著者ライフワークの総括。

境野健兒／清水修二
⑥地域社会と学校統廃合
A5判上製／238頁／1994年5月／5,000円[938571-45-5]

戦前期福島・長野の農村部で発生した学校統廃合をめぐる地域紛争の経緯と背景を分析，地域と学校の民衆的基盤の歴史を探る。

富田哲
⑦夫婦別姓の法的変遷
◆ドイツにおける立法化
A5判上製／306頁／1998年9月／4800円[938571-71-4]

70年代以降のドイツの社会変化を背景とした法改正の変遷を追いながら，日本での法改正論議と比較する。

定価は税抜き価格です